DUEL POUR UN ROI

W0242244

Du même auteur

Où va le mariage ?, Fayard, 2013.

La Médiatisation de la vie privée, XVe-XXe siècle, Artois Presses Université, 2012.

La Marquise de Brinvilliers, Perrin, 2010.

Histoire de l'adultère, Perrin, 2009.

Il y a un siècle... Les amoureux, Ouest-France, 2004.

Histoire du couple en France. De la Renaissance à nos jours, Ouest-France, 2003.

La Spiritualité conjugale dans le catholicisme français, XVIe-XXe siècle, Le Cerf, 2002.

Les Monarchies française et espagnole du Siècle d'or au Grand Siècle, Ellipses, 2001.

Le Règne de Louis XIV, Saint-Sulpice Éditeur, 2000.

AGNÈS WALCH

DUEL POUR UN ROI

Madame de Montespan
contre Madame de Maintenon

TEXTO

Texto est une collection des éditions Tallandier

© Éditions Tallandier, 2014 et 2019 pour la présente édition
48, rue du Faubourg-Montmartre – 75009 Paris
www.tallandier.com

SOMMAIRE

Introduction 11

1. L'INCOMPARABLE 21
Avant les Bourbons, 22. - Une charmante tête blonde, 25. - L'esprit Mortemart, 29. - Belle comme le jour, 33.

2. LA RÉVOLTÉE 39
La mal aimée, 40. - Un père criminel, 43. - Le château du bonheur, 49. - En route pour l'Amérique, 52. - Sur le port de La Rochelle, 56. - Un enfer, 59. - À Paris, 62.

3. PREMIÈRE RENCONTRE 65
La Belle Indienne, 68. - Un meuble inutile ?, 71. - Le cercle des amis, 75. - Un mariage imprévu, 80. - La blonde et la brune, 86.

4. LA FAVEUR 93
Séduire le roi ?, 95. - La veuve Scarron, 101. - Avesnes, 106. - Les beaux jours de l'amour, 112.

5. UNE VIE AU SECRET 117
Proposition insolite, 119. - Minuit le 30 avril, 122. - Double vie, 125. - Soutien de famille, 128.

6. UNE BELLE AMITIÉ 133
Seule en scène, 134. - Sous le lit, 136. - Complots de femmes, 137. - Une seconde mère, 141.

– Publicité, 143. – Servir un héros, 146. – La favorite, 149.

7. Guerre ouverte 155
Début des hostilités, 156. – Disputes incessantes, 160. – Hésitations, 165. – Scandales, 170. – La trêve, 174. – La séparation, 176.

8. Guerre froide 181
Les Pyrénées, 183. – Avantage Maintenon, 187. – Coexistence pacifique, 190. – Retrouvailles, 195. – Amitié renouée, 200. – Lassitudes, 206. – Passe d'armes, 210.

9. Chassé-croisé 215
Au bord du précipice, 216. – Éclatante disgrâce, 218. – Patienter encore, 222. – Défaite, 225. – Une place singulière, 228. – Un tempérament empoisonnant, 233. – D'une Françoise à l'autre, 237.

10. L'énigme 243
Madame de Maintenant, 244. – Incroyable mais vrai, 245. – En manque d'enfants, 252. – Toujours complices, 257. – Disparitions, 261. – Recompositions, 264.

11. Maintenant ou jamais 269
Saisir le destin, 270. – La reine des fêtes, 274. – Satisfactions, 278. – Solitude, 282. – La fuite, 286.

12. La dernière joute 291
Tourbillons, 292. – Des mariages extravagants, 295. – Comme une reine, 299. – Émulation, 301. – Obsession, 304. – Un couple bourgeois, 309. – L'esprit du système, 313. – Maîtresse femme, 316. – Une faveur approuvée ?, 321.

13. Enfin délivrées 327

Sources 331

Bibliographie 337

Index des noms de personnes 341

« On ne choisit pas toujours le genre
de vie qu'on voudrait mener. »

Hortense Mancini, *Mémoires*
(Mercure de France,
« Le Temps retrouvé », 1987, p. 33)

INTRODUCTION

La fin de l'histoire est connue : l'une expie loin de la Cour ses fautes et meurt oubliée de tous ; l'autre, après la chute de sa rivale, partage durant trente-deux ans la vie privée d'un roi autrefois volage, désormais fidèle. Madame de Montespan a ployé devant Madame de Maintenon. Qui l'eût cru ?

Toutes deux se prénomment Françoise. Si Madame de Montespan a ajouté Athénaïs, coquetterie de Précieuse affirmant sa supériorité intellectuelle, Madame de Maintenon a partagé durant huit ans la vie du poète Scarron et tenu un brillant salon littéraire, rue Neuve-Saint-Louis, dans le quartier du Marais. Toutes deux se sont côtoyées durant de longues années, ont vécu dans l'intimité de longs mois, se sont partagé l'éducation et l'affection des mêmes enfants et ont cultivé l'esprit féminin du temps, qui rêve de relations entre les sexes plus douces, plus galantes, plus courtoises, plus respectueuses, plus égalitaires que celles qui ont eu cours jusqu'alors en France. Si semblables dans leurs goûts et pourtant si différentes de caractère, elles ne pouvaient qu'être amies ou ennemies mortelles.

Elles ont d'abord été amies. Si surprenant que cela puisse paraître, c'est le terme d'amitié qui caractérise le mieux leur relation à ses débuts, un mélange d'estime et d'affection. Dans son *Dictionnaire universel*, le premier du genre, le littérateur Antoine Furetière décrit l'amitié comme « une convention tacite de s'aimer et s'estimer mutuellement[1] ». Et c'est bien un alliage d'admiration et d'élans du cœur qui les soude dans les commencements.

Elles se sont rencontrées en 1663, après le mariage d'Athénaïs avec le marquis de Montespan qui fréquente les mêmes cercles mondains que Scarron et sa femme. Leur amitié se construit durant cinq ans sans que personne en parle. Cette amitié est profonde et apparemment solide, si solide qu'Athénaïs pense rapidement à Françoise pour s'occuper des enfants qui naissent de sa relation adultère avec le roi. En 1674, elles deviennent rivales quelque temps après que la future Madame de Maintenon a été chargée de s'occuper des petits bâtards. Leur rivalité atteint son paroxysme entre 1675 et 1678. Alors que la faveur de la belle Athénaïs est à son sommet, le roi commence à donner des signes inquiétants de lassitude ; les disputes entre les deux femmes sont alors si fréquentes et si violentes qu'elles s'ébruitent hors de la Cour. Elles mettent Louis XIV dans l'embarras. Leurs relations ne s'apaisent que vers 1683 lorsque la gouvernante devient l'épouse du Roi-Soleil. En 1691, Madame de Montespan quitte définitivement la Cour pour n'y plus réapparaître. Les deux femmes ne se reverront jamais.

Leurs relations d'amitié puis de rivalité, qui durent trente ans, font l'objet de maints développements ponctués

1. Antoine Furetière, *Dictionnaire universel*, Arnout et Reinier Leers, 1690, vol. 1 : « amitié ». Le Dictionnaire de l'Académie française ne paraît que quatre ans plus tard. Il reprend la définition de Furetière : « affection que l'on a pour quelqu'un et qui d'ordinaire est mutuelle ».

d'interrogations et de supputations dans les correspondances et les mémoires de l'époque. Quoi de plus banal qu'une telle compétition pour l'amour d'un roi ? En réalité, dans cette affaire le vainqueur n'est pas celui sur lequel les parieurs auraient misé. Non que le duel ait opposé David à Goliath, mais les chances de Madame de Maintenon étaient ténues face au double atout de Madame de Montespan : sa haute noblesse et sa place dans le cœur du roi.

Les contemporains ne croient pas à la montée en puissance de Madame Scarron. Ils assistent, incrédules, à sa lente ascension et hésitent à reconnaître ce qu'ils jugent incroyable. La première a tant d'avantages qu'il paraît invraisemblable qu'elle puisse se laisser distancer par une femme de six ans plus âgée qu'elle, moins bien née, moins éclatante, moins belle selon les canons de l'époque, moins soutenue, moins superbe, moins, moins, moins… Mais ce moins dont souffre Madame de Maintenon est un plus aux yeux du souverain qui marque ainsi ses goûts en matière de femmes et en matière de style. Car ce sont deux manières d'être qui s'affrontent : le style aristocratique, porté au sublime par Athénaïs, contre le style bourgeois, dont, malgré ses efforts, Françoise Scarron ne peut se défaire. En roi absolu, centralisateur et égalisateur des conditions, Louis XIV finit par trancher et donner sa préférence à la simplicité. Mais ces deux favorites ne représentent-elles pas deux versions opposées d'une même femme ?

Madame de Caylus, qu'en raison de sa différence d'âge on appelle la « nièce » alors qu'elle est la cousine de Madame de Maintenon, est la première à suggérer cette dualité. Marthe-Marguerite Le Valois de Villette de Mursay est la fille du cousin germain de Françoise, qui a pris soin de parfaire l'éducation de la jeune fille en la faisant venir à la Cour en 1680. Elle y demeure encore après son mariage, en 1685, avec Jean-Anne de Grimoard, marquis de Caylus. Dans ses *Mémoires*, où elle a recueilli les confidences de sa « tante », elle évoque longuement les relations ambiguës des deux amies. Sans manichéisme, elle dessine le portrait de la femme parfaite susceptible d'être aimée du roi, et oppose deux versions d'un même personnage. Janus à deux têtes, Madame de Montespan et Madame de Maintenon sont l'une le négatif, l'autre le positif d'une seule image. La femme idéale dont parle Madame de Caylus est d'une rare beauté, elle est spirituelle, capable de reparties éblouissantes, elle est surtout suprêmement intelligente, fine et stratège. Elle subit plus qu'elle ne provoque la passion du roi, aimerait ne le séduire que par les charmes de son esprit et les agréments de sa conversation, mais, comme cela n'est guère possible, elle tente de sauver les apparences de la morale et vit de manière tragique sa position de favorite, l'une en l'exposant au maximum, l'autre en restant plus réservée. Mais tandis que la première conserve une âme froide, un cœur sec et un caractère impérieux, la seconde est toute en dévouement, en tendresse et en discrétion. C'est la seconde qui parvient logiquement à l'emporter. Tout est bien qui finit bien : les valeurs du cœur triomphent.

Certes, Madame de Maintenon n'a pu s'élever à la position qu'elle occupe sans concéder des entorses à la morale. Elle a dû se plier aux exigences du souverain, devenir sa maîtresse alors même qu'elle morigénait Madame de Montespan pour sa conduite adultère. Mais Madame de Caylus efface volontairement cet aspect de l'histoire pour n'évoquer que le courage, la discipline de vie, l'endurance et le désintéressement de sa « tante », une femme extraordinaire qui a la chance d'avoir une complexion heureuse. À quarante-huit ans, lorsqu'elle épouse secrètement le Roi-Soleil, elle conserve toujours des attraits non négligeables, tandis que sa rivale n'est plus que l'ombre de ce qu'elle fut, c'est-à-dire, de l'aveu unanime de ses contemporains, la plus belle femme du royaume de France. Si le duc de Saint-Simon reste encore saisi d'admiration devant son air majestueux, d'autres se moquent de son embonpoint et de son désœuvrement.

Pourtant, la postérité a été fort injuste avec les deux amies. Il ne fait pas bon occuper la fonction de favorite, d'autant qu'elles n'ont pas conservé la réputation de quasi-ministre de la Culture qu'eut sous Louis XV Madame de Pompadour. Madame de Montespan n'a pas laissé de mémoires, pas de correspondance notable, rien qui ait pu sauver son souvenir. Sans doute a-t-elle un plus grand talent dans l'art de la conversation que dans l'art épistolaire, mais rien ne l'incite vraiment à prendre la plume : elle ne place sa conduite sous le regard d'un directeur spirituel que tardivement ; elle ne fonde pas d'œuvre charitable pérenne qui la contraigne à écrire ; elle ne se confie guère à sa famille ; du temps de sa faveur, ses enfants sont encore au maillot ; et, surtout, elle ne cherche pas à construire son image. Elle suit l'adage qui veut qu'une personne « bien née » doit avoir de la « répugnance » à parler d'elle-même, comme le souligne sa parfaite contemporaine, Hortense Mancini, sœur du premier amour de Louis XIV, lorsqu'elle entreprend de retracer le cours de son existence. À quoi bon, d'ailleurs, chercher des justifications *a posteriori* ? Elle n'a pas à se justifier et son amour-propre lui défendra de ressasser ses années triomphantes. Voltaire assure que les deux Françoise, du temps où elles étaient amies, s'étaient entendues pour écrire ensemble des mémoires sur la vie à la Cour. Madame de Montespan aime encore en lire des fragments à ceux qui lui rendent visite dans son exil. Et ceux-ci sont de moins en moins nombreux. Son image semble ainsi s'effacer même dans l'esprit de ses contemporains. Comme elle est impliquée dans la sordide affaire des Poisons, les papiers qui la concernent ont été détruits par le roi, si bien qu'elle demeure une énigme, une page blanche, une personnalité connue seulement par les témoignages de ses contemporains.

Quant à la seconde, elle se consacre entièrement à l'édification de la maison d'éducation de Saint-Cyr pour laquelle elle fait œuvre de pédagogue. Si elle a beaucoup correspondu, avec son frère d'Aubigné et son cousin Villette, avec son directeur spirituel l'abbé Gobelin, avec les Dames de Saint-Cyr et d'autres de ses amis, la publication de ses lettres a souffert de nombreux réajustements. Madame de Maintenon a probablement détruit les brouillons de celles qui dévoilaient trop son intimité avec Louis XIV, espérant que leurs destinataires feraient de même. Pour 1679 et 1680, peu de lettres sont ainsi conservées, parce que, devenue la maîtresse du roi, elle veut faire disparaître tout aveu de sa part[1]. Il n'est pas

1. Sa correspondance, rassemblée et publiée par Théophile Lavallée à la fin du XIXe siècle, est assez fournie à partir de 1674, avec en moyenne vingt-cinq lettres par an jusqu'en 1679 où elle tombe au nombre de dix-huit. Dix-sept lettres seulement subsistent pour 1680, alors que trente-trois lettres sont conservées pour 1681, trente-neuf pour 1682 et trente-sept pour 1683. Ces trois dernières années sont celles de la création de l'institution pour jeunes filles qui deviendra Saint-Cyr. Le nombre des lettres annuelles s'établit ensuite à

question d'écorner son image de femme impeccable dont le moindre des mérites est d'avoir contribué à rapprocher le roi de la reine. Sans doute aussi a-t-elle été économe de ses pensées et de ses paroles dans cette période délicate. Par la suite, son mariage avec le roi étant non déclaré, elle a veillé à ne jamais rien en laisser transparaître au risque d'être « répudiée ». Quant à sa correspondance avec Louis XIV, elle dort dans des fonds privés inaccessibles, si tant est qu'elle existe toujours. Certes, l'attitude est pour le moins ambiguë et cette duplicité a conduit ses détracteurs à en faire une calculatrice sans scrupules. Le projet de publier sa correspondance se dessine pourtant de son vivant. L'intéressée écrit alors à la supérieure de Saint-Cyr, Madame de Radouay, qu'elle y consent volontiers si l'abbé Godet Des Marais, évêque de Chartres et directeur spirituel de l'établissement, le juge « à propos ». Mais elle met en garde : il « sera toujours fort aisé d'abuser de ces lettres », car elles sont remplies de défauts par elles-mêmes, écrites en différents temps, à différentes personnes, pour différents besoins. En résumé, elle n'y est guère favorable car elle reconnaît volontiers qu'elles sont pleines de « contradictions » ou d'éléments qui apparaîtront comme telles. L'entreprise reste sans suite et c'est seulement à la mort de leur fondatrice que les Dames engagent un jeune écrivain de vingt-huit ans pour les éditer ou, plus exactement, elles se laissent forcer la main par Laurent Angliviel de La Beaumelle. Celui-ci vient de découvrir chez le fils du célèbre tragédien Racine un choix de lettres qu'il complète en fouillant dans les registres de l'établissement.

---

vingt-cinq. L'édition récente de ses lettres chez Honoré Champion couvre sept volumes de plus de huit cents pages chacun.

Curieux choix que celui de ce La Beaumelle : piètre érudit, il a tâté de la prison et – c'est un comble quand on connaît la réputation de dévotion de Madame de Maintenon – il se déclare huguenot. Ses démêlés avec Voltaire et son attitude franchement hostile aux philosophes ont sans doute convaincu la supérieure de Saint-Cyr. Or il invente de toutes pièces des missives, joint des bouts épars et reconstitue des lettres entières, procédant à des ajouts indélicats et pour le moins inutiles. Il imagine des lettres prouvant les allégations de la princesse Palatine, une autre huguenote, qui déteste l'épouse de Louis XIV et l'accuse d'être l'inspiratrice de la chasse aux protestants. Les Dames de Saint-Cyr veulent glorifier la mémoire de leur fondatrice, elles ratent leur cible. Cette correspondance en partie apocryphe a nui à la réputation de Madame de Maintenon, en particulier pour son rôle dans la révocation de l'édit de Nantes que La Beaumelle exagère à dessein.

Il n'y a que Voltaire pour défendre cette époque dont il est le premier à porter témoignage. Admirateur averti de l'œuvre du Roi-Soleil, il réalise une enquête orale et des recherches pour rédiger son *Histoire du siècle de Louis XIV*. C'est lui qui préface la première édition des *Souvenirs* que Madame de Caylus dicte à son fils, un archéologue distingué. Tout ce que raconte Madame de Caylus est vrai, souligne Voltaire, qui espère que ces chroniques serviront à faire oublier « cette foule de misérables écrits sur la cour de Louis XIV dont l'Europe a été inondée par des auteurs faméliques qui n'ont jamais connu ni cette Cour ni Paris[1] ». Mais une plume fémi-

1. « Préface », *Les Souvenirs de Madame de Caylus publiés par Voltaire*, Amsterdam, 1770, p. V.

nine ne suscite guère d'intérêt et l'ouvrage, paru presque à la veille de la Révolution, n'eut aucun impact. Un texte écrit sans autre prétention que celle d'amuser quelques amis ne pouvait changer les opinions.

De fait, jusqu'à une date récente, l'image de Madame de Maintenon est restée comme celle de sa rivale, négative. Les deux femmes sont mortes avec leur part de mystère, entourées d'une aura sulfureuse. On leur reproche de s'immiscer dans la politique, comme si le Roi-Soleil ne s'en tenait pas scrupuleusement à sa règle d'or de ne se laisser, comme il le dit lui-même, « gouverner » par personne. Le train de vie et les désirs de gloire de Madame de Montespan ruinent l'État, tandis que Madame de Maintenon, annexant le département des affaires religieuses, se prend pour la supérieure générale de la Maison France. Dans ce domaine, les deux rivales œuvrent successivement à la décadence de l'État. Il n'est pas jusqu'à l'atmosphère morose, censée s'être abattue sur la Cour après 1683, qu'on n'impute à la nouvelle favorite, sans penser qu'un roi de cinquante ans délaisse en partie les habitudes festives de sa jeunesse. Et les commentateurs de se demander si le « règne » de Madame de Montespan, qui n'a duré que dix ans, n'était pas préférable à celui de Madame de Maintenon, qui a duré trois fois plus longtemps ! Le duel entre les deux Françoise dépasse donc le seul rayon des anecdotes amoureuses. Leur affrontement, dans les coulisses de la monarchie absolue, révèle la personnalité des protagonistes : deux femmes étonnamment modernes, éprises de liberté, déterminées et courageuses.

1

L'INCOMPARABLE

Au début du printemps 1663, le marquis de Montespan, avenant gentilhomme de vingt-trois ans, ne se rend plus seul aux réceptions données par le maréchal d'Albret et son épouse dans leur hôtel du Marais. Il est accompagné par la jeune femme avec qui il vient de convoler en justes noces : Françoise de Tonnay-Charente, la fille du duc et de la duchesse de Mortemart. Il présente avec une fierté non dissimulée celle qui en quelques semaines s'est révélée la sublime beauté de l'année. Toute la Cour a remarqué la nouvelle dame d'honneur de la reine Marie-Thérèse. La marquise de Montespan fait sensation au milieu des invités. Sa distinction, sa prestance quasi royale, son esprit percutant et rieur malgré sa jeunesse en font une personne à part dans le paysage mondain. Si tous se pressent autour d'elle pour lui rendre hommage, les hommes n'osent lui faire la cour et jalousent son mari qui se pavane à ses côtés. Les femmes envient sa beauté insolente, son aplomb et son rayonnement. Le couple est assurément magnifique.

Une convive en particulier la remarque. Il s'agit de la veuve de l'écrivain Paul Scarron, Françoise d'Aubigné, qui fait partie de ces cercles joyeux où l'on converse aimablement. Elle-même a tenu un salon durant presque une décennie. Elle a beaucoup reçu, beaucoup conversé, beaucoup écouté. Elle connaît la plupart des gens qui comptent dans le monde artistique et littéraire de la capitale. Son maintien modeste et réservé ne doit pas faire oublier qu'elle est aussi une célébrité parmi ses amis qui apprécient particulièrement sa culture, sa gentillesse et sa grâce. Elle se décide à aborder la marquise. L'intérêt naît immédiatement après quelques paroles échangées. Françoise Scarron ne cherche pas à rivaliser avec la jeune mariée, mais à partager les plaisirs d'entretiens agréables. Françoise de Tonnay-Charente s'ouvre alors à l'amitié.

Avant les Bourbons

C'est une femme étrange que cette marquise de Montespan, à la fois extrêmement orgueilleuse, difficile d'abord car intimidante, mais dans le même temps d'une simplicité désarmante et d'un tour d'esprit original. Au-delà de son maintien éblouissant, Françoise Scarron remarque d'emblée sa personnalité décidée, son esprit caustique, ainsi que sa manière de s'exprimer à la fois sophistiquée et brillante, mais dépourvue de pédantisme. Elle n'est en rien ordinaire. Elle doit à sa famille la plupart des atouts qui la propulsent sur le devant de la scène.

Ses parents, très bien en vue, sont en train d'atteindre le sommet des rangs et des honneurs. Son père, Gabriel de Rochechouart, duc de Mortemart, exerce la charge de premier gentilhomme de la chambre du roi, c'est-à-dire qu'il est le grand ordonnateur de ses dépenses domestiques. Cette distinction est le résultat d'une fidélité à l'égard du pouvoir royal qui remonte à plusieurs générations. Très proches de François Ier, les barons de Mortemart ont servi ses successeurs avec un loyalisme sans faille. Ils ont été récompensés. René, l'arrière-grand-père de Françoise, a reçu le collier du Saint-Esprit des mains d'Henri III. Gaspar, son grand-père, a été un proche du dernier des Valois et du premier des Bourbons. Henri IV a érigé la terre de Mortemart en marquisat et a enrôlé Gabriel, le père de la marquise, à l'âge de quatre ans et demi, dans la troupe des enfants d'honneur du Dauphin. C'est le point de départ d'une amitié indéfectible avec Louis XIII qui, tout naturellement, le fait gentilhomme de la chambre en 1630, puis premier gentilhomme en remplacement du marquis d'Humières. En décembre 1650, les terres de Mortemart sont érigées en duché-pairie. La cérémonie de réception au Parlement du duc, nommé gouverneur de Paris en 1667, a lieu le 15 décembre 1663. Naturellement aussi, la proximité royale autorise un enrichissement, bienvenu puisque la vie à la Cour est dispendieuse. Le père de Françoise achète de nombreuses seigneuries, agrandit son château poitevin de Lussac et, en 1661, restaure les forges de Verrières, situées non loin de là dans la vallée de la Dive, qui lui rapportent environ cinquante mille livres par an. Il fait construire un somptueux hôtel particulier à Paris rue Saint-Guillaume[1], où il possède déjà un logis dans

1. L'hôtel sort de la famille en 1683. Il est vendu à Monsieur Ragareu, conseiller du roi, pour soixante-trois mille livres, par saisie effectuée sur la succession du duc défunt : *Revue des sciences politiques*, 1909, vol. 24, p. 17. Le bâtiment héberge actuellement l'Institut d'études politiques de Paris.

lequel Françoise passe ses derniers mois de jeune fille avant son mariage.

Sa mère, Diane de Grandseigne, est la fille de Jean, seigneur de Marcillac, qui a dirigé la compagnie des gendarmes de la reine avant de devenir maréchal de camp. Diane a su cultiver les saines et saintes amitiés depuis Anne d'Autriche, dont elle a été dame d'honneur, jusqu'à Louise de Marillac, principale collaboratrice de Vincent de Paul et fondatrice des Filles de la Charité. Diane appartient à ce milieu dévot, qui soutient toutes les actions charitables, manifeste un réel souci des pauvres et fonde de multiples institutions destinées à venir en aide aux plus démunis. Le prestige politique du côté du père, l'engagement religieux du côté de la mère, les Mortemart atteignent les cieux au moment où le soleil approche de son zénith. Le sentiment d'accomplissement renforce le trait principal qui les caractérise : le sens aigu de la grandeur de leur lignage qu'ils partagent avec bon nombre d'aristocrates – le duc de Saint-Simon en est un autre parfait exemple –, mais qu'ils poussent très loin, puisqu'ils présentent leur maison comme étant l'une des plus anciennes du royaume de France. Leur devise *Ante mare undae*, « Avant que la mer ne vienne au monde », signale qu'ils existaient avant le Déluge ! On ne saurait être plus clair. Les Mortemart ne font cas que des La Rochefoucauld et s'estiment plus illustres que les Bourbons par l'antériorité de leur nom. Ils font remonter leur origine, comme il est probable, à Clotaire Ier, par l'un de ses descendants Aimery d'Ostefranc, premier vicomte de Rochechouart en 980, effectivement le titre le plus ancien de France.

Une charmante tête blonde

Pourtant, le contraste est frappant entre l'éclat d'une famille qui se pense supérieure aux Bourbons et la trajectoire de ses membres. La naissance de Madame de Montespan est ainsi tellement discrète que son souvenir s'est presque effacé. Elle est née le vendredi 5 octobre 1640 au fin fond du Poitou, dans un pays monotone, pauvre, jonché de genêts, d'ajoncs et de bruyères, qui rappellent que l'océan vient s'échouer à quelques encablures vers l'ouest, à la hauteur de La Rochelle et de l'île de Ré. Cette lande déserte, nichée au cœur des terres, est appelée Brandes car elle est constamment recouverte de branches. C'est dans l'une des propriétés que possède son père, à Lussac-les-Châteaux[1], qu'elle vient au monde. Une fille, Gabrielle, est née quelque huit ans plus tôt, un garçon, Louis-Victor, comte de Vivonne, a suivi le 25 août 1636 ; deux autres filles naîtront par la suite, Marie-Christine et Marie-Madeleine-Gabrielle.

---

1. La propriété est entrée dans la famille un siècle plus tôt, en 1519, lorsque Renée Taveau, l'héritière des terres de Lussac, a épousé François de Rochechouart de Mortemart. Le château se présente alors sous la forme d'un grand quadrilatère avec des tours d'angle, des souterrains et des douves alimentées par un étang qui existe toujours. Mais Françoise n'a pas connu ce château fort médiéval. Située à l'extérieur de la ville, la forteresse bien qu'imposante n'était pas invulnérable. Elle a été détruite par l'amiral de Coligny, en 1569, durant les guerres de Religion. La ruine a servi de carrière de pierres aux habitants du village et au nouveau châtelain qui a construit à l'abri des remparts, sur la rue principale Saint-Michel, non loin de l'église paroissiale, une magnifique et confortable demeure Renaissance, dont il ne reste aujourd'hui qu'un seul corps de bâtiment, appelé Grand Logis, qui abrite un musée de la Préhistoire. Le baron de Mortemart y est né le 7 octobre 1600.

Les premiers soins dont elle est entourée sont spirituels, puisqu'elle est baptisée le jour même de sa naissance dans l'église du village. Elle reçoit le prénom de Françoise en présence de ses parrain et marraine, Nicolas Rozet et Françoise Massoulard, qui ont déclaré ne pas savoir signer et n'ont effectivement pas apposé leur paraphe sur l'acte conservé au presbytère[1]. Ce parrainage d'illettrés, probablement des domestiques très appréciés appelés en renfort, suggère des difficultés lors de l'accouchement et une situation d'urgence. Reste que le choix de petites gens laisse perplexe. Quand on sait que la sœur puînée a comme marraine Louise de Marillac, on demeure étonné. Et si on ajoute que leur frère, né au château de Vivonne, ne fut baptisé que sept ans après sa naissance dans la chapelle de la chambre du roi, on se demande ce qui a poussé la mère à hâter la cérémonie.

Certes, l'habitude veut qu'on baptise rapidement les nouveau-nés de peur qu'ils ne meurent avant d'avoir reçu le précieux sacrement. Mais pour les garçons de qualité, les fils et filles des princes et des rois, parfois, on attend l'âge de raison. On veille à ondoyer le bébé, c'est-à-dire à prononcer solennellement les paroles du baptême en l'absence de prêtre : « *Ego te baptizo in nomine Patris et Filii, et Spiritus Sancti.* » Le dauphin Louis ne fut ainsi baptisé que le 21 avril 1643, à l'âge de quatre ans et demi, un mois avant la mort de son père Louis XIII. La maladie et la faiblesse du souverain ont poussé à hâter une cérémonie qui aurait pu encore attendre si le roi avait vécu. En ce qui concerne Françoise, il est probable que la naissance ait été inopinée,

1. Georges Martin, *Histoire et généalogie de la Maison de Rochechouart*, s. l., 2011, p. 141.

peut-être même périlleuse, prenant la mère au dépourvu, sans présence masculine. La petite menaçait-elle de mourir ? Le mauvais temps et le froid rigoureux, qui se sont ensuite abattus sur la région, auraient, de toutes les façons, gêné les communications et empêché des personnages plus illustres de faire le déplacement. Du logis familial à l'église paroissiale, il n'y a que la rue à traverser, rendant le transport du nourrisson sans grand danger.

Les premières années de Françoise restent un mystère entrecoupé de quelques lueurs. Une vie à la campagne s'accorde mal avec un destin d'exception. Il est aisé de remarquer la grâce d'une fillette. Les jolis mots enfantins, les sourires et les rires cristallins, les sauts et les pas légers révèlent des trésors de charme. Ses parents perçoivent-ils aussi ses dons ? Comment envisagent-ils de l'éduquer ? Songent-ils à lui donner une formation intellectuelle ? La difficulté se situe dans le même registre que celui de l'éducation des princes et des princesses. Comment leur enseigner l'idée de la grandeur de leur nom, sans qu'ils la confondent avec leur grandeur personnelle et ne deviennent méprisants ? Comment leur inculquer quelques connaissances alors qu'ils comprennent dès leur prime jeunesse que les autres les regardent avec déférence ? Françoise fut grondée et réprimandée lorsqu'elle désobéissait, sans doute par des domestiques, car ses parents, pris par leurs charges et obligations, étaient souvent absents. Mais son amour-propre n'en fut jamais atteint. Sa mère, d'une grande tenue morale mais d'un quotidien assez rébarbatif, s'acquitte au mieux de ses devoirs familiaux. Pourtant, la personnalité de son époux la maintient dans une pénombre propre à éprouver son humilité de chrétienne. Sa fille ne lui ressemble guère :

elle montre de l'aplomb et un caractère décidé dès son plus jeune âge.

L'enfant reste dans le giron maternel jusqu'à l'âge de dix ans et réside en Poitou, confiée à des gouvernantes lorsque sa mère est à la Cour. L'a-t-elle accompagnée à Paris en 1645 ? Personne n'en sait plus rien. C'est à cette date, en effet, dans un pavillon des Tuileries, que sa sœur Marie-Madeleine-Gabrielle pousse ses premiers cris. Destinée à devenir religieuse, elle est d'abord élevée avec le frère du roi, Philippe d'Orléans, qui devient son camarade de jeux. Elle est ensuite confiée aux soins des religieuses de l'Abbaye-aux-Bois où elle est soigneusement formée, sous la direction de Madame de Chaulnes qui l'aime comme sa fille. Celle-ci l'emmène au prieuré de Poissy lorsqu'elle y est installée abbesse par la reine dans les derniers jours de l'année 1669[1]. La jeune converse est une personne érudite qui maîtrise, outre le grec et le latin, de nombreuses langues étrangères, qui philosophe avec passion et subtilité, et dont la réputation de savante dépasse rapidement les cercles parisiens.

Françoise reçoit, quant à elle, une éducation plus conventionnelle, mais non dénuée de traits d'originalité. Vers l'âge de onze ans, elle est emmenée à Saintes, au couvent de l'Abbaye-aux-Dames, afin de se préparer à sa première communion, comme l'a été une dizaine

1. Charlotte d'Albert de Chaulnes est la fille d'Honoré, duc de Chaulnes, et de Charlotte d'Ailly. Elle devient, en 1669, abbesse de Poissy, dont le riche prieuré se situe au bout de la forêt de Saint-Germain, proche du château des rois de France. Saint-Simon la décrit comme une « grosse créature » bovine, « plus abbesse, plus glorieuse, plus impertinente que toutes les abbesses ensemble », qui fait « enrager » toutes les religieuses. Nul doute que ce caractère altier s'accorde parfaitement avec celui des Mortemart.

d'années plus tôt sa sœur aînée, dont elle suit le parcours provincial. L'Abbaye-aux-Dames de Saintes est la seconde plus importante communauté féminine de France par ses revenus[1]. Les religieuses réservent douze places de pensionnaires pour les descendantes de la haute noblesse. Les supérieures, issues de prestigieux lignages, donnent un ton résolument aristocratique à une institution qui cultive l'indépendance et l'autonomie par rapport au pouvoir masculin et clérical. Cet état d'esprit est transmis aux jeunes filles de bonne famille, triées sur le volet, qui s'y pressent. Françoise y trouve de quoi alimenter la haute idée qu'elle se fait d'elle-même, par orgueil de son nom et par un sentiment inné de la supériorité naturelle des femmes. Elle y affermit un caractère bien trempé. Et si les matières enseignées n'atteignent pas le niveau de celles pratiquées à l'Abbaye-aux-Bois où sa petite sœur suivra une scolarité exceptionnelle, l'esprit qui règne dans cette institution d'élite, quoique provinciale, convient parfaitement à une jeune aristocrate altière et ambitieuse.

L'esprit Mortemart

Au début des années 1650, la jeune Françoise fait deux jours de voyage pour se rendre de Lussac à Saintes. Elle a quitté sa mère qui s'est rendue à la Cour avec sa fille aînée désireuse, à vingt ans, de faire son entrée dans

1. Joyau de l'art roman en Saintonge, l'Abbaye-aux-Dames a subi un incendie en 1648. Les bâtiments conventuels ont été reconstruits par l'architecte Jacques Guérinet qui a conçu des cellules spacieuses pouvant accueillir jusqu'à quatre-vingts moniales.

le monde. Présentée à la Cour, puis à un prétendant, celle-ci devient marquise de Thianges en juin 1655[1]. Durant cette décennie, Madame de Mortemart et ses filles cadettes séjournent aussi dans un autre domaine, non loin de là, le château de Serres, près d'Abzac en Charente, qu'elle a apporté en dot. L'élégant édifice s'élève à quatre lieues au sud de L'Isle-Jourdain et quinze lieues de Poitiers. Dans ce pays plus méridional et chaud, le séjour s'apparente à des vacances. En 1660, Françoise, respectant les traditions seigneuriales et les usages de parrainage, porte sur les fonts baptismaux de l'église d'Abzac une petite fille du village.

Son frère, Louis-Victor, comte de Vivonne, dont l'éducation aussi a été particulièrement soignée est, déjà au moment du mariage de Françoise, premier gentilhomme de la chambre du roi, charge qu'il a reçue en survivance de son père. C'est un vaillant militaire qui s'est signalé aussi bien dans la cavalerie que dans la marine. Il a été instruit et formé par un précepteur efficace, pieux et étroitement contrôlé par le duc de Mortemart, soucieux des progrès de son fils. Cet homme de confiance a été choisi par Vincent de Paul, sollicité par l'intermédiaire de sa collaboratrice Louise de Marillac, l'amie de Diane

1. Gabrielle de Rochechouart épouse Claude-Léonor de Damas, marquis de Thianges, d'une ancienne famille du Forez fixée en Bourgogne. Elle vit peu au château de Quincey, près de Nuits-Saint-Georges, qu'elle déteste. Elle préfère la Cour et y réside sans y avoir d'emploi. Elle se sépare de son mari en 1674 au bout de vingt ans de mariage. Après l'installation de la Cour à Versailles, elle habite dans un appartement contigu à celui du frère du roi dont elle est, comme ses deux autres sœurs, une amie proche. Elle est également une intime de leur cousine, la Grande Mademoiselle. Elle a cinq enfants, deux fils dont un mort en bas âge et trois filles. L'aînée, Diane, épouse le duc de Nevers, neveu de Mazarin, en 1670 ; l'autre devient duchesse de Sforza ; la cadette est religieuse.

de Grandseigne. Un camarade du jeune homme, le comte de Brienne, de la vingtaine d'enfants d'honneur qui suivaient, comme lui, le Dauphin, se rappelle que c'est cette forme d'instruction qui contribua à développer chez lui un caractère d'esprit singulier, lui fournissant quantité de bons mots « qui sortent de sa bouche si coup à coup, qu'on dirait qu'il est pétri d'un autre limon que nous[1] ». Voilà si bien résumé l'esprit Mortemart que chacun des enfants cultive au mieux et qui fait « l'admiration de la Cour et de la Ville ».

Le comte de Vivonne est l'un des rares familiers du roi depuis l'enfance si bien que Louis XIV l'appelle simplement « Vivonne », oubliant les Monsieur ou les titres. Il a assisté à côté de lui à la mort de son père Louis XIII en 1643 et, à l'âge de huit ans, l'année suivante, il a rejoint les garçons d'honneur du nouveau roi. Louis XIV, qui a deux ans de plus que lui, le considère comme un ami sûr, un fidèle parmi les fidèles. Devenus adultes, les deux hommes continuent de s'apprécier. Lorsqu'il n'est pas à la guerre, Vivonne vit dans l'intimité du souverain.

Enfin, pour rendre hommage au savoir, à l'intelligence et à la vertu de Marie-Madeleine-Gabrielle, Louis XIV donne à la jeune religieuse, en 1670, la charge de supérieure de l'abbaye et de l'ordre de Fontevrault dont toutes les abbesses ont été jusqu'à elle de sang royal[2]. Le roi la lui offre par pure amitié et admiration pour elle,

1. Lous-Henri de Loménie, comte de Brienne, *Mémoires inédits*, Paris, Ponthieu, 1828, p. 221 : « Vivonne fut plus heureux que moi et mes compagnons qu'on mit tous au même collège ; pour lui M. de Mortemart, son père, se contenta de lui donner un précepteur dans sa maison. » Né en 1635, Brienne devient secrétaire d'État des Affaires étrangères à vingt-trois ans en 1658.

2. Elle signe « Gabrielle de Rochechouart », on l'appelle « Madame de Fontevrault ».

encore plus belle que Françoise, avec encore plus d'esprit que son frère et ses sœurs réunis, ce qui n'est pas peu dire, et « avec ce même tour que nul n'a attrapé qu'eux, ou par une fréquentation continuelle, et qui se sent si promptement et avec tant de plaisir », selon le duc de Saint-Simon, ajoutant qu'elle venait souvent à la Cour où elle enchantait le roi qui ne pouvait se passer d'elle. Religieuse exacte sur ses devoirs, supérieure très aimée dans son couvent, elle ne paraissait jamais dans les fêtes publiques, mais suivait le roi partout en privé. « Le roi eut pour elle une estime, un goût, une amitié, que l'éloignement de Madame de Montespan ni l'extrême faveur de Madame de Maintenon ne purent émousser », conclut le mémorialiste[1].

Les choix éducatifs s'avèrent donc judicieux pour les enfants Mortemart car ils leur permettent de briguer des emplois de premier plan. Le père a cherché à développer chez eux l'esprit d'indépendance, une culture érudite et étendue, un esprit vif et délié. Cette formation qui contraste avec l'idée compassée et provinciale que l'on se fait de l'éducation nobiliaire, surtout lorsqu'elle est dévote, se rapproche des usages princiers sans en épouser les petitesses et les limites intellectuelles. Ainsi Vivonne se promène-t-il souvent un livre sous le bras. Le roi s'en étonne. « À quoi sert de lire ? » demande-t-il. « La lecture fait à l'esprit ce que vos perdrix, sire, font à mes joues », lui répond Vivonne dont l'embonpoint est aussi légendaire que les bons mots. Quant à l'ambition et à la prestance de la fratrie, elle suscite la satisfaction du père, heureux

1. Saint-Simon, *Mémoires, édition établie par Yves Coirault,* Paris, La Pléiade, 1988, t. II, p. 473.

de constater que ses efforts et ses exigences en matière d'éducation n'ont pas été vains.

C'est un trait commun au comte de Vivonne et à ses sœurs, sauf peut-être la modeste Marie-Christine, devenue religieuse sans histoire, que cette haute estime de soi et du lignage. Dans ce domaine toutefois, Françoise n'est pas la plus acharnée, laissant à Madame de Thianges la palme de l'orgueil. Cette arrogance familiale tranche sur le commun tant leur esprit scintillant les distingue entre mille feux. Si la grandeur de leur nom vient de son ancienneté, la distinction vient de l'esprit de ceux qui le portent. Ils ont accru leur puissance et leur influence par la culture et l'éducation, comprenant l'atout que constituent la connaissance et l'amour des arts et des lettres. Chez eux, l'intelligence pétille. Ils font assaut de reparties spirituelles et de jeux de mots, qu'ils préparent souvent dans le calme et l'isolement, et qu'ils lancent, impromptu, comme s'ils venaient de les inventer. Être brillant en société relève pour les Mortemart des beaux-arts et de l'exercice de style dont aucun membre de la famille n'est exonéré. Ils font mentir ceux qui ne voient dans la noblesse que des hobereaux de province ignares, des militaires rustres, des parvenus sans façon ou des mondaines écervelées.

Belle comme le jour

C'est auréolée de la gloire de sa famille et nourrie de cette éducation exigeante, solide et généreuse que Françoise arrive, à vingt ans, en 1660, à la cour de France. Elle y est présentée comme Mademoiselle de Tonnay-Charente, du nom d'une terre familiale située à l'entrée de la ville portuaire de Rochefort.

Elle paraît et toutes les autres s'effacent.

La jeune fille est une perfection qui allie les agréments physiques aux agréments de l'esprit. Sa beauté est unanimement remarquée par les mémorialistes : « belle comme le jour » selon le duc de Saint-Simon, « la plus belle femme de son royaume » selon Madame de Caylus, « triomphante beauté à faire admirer à tous les ambassadeurs » selon Madame de Sévigné, « beauté achevée, quoiqu'elle ne fût pas parfaitement agréable » selon Madame de La Fayette. Bussy-Rabutin, dans sa *France galante*, parle d'une « personne qui avait encore plus d'agrément dans l'esprit que dans le visage », ce qui n'est pas peu dire, tandis que tous parlent de son naturel plaisant, apanage de ceux de sa maison. La princesse Palatine, belle-sœur du roi, qui ne l'aime pourtant pas, parle de son « éclat extraordinaire et beaucoup d'esprit dans les yeux, une très jolie bouche et un rire charmant[1] ». Le duc de Saint-Simon, qui écrit en 1707 au moment de son décès, en laisse un portrait vibrant, celui d'une femme née pour être reine, dont la personnalité forte a constamment pesé sur son entourage, qui marquait par son originalité et la manière dont elle organisait sa vie. Il se rappelle, en effet, qu'il était impossible d'avoir plus d'intelligence, de « fine politesse », des expressions singulières, une éloquence, une justesse naturelle qui « lui formait comme un langage particulier, mais qui était délicieux ». Elle le partageait avec le reste de sa famille et savait le communiquer aux personnes assidues auprès

1. *Correspondance complète de Madame la Duchesse d'Orléans*, éd. nlle par M. G. Brunet, Paris, Charpentier, 1855, t. I, p. 127.

d'elle, que ce soit ses enfants, les nièces qui vivaient avec elle ou l'ensemble de son personnel. Le duc assure qu'il est encore possible de le reconnaître une génération plus tard dans le « peu de personnes qui en reste »[1].

D'une taille « fort aisée », c'est-à-dire plutôt grande et bien faite, d'un air assuré, Françoise épouse les canons de beauté de son époque. La fillette aux cheveux d'or, aux grands yeux bleus, est devenue une femme magnifique aux longs cheveux blonds, au front haut, au regard doux, aux sourcils bien dessinés, au nez droit, au menton volontaire, à la gorge d'albâtre, au teint clair, la bouche ni trop grande ni trop petite. De son père, elle a hérité, comme son frère et ses sœurs, un esprit percutant et une tendance à l'embonpoint. De la fratrie, c'est à son frère Vivonne qu'elle ressemble le plus. Elle a ses yeux saillants, la prunelle souvent cachée par les paupières, une bouche bien ourlée, un esprit vif et beaucoup d'imagination. Son envie de plaire la rend naïve puisqu'elle n'estime que ceux qui la flattent. Elle est, comme le dit l'écrivain Bussy-Rabutin de Vivonne dans *L'Histoire amoureuse des Gaules*, « aveugle de son propre mérite ». Françoise a une très haute idée de sa personne et de son lignage qui fausse son jugement sur les autres. Elle est plus belle que sa sœur aînée, la marquise de Thianges, connue parmi les Précieuses comme la « Nymphe de la Charente », que son nez trop long fait ressembler à un « perroquet qui mange une cerise », selon le bon mot du duc de Vendôme, arrière-petit-fils d'Henri IV[2]. Mais elle

1. Saint-Simon, *op. cit.*, t. II, p. 972.
2. Selon certaines sources, cette desciption correspondrait plutôt à la fille cadette de Madame de Thianges, la duchesse de Sforza.

ne possède pas le don d'autodérision dont fait preuve son aînée, qui aime à se moquer de tout le monde y compris d'elle-même, alors qu'elle ne conçoit rien de valable en dehors de son nom et de sa naissance.

Belle, intelligente, cultivée et spirituelle, Françoise est donc la perle des femmes.

L'abbé Jacques Testu, poète mondain, auteur de *Stances chrétiennes*, membre de l'Académie française à partir de 1665, décrit parfaitement les trois sœurs Mortemart qu'il fréquente. Il est amoureux de la sœur cadette, l'abbesse de Fontevrault, sans doute la plus réussie de la fratrie, et passe le plus clair de son temps en compagnie de Madame de Montespan « à qui, selon Saint-Simon, il disait tout ce qui lui plaisait », ce qui ne l'empêche pas, plus tard, d'être aussi un familier de Madame de Maintenon. Madame de Thianges, dit-il, parle comme une personne qui rêve – c'est la fantaisie à l'état pur –, Madame de Fontevrault comme une personne qui parle – c'est l'autorité et la sagesse – et Madame de Montespan comme une personne qui lit – sa diction est admirable, ses paroles définitives. Sa remarque est d'autant plus intéressante que l'abbé Testu est réputé pour faire la pluie et le beau temps dans les deux salons à la mode, l'hôtel de Richelieu et l'hôtel d'Albret. L'admiration sincère de l'académicien n'a pas peu contribué à la réputation des trois sœurs Mortemart.

En réalité, les débuts mondains de Mademoiselle de Tonnay-Charente se situent le 22 février 1654. Le prince de Conti, Armand de Bourbon, âgé de quarante-deux ans, épouse une des nièces du cardinal Mazarin, Anne-Marie Martinozzi, gage de loyauté entre l'ancien frondeur et le cardinal. Le frère du Grand

Condé se range ; on donne une grande fête ; les festivités durent quatre jours. Lors du bal offert au Louvre par le jeune roi de seize ans, « trois beautés considérables » se font remarquer : Mademoiselle Catherine de Villeroy, future comtesse d'Armagnac, qui a quinze ans, fière de sa réputation de beauté absolue, Mademoiselle de Tonnay-Charente, qui en a treize et ne laisse pas l'assistance indifférente, et Henriette d'Angleterre, qui n'en a pas encore dix. Après cette première apparition, Françoise repart dans sa province natale. Elle ne revient que six ans plus tard, peut-être pour entrer au service d'Henriette d'Angleterre ou du moins pour être dans l'entourage de son époux, Monsieur, frère du roi, le compagnon d'enfance de sa sœur religieuse. Henriette, la fille du souverain déchu et décapité, Charles Ier d'Angleterre, a vécu avec sa mère en exil en France sans intéresser personne, jusqu'au jour où son frère est restauré sur le trône d'Angleterre. Dès lors, elle devient un parti convoité : elle épouse le frère de Louis XIV en 1661.

Françoise vit dans l'intimité de Philippe d'Orléans et de son épouse. Celui-ci l'apprécie presque autant que la marquise de Thianges, qui « avait paru lui plaire plus que les autres », selon Madame de La Fayette[1]. Certes, il est fort peu probable qu'une jeune fille encore célibataire se montre à la Cour sans emploi, il paraît logique qu'elle ait été attachée au service de la duchesse d'Orléans comme demoiselle d'honneur. Pourtant, il n'y existe aucune

1. Madame de La Fayette, *Histoire d'Henriette d'Angleterre*, Paris, Hachette, 1853, p. 7. Madame de La Fayette ajoute que « leur commerce était plutôt une confidence libertine qu'une véritable galanterie ».

autre information que celle donnée par Madame de La Fayette, autre dame d'honneur de Madame, qui signale qu'elle avait le privilège de la voir souvent, qu'elle était l'une des personnes qui paraissaient « le mieux » avec elle et qu'elle recueillait parfois ses confidences. Mais l'amitié de la princesse était plus une conséquence de celle de son époux qu'un sentiment spontané.

Toujours est-il que, comme les informations sont contradictoires ou manquent sur cette période de sa vie, on retiendra seulement qu'elle commence entre 1660 et 1663 à faire des apparitions lors de fêtes à la Cour et fréquente le Palais-Royal, résidence de Monsieur. Elle y acquiert déjà sa réputation d'« incomparable », surnom que lui donnera plus tard la marquise de Sévigné. Dans ses *Mémoires*, Bussy-Rabutin se rappelle qu'il fut étonné par sa vivacité lorsqu'il fut convié à lire ses *Maximes d'amour* devant Monsieur. Au jeu qu'affectionnaient les Précieuses, qui consistait à répondre à des questions sur l'amour, elle avait montré une finesse, un sens de la repartie et une virtuosité dans l'art oratoire remarquables pour son âge.

Les fées se sont penchées sur le berceau de Françoise de Mortemart, lui offrant la beauté, l'intelligence, la confiance en soi, les agréments les plus divers qui en font une personne accomplie. Au seuil de sa vie de femme, parée de l'éclat de son nom, elle voit s'ouvrir devant elle tous les possibles.

2

LA RÉVOLTÉE

Si le sort a gâté Madame de Montespan, il semble avoir oublié à sa naissance Madame de Maintenon. Les deux femmes sont nées à six ans d'intervalle dans la même région, quasiment sur les mêmes terres. La petite d'Aubigné a passé son enfance à Niort. Elle y est née, puis a vécu au château de Mursay, situé à une lieue et demie au nord de la ville, sur un bras de la Sèvre niortaise[1]. Les conditions de sa naissance furent difficiles. Elles la marquèrent à jamais et suscitèrent chez elle un fort désir de revanche sociale. Si la future marquise de Montespan est, par une sorte d'atavisme familial, fière d'un nom éclatant et le porte en étendard, Françoise d'Aubigné s'agrippe désespérément au sien, beaucoup moins prestigieux, parce qu'il recèle un trésor : il fait souvenance de l'amitié qui lia son aïeul au premier des Bourbons.

---

1. De nos jours, les ruines du château de Mursay s'élèvent sur la commune d'Échiré, située à dix kilomètres de Niort et qui fait partie de l'agglomération de communes de Niort.

La mal aimée

Françoise d'Aubigné naît le samedi 24 novembre 1635 à Niort, l'année où Richelieu porte sur les fonts baptismaux l'Académie française, ce qui pour une future salonnière est une coïncidence amusante. La tradition prétend que, quelques années plus tard, une espèce de maçon architecte, nommé Barbé, qui se piquait d'astrologie, constatant son port altier et sa distinction, s'amusa à faire son horoscope où il était clairement marqué qu'elle était née pour être reine. Il lui prédit qu'elle s'élèverait là où elle n'aurait jamais pensé arriver, qu'elle obtiendrait l'amour d'un roi et qu'elle régnerait, mais après bien des chagrins, des peines et des malheurs[1]. Et des épreuves, elle n'en manqua pas.

Elle est la troisième et dernière enfant du couple formé par Constant d'Aubigné et Jeanne de Cardilhac. Avant elle, ont vu le jour Constant, qui a cinq ans de plus, et Charles, de dix-huit mois son aîné. Le pays autour de Niort a connu, un siècle plus tôt, les violences des guerres de Religion. Une importante communauté de réformés vit dans cette cité manufacturière et commerciale qui brandit pourtant haut et fort un catholicisme revigoré par des années de Contre-Réforme. Située à quatorze lieues aussi bien de Poitiers que de La Rochelle, la ville est idéalement placée à l'entrée du Marais poitevin, immense réserve de poissons. Mais au moment de sa

1. Laurent Angliviel de La Beaumelle, *Mémoire pour servir à l'histoire de Madame de Maintenon et à celle du siècle passé*, Amsterdam, Aux dépens de l'auteur, t. I, p. 211.

naissance, la France vient d'entrer en guerre contre l'Espagne. La pression fiscale suscite des révoltes qui vont en s'amplifiant et met en péril la prospérité régionale. Si les problèmes politiques n'affectent la petite fille que par ricochet, étant donné la situation financière déplorable de ses parents, elle est plus durablement et à jamais marquée par un manque d'amour maternel.

Françoise n'a jamais bénéficié de l'affection de sa mère : c'est un grand vide qui blesse pour toujours son cœur d'enfant et, plus tard, de femme. Il n'est pas sûr que ses frères aient été mieux lotis : l'aîné est dépressif et le cadet un vaurien. Elle est à ce point frappée par la froideur de sa mère qui lui refuse tout épanchement de sensibilité qu'elle notera, devenue adulte, que celle-ci ne l'a en tout et pour tout embrassée que deux fois au cours de sa vie, après deux longues séparations. À cette époque, l'expression des sentiments se fait discrète. De plus, le milieu dans lequel elle évolue se montre particulièrement sévère et ne conçoit pas d'autorité parentale relâchée. Pourtant, la raideur et l'indifférence dont témoigne sa génitrice sont vraiment excessives. Qu'une femme ait cru bon de révéler cette indifférence maternelle en dit long sur les griefs qu'elle nourrit à son égard. Une de ses contemporaines, la Grande Mademoiselle – fille de Gaston d'Orléans, le frère de Louis XIII –, qui avait perdu sa mère, Marie de Bourbon-Montpensier, à sa naissance, note dans ses *Mémoires* qu'elle ne se remit jamais de sa disparition. Adulte, elle est encore hantée par ce manque et s'avoue triste à jamais, déplorant les caresses qu'elle n'a pas eues. Ce chagrin qu'elle emporte dans la tombe pèse de même sur la petite Françoise qui se débat face à une femme froide et absente, situation pire que si elle avait été orpheline. Les faits corroborent ce sentiment de mésentente entre la mère et la fille, qui ne doit donc pas être seulement mis sur le compte d'une rivalité ou d'une rancœur. La vie de Françoise est marquée du sceau de l'enfant mal aimée et changée de place au gré des humeurs de ses parents. Le contexte familial n'est guère favorable. Sa mère a des circonstances atténuantes car son époux, le père de ses enfants, est alors emprisonné dans les cachots de Niort.

Françoise est née à la Conciergerie de Niort installée dans l'hôtel de Chaumont, non loin de l'impressionnant donjon qui domine la cité et qui sert de casernement aux troupes royales. Au moment de la naissance de sa fille, ce n'est pas la première fois que Constant d'Aubigné est derrière les barreaux. C'est même en prison qu'il a rencontré sa femme. Jeanne a épousé un repris de justice et les conditions matérielles dans lesquelles il fait vivre sa famille inclinent à la mélancolie, à la mauvaise humeur et à la tristesse. L'éducation qu'il prodigue à ses enfants se révèle chaotique et intermittente. L'exemple qu'il leur donne est exécrable et son épouse ne compense pas ces faiblesses par des trésors d'affection et de solidité. D'ailleurs, le mari et la femme ne sont guère faits pour vivre ensemble. Leur mariage incompréhensible reste un mystère. Leurs points de vue s'opposent pratiquement en tout : l'une est catholique, l'autre protestant ; l'une est presque une enfant, l'autre un presque vieillard ; l'une est volontaire et entreprenante, l'autre préfère vivre de combines ; l'une est froide et pragmatique, l'autre est fantasque et exubérant. Sans qu'apparaisse jamais de mésentente dans le couple, les d'Aubigné vivent cahin-caha dans la plus grande confusion. La vie familiale est aussi placée sous le signe des ruptures et des changements. Françoise va devoir s'adapter à beaucoup de situations nouvelles et trouver à chaque fois un support affectif qui consolide son âme d'enfant.

Un père criminel

Constant, ce père tantôt indifférent, tantôt trop entreprenant, est un être instable et raté. Il est d'une lignée pourtant honorable, mais c'est le maillon faible de sa maison. Il appartient à la noblesse réformée du Poitou, liée aux familles prestigieuses des Mailly, Neuillan, Navailles, La Trémoille et La Rochefoucauld. Son père – le grand-père de Françoise – Théodore-Agrippa d'Aubigné a été élevé auprès d'Henri IV dans la maison de Jeanne d'Albret, la reine de Navarre[1]. C'est l'un des meilleurs compagnons du Navarrais. Entre les deux amis, la loyauté est d'abord absolue. Agrippa suit aveuglément le chef du parti réformé, son maître, auquel il survit vingt ans. Il est de toutes les guerres de Religion. Il le suit jusqu'à ce qu'il considère comme une trahison : l'abjuration, le 25 juillet 1593, dans l'église abbatiale de Saint-Denis. La métamorphose d'Henri le peine au plus haut point et il se réfugie dans la violence verbale pour soigner, à soixante ans, son

1. La légende prétend qu'il est le fils bâtard de la reine Jeanne d'Albret : « Agrippa d'Aubigné est tenu communément, dans le Béarn et dans le Poitou, pour fils bâtard de la reine Jeanne d'Albret, étant veuve, et de son secrétaire. Le *Dictionnaire* de Moreri le dit bâtard d'une maison de qualité », « Fragments de mémoires sur la vie de Madame la Marquise de Maintenon, par le père Louis Laguille, jésuite, 1737 », Chardon de La Rochette, *Archives littéraires de l'Europe*, n° XXXVI, s. l., 1806, p. 363.

amertume. C'est un homme entier, sans nuances, incapable de compromis. En 1620, il est contraint de s'exiler à Genève où il meurt dix ans plus tard, avant la naissance de sa petite-fille. À la fois homme de guerre et gigantesque poète, auteur des *Tragiques* publiés en 1606, Agrippa est un homme violent. Il a passé sa vie sur les champs de bataille et, après la pacification religieuse, continue la lutte sur le papier. Ce soldat a dominé la région, s'emparant à plusieurs reprises de Niort et de nombreuses places fortes stratégiques au nom de sa foi huguenote. Il est riche et puissant, mais son fanatisme l'exclut peu à peu de la vie publique. Pourtant, c'est l'amitié, même malmenée, entre Agrippa d'Aubigné et Henri IV qui assure à ses enfants, puis à ses petits-enfants, une position sociale que leurs retournements politiques seront impuissants à entamer. Ce compagnonnage est déterminant pour assurer à sa descendance des appuis indéfectibles, que les frasques de son fils unique menacent pourtant à tout moment de lui enlever.

Si Agrippa est un protestant intransigeant, fidèle à la foi de son père jusqu'au bout, tel n'est pas le cas du fils, Constant, qui porte mal son prénom ! Il abjure plusieurs fois, reniant le protestantisme pour le catholicisme ou l'inverse en fonction de ce qu'il prend pour son intérêt. Mauvais garçon et mauvais fils, Constant n'a pas su tirer tout le parti de l'éducation soignée que son père lui a donnée et de la fréquentation de l'université protestante de Sedan où il a fait ses études[1]. Il passe son temps à s'amuser, à

1. Le duc de Bouillon, devenu prince de Sedan par mariage, fonda à Sedan à la fin du XVIe siècle une académie réputée. Au XVIIe siècle, outre Genève, des collèges et des académies pour la formation des pasteurs existent à Nîmes, Orthez, Orange, Montauban, Saumur, Die et Sedan. Elles sont supprimées par l'édit de Fontainebleau en 1685.

boire, à jouer et à séduire les filles. Il ne profite guère des cours de théologie si ce n'est pour se moquer de la religion, s'affranchir des autorités religieuses et adopter un point de vue de libre-penseur. Agrippa s'évertue à le remettre dans le droit chemin. Il paie ses dettes à plusieurs reprises et lui fournit une situation immanquablement compromise par un comportement de voyou. Agrippa installe son fils comme capitaine de Maillezais, une ville proche du Dognon, forteresse qu'il a fait construire au bord de la Sèvres, près de la ville de Maillé, au cœur du Marais poitevin. Mais, au lieu de faire régner l'ordre, Constant rançonne tous les habitants, fait de la citadelle un véritable coupe-gorge et un bordel général. Il profite d'une absence de son père, en 1608, pour se marier avec la séduisante Anne Marchand, fille d'un bourgeois de La Rochelle, veuve du baron de Chatelaillon. Il mène une existence chaotique, faite de coups de main et d'actions sans suite. En 1612, il tue un homme en duel ; l'année suivante, il aide un ami à enlever une jeune fille, ce qui lui vaut une condamnation à mort par le présidial de La Rochelle, que son père parvient à faire annuler.

Cette vie désordonnée ne lui procure pas la carrière espérée. Constant s'imagine alors que pour parvenir, il faut trahir. Il abjure le calvinisme, se rapproche du très catholique Alexandre de Baudéan de Neuillan, lieutenant général de l'Angoumois, en lui promettant de lui livrer les places fortes protestantes tenues par son père. Agrippa, meilleur militaire que son fils, n'a pas de mal à le chasser de Maillezais. Mal lui en prend. Constant se réfugie à Niort où, arrivé le 6 février 1619, il trouve sa femme dans les bras d'un amant. Ni une ni deux, il transperce le jeune homme de trente coups de poignard et sa femme de sept, après l'avoir fait prier Dieu. Constant obtient des lettres de rémission du souverain qui sont toujours données pour excuser les homicides dans les flagrants délits d'adultère. Mari emporté par la rage et la folie à la découverte fortuite de l'infidélité de son épouse, il n'est ni inquiété ni sanctionné pour ce double meurtre. Toutefois le résultat immédiat de la trahison à l'égard de son père est qu'il est purement et simplement déshérité. Agrippa vend Dognon et Maillezais au duc de Rohan pour acheter une terre près de Genève où il se retire. Il donne le château de Mursay à sa fille aînée Louise-Artémise, et le second, Surimeau, à sa seconde fille Marie. Son fils n'a rien.

On ignore comment Constant parvient à se réconcilier avec son père. Toujours est-il que la réconciliation a lieu. Mais ce rapprochement n'a qu'un but : lui soutirer de l'argent. Toujours en quête de revenus, il trahit une fois de plus la cause protestante au moment du siège de La Rochelle, sans que le camp catholique lui en sache gré. Trublion excité et dangereux par sa bêtise politique, il finit par être incarcéré au Château-Trompette à Bordeaux à la fin de l'année 1627. Ses trahisons ont suscité bien des rancœurs dans les deux camps ; ses dettes s'accumulent et certains prétendent même qu'il fabrique de la fausse monnaie.

Or, l'incroyable se produit au Château-Trompette. Pierre de Cardilhac, sieur de Lalanne, est lieutenant du château. Il a une très belle et très jeune fille, Jeanne, âgée de seize ans. Et Constant, un homme mûr de quarante-deux ans, meurtrier de sa première femme, parvient à séduire la jeune fille qu'il épouse le 27 décembre 1627. Ce mariage reste incompréhensible. Les talents de musicien et de versificateur de Constant auront-ils séduit la demoiselle ? La jeune fille était-elle enceinte pour que son père ait accepté une telle union ? Rien ne l'indique car le premier enfant du couple ne naît qu'en 1629, à la suite de la libération de Constant au début de l'année 1628. Un an et demi après leur mariage, en avril 1629, un jugement du tribunal de Niort accorde à Jeanne de Cardilhac une séparation de biens avec son mari, signe que sa famille ne se fait aucune illusion sur les talents de gestionnaire de Constant. Jeanne met à l'abri ses propres deniers, mais poursuit une vie discontinue avec son diable de mari. Constant, tout chenapan qu'il est, a un charme irrésistible auquel s'ajoute une culture acquise moins par ses études que par ses lectures personnelles. Son propre père, avec qui les relations sont pourtant orageuses, lui reconnaît « un esprit sublime sur tous ceux de son siècle ». Le père de Françoise est un personnage étonnant, sans doute intelligent, à coup sûr charmeur, séducteur, fanfaron, possédant de nombreux talents qu'il ne sait pas employer. Un être prometteur, mais une vie ratée.

À peine libéré, Constant est déjà retourné à ses désordres dont le plus spectaculaire est de recruter des partisans pour ourdir un complot contre Richelieu. De nouveau arrêté en décembre 1632, il est enfermé au fort de la Prée, dans l'île de Ré, puis à nouveau au Château-Trompette de Bordeaux. En 1634, sa femme lui donne un second fils, puis parvient à le faire transférer à Poitiers, puis à la Conciergerie de Niort où elle met au monde Françoise. Constant, revenu sur ses terres natales, toujours agréable causeur et plaisant camarade, se lie d'amitié avec le gouverneur de la ville, Charles de Baudéan, comte de Neuillan, qui est son geôlier et son lointain cousin par les femmes, la grand-tante de Constant étant la mère de Charles. Il reste en prison dix ans jusqu'à la mort du cardinal de Richelieu, le 4 décembre 1642, malgré les suppliques continuelles que Jeanne adresse au cardinal. Richelieu lui fait dire qu'il lui rend un immense service en empêchant son mari de retourner à ses extravagances. Cette étrange femme, qui réclame un mari qui n'est qu'un bandit, est ainsi contrainte de faire vivre sa famille, car l'enfance de Françoise le prouve, sa mère est le plus souvent seule pour faire bouillir la marmite.

Françoise est baptisée catholique, le 28 novembre 1635, quatre jours après sa naissance dans la majestueuse collégiale Notre-Dame de Niort. C'est sur les fonts baptismaux de l'édifice, en pur style gothique flamboyant, situés face à la chapelle des Baudéan-Parabère, qu'est tenu le bébé. Le parrain, François de La Rochefoucauld d'Estissac, est le neveu du célèbre mémorialiste. Ce vaillant militaire, résolument catholique, s'est signalé lors du siège de La Rochelle dix ans auparavant. Sa marraine est Suzanne de Baudéan, fille de Charles de Baudéan, seigneur de Neuillan, l'ami de Constant et le gouverneur de Niort. Ce choix s'avère judicieux pour le futur. Suzanne devient dame d'honneur de la reine en 1660, ce qui signifie qu'elle dirige la conduite des jeunes femmes formant l'aréopage de l'épouse de Louis XIV, parmi lesquelles se trouve Madame de Montespan. Mais pour le moment, la situation est plus que mauvaise. Elle ne fait qu'empirer au cours des années.

Empêtrée dans les problèmes financiers, la mère de Françoise montre un caractère hors du commun et un courage remarquable, consacrant tout son temps et toute son énergie à sortir du désastre. Elle agit sans répit pour empêcher une déconfiture totale. En 1638, elle se rend à Paris pour tenter de récupérer le château de Surimeau que son beau-père, désormais mort, a donné à la sœur puînée de Constant. Marie, la fille d'Agrippa, est morte avant son père et avant son mari, Josué de Caumont, seigneur d'Adde. Or ce dernier veut faire passer Surimeau aux enfants de son second lit, et non aux deux filles qu'il a eues de la fille d'Agrippa. Outrée par ce détournement de patrimoine, Madame d'Aubigné part avec ses fils, âgés de neuf et quatre ans, pour se plaindre devant le parlement de Paris. Elle laisse Françoise, âgée de trois ans, à sa belle-sœur, Louise-Artémise, qui est mariée au sieur de Villette et habite le château de Mursay. Françoise reste donc cinq années à Mursay, le temps pour sa mère de tenter d'apurer les dettes de son mari et de plaider pour recouvrer Surimeau, sans succès.

Le château du bonheur

Le château de Mursay appartenait à la grand-mère de Françoise, Suzanne de Lezay, qui y a résidé de nombreuses années et y a accueilli des hôtes prestigieux comme Henri de Navarre, tandis que son époux, Agrippa d'Aubigné, y venait seulement l'été pour écrire[1]. Le bâtiment est construit sur pilotis dans le lit du fleuve sur un îlot qui sert de gué à l'abri des crues ; le climat est rude ; la petite

1. En 1615, le château devient propriété de la tante paternelle de Françoise, Louise-Artémise Le Valois de Villette. Ses descendants le conservent jusqu'en 1759. La propriété est alors vendue à Antoine Martin, maître échevin de Niort, et reste dans sa famille jusqu'aux années 1930. Mais le château, qui n'est plus habité à partir de 1920, tombe en ruine, néanmoins classées en 1952. Sous la pression d'associations, il est acheté par la ville de Niort en 2002. Des travaux de consolidation sont alors entrepris.

Françoise vit comme une paysanne, mais cela ne la rebute pas. Elle aime ce domaine mouillé, toujours envahi par les eaux. Elle se plaît dans ce logis féodal mis au goût du jour, conservant ses quatre tours, son donjon et ses trois ponts-levis. L'aspect massif et défensif du château évoque les exploits des preux chevaliers. Le donjon médiéval s'élance vers le ciel comme pour appeler la petite fille à se souvenir d'un passé glorieux. Quant au manque de confort et à l'isolement, Françoise ne les remarque même pas, tant l'endroit dégage un charme indéfinissable. Le logis n'a que deux étages et le domaine est d'une taille modeste. L'endroit est simple, accueillant et, pourtant, nimbé de mystères. Qui sait, si, au travers des brumes, l'hiver venu, la fillette n'apercevait pas la silhouette d'elfes espiègles, ou si, dans l'onde scintillant sous les rayons des soleils d'été, elle ne croyait pas voir quelques nymphes protectrices ? Mursay est, pour elle, le château du bonheur.

Françoise est heureuse, entourée de l'affection de son oncle et de sa tante, qui sont comme des seconds parents, et d'enfants dont elle peut partager les jeux. Sa tante Louise-Artémise Le Valois de Villette a quatre enfants : trois filles et un garçon. L'aînée, Madeleine, future Madame de Sainte-Hermine, âgée de dix-sept ans, Aymée, future Madame de Fontmort, âgée de quinze ans, Marie, future Madame de Caumont, âgée de cinq ans et, surtout, un garçon, Philippe, âgé de six ans, qui devient son compagnon de jeu et qu'elle considère comme un frère[1]. L'oncle, le marquis Benjamin Le Valois de Villette,

1. Madeleine, née en 1621, épouse en 1649 Hélie, seigneur de la Laigne, marquis de Sainte-Hermine, d'une famille de l'Angoumois et de la Saintonge. Aymée, née en 1623, épouse en 1658 René Jouslard de Fontmort, d'une famille d'échevins catholiques de Niort. Philippe,

est lieutenant du roi pour le gouvernement du Bas-Poitou. C'est un huguenot scrupuleux. Au château de Mursay, on vit de façon spartiate à la manière des paysans, mais dans la bonne humeur et la gaieté. Le dimanche, on se rend au temple. On dépose la petite Françoise devant la prison de Niort où elle rend visite à son père, pendant que sa famille célèbre le culte. Et on la reprend sur le chemin du retour. Le temps s'écoule doucement dans cette famille attachée à sa terre et fidèle à ses valeurs. L'écho de la politique ne peut briser ce bonheur porté par l'insouciance de la jeunesse. Richelieu rend son dernier soupir au mois de décembre 1642, suivi par le souverain en mai 1643. Françoise est heureuse. Elle grandit. Elle a oublié sa mère. Cette jeunesse tranquille s'interrompt brusquement quelques jours avant Noël 1643.

Un beau matin, elle voit arriver en quasi-haillons une femme inconnue qui se présente à elle : c'est sa mère qui vient la chercher. Un baiser rapide et elle embarque sur-le-champ la fillette qui a maintenant huit ans. Françoise a beau protester, elle est soudainement arrachée aux tendres soins de son oncle et de sa tante. Elle doit suivre cette femme qui l'a mise au monde, mais qu'elle n'a pas vue depuis cinq ans et dont elle n'a aucun souvenir. À Niort, le cercle de famille s'élargit. Françoise fait la connaissance de ses deux frères, Constant, quatorze ans, et Charles, neuf ans. Pour bien

---

né en 1632, épouse en 1662 Marie-Anne de Châteauneuf, fille de Gaspard de Châteauneuf, seigneur de Dillay et d'Ardin, et d'Antoinette Raisin. Marie, née en 1633, épouse en 1659 Marc-Louis de Caumont d'Adde, lieutenant général de cavalerie, dont les descendants sont les marquis Henri et Louis de La Rochejaquelein, généraux vendéens. Françoise d'Aubigné reste sa vie durant en relation avec ses cousins qu'elle aime beaucoup et qu'elle considère comme sa famille.

marquer sa désapprobation d'avoir été enlevée à l'affection de son oncle, de sa tante et de ses cousins, la fillette adopte un comportement rebelle d'opposition systématique à sa mère. Les piques ne manquent pas entre Françoise et Jeanne. Pour le moment, c'est Françoise qui tourne délibérément le dos à l'autel lorsque sa mère la traîne dans une église, suspectant que son beau-frère protestant l'a arrachée à la foi catholique, ce qui n'est pas le cas car les Villette n'ont pas fait de prosélytisme.

Son père Constant, qui a presque soixante ans, réapparaît soudain, la tête remplie de projets. Libéré en 1642 à la mort de Richelieu, il a séjourné à Genève d'où il revient ayant recueilli, par extraordinaire, une part d'héritage que lui a laissé la seconde épouse de son père. Toujours en quête d'argent, il rêve à un projet singulier. Celui qu'il entreprend d'exécuter va être décisif dans la vie de Françoise mais est totalement extravagant : il caresse le projet d'emmener sa famille aux Amériques et de faire fortune en créant une plantation.

En route pour l'Amérique

En juillet 1644, toute la famille s'embarque sur un navire pour les Antilles. Après plus d'un mois d'une traversée périlleuse, le bateau accoste en Martinique, où une colonie française s'est installée dix ans auparavant, puis en Guadeloupe. Constant part immédiatement s'établir comme planteur sur l'île de Marie-Galante, à cinq lieues au nord, laissant sa femme et ses trois enfants au port de Basse-Terre.

Consciente des lacunes qu'un manque d'éducation risque de laisser sur des enfants déracinés, Jeanne de Cardhilac d'Aubigné s'emploie à les instruire et imagine un plan d'études rigoureux. Françoise raconte que sa mère les obligeait à apprendre sans relâche, à lire beaucoup et à écrire des lettres pour les quelques connaissances qu'ils avaient laissées en France. Paresseux et préférant jouer sur le port, le frère aîné se défausse sur sa sœur. La petite fille commence à prendre goût à l'écriture. Elle passe ses journées à écrire maladroitement des missives, à lire Plutarque et des ouvrages pieux. Elle aime à se livrer avec son frère Charles à des joutes passionnées sur les mérites des hommes et des femmes illustres. Petite fille au caractère affirmé, sorte de garçon manqué, elle est, à dix ans déjà, une pasionaria de la cause féminine, bien décidée à ne pas se laisser abuser par les hommes. Bien qu'elle la déteste, elle ressemble beaucoup à sa mère par le courage, le fort tempérament, la volonté farouche de se battre contre l'adversité.

Les enfants et leur mère rejoignent bientôt leur père sur l'île de Marie-Galante. Là s'écoulent quelques semaines paradisiaques durant lesquelles les enfants ne font plus rien et se laissent hâler par le soleil. Mais au bout de peu de mois, le père disparaît à nouveau. Il repart pour la France dès 1645 avec l'espoir d'obtenir le titre de gouverneur de l'île auprès de la compagnie des Indes. Il reste neuf mois éloigné de sa famille sans que l'on sache ce qu'il fait. Durant l'absence de son mari et devant le danger que constituent les Irois pour la colonie française, Jeanne prend l'initiative de retourner en Martinique avec ses enfants. Là, elle loue une grande maison et reçoit des visiteurs. Un certain Esprit Cabart de

Villermont, jeune homme introduit dans les salons parisiens, botaniste et ethnologue à ses heures perdues, plus tard gouverneur des îles d'Hyères et lieutenant du roi à Cayenne, qui s'intéresse au trafic colonial, leur rend ainsi visite. Constant finit par se manifester à nouveau et leur demande de les rejoindre à Saint-Christophe où il a débarqué dans l'idée de livrer l'île aux Anglais. Mais le commandeur de Poincy, gouverneur des Antilles françaises, héberge les d'Aubigné de manière fastueuse et les convie à sa table tous les soirs pour des dîners d'apparat. Devant tant de sollicitude, les illusions de Constant s'évanouissent : il comprend qu'il ne pourra pas remettre l'île aux Anglais, il comprend que l'échec de la plantation à Marie-Galante est irréversible… et il ne trouve, comme toujours, d'autre issue que dans la fuite. Il abandonne de nouveau sa famille et repart pour la France.

Jeanne de Cardhilac est lasse de cette vie qui a compromis la santé de ses enfants. Françoise a contracté le paludisme. Elle souffrira toute sa vie de fièvres et de maux de tête violents. Sans attendre d'autorisation de son époux, Jeanne décide d'embarquer pour la France. A lieu alors un ultime épisode digne des meilleurs romans. Le navire subit une attaque de pirates qui n'a d'autre effet que cette remarque cinglante de Françoise à son frère : « Si on nous prend, nous nous consolerons de ne plus être avec elle. » Elle, c'est sa mère. C'est dire à quel point elle la déteste. La famille accoste à La Rochelle à la fin de l'été 1647. Dépenaillée, rescapée des corsaires, sans point de chute, elle erre sur le port. Ce que personne ne sait encore, c'est que Constant a rendu son dernier soupir le 31 août à Orange, en territoire huguenot, après s'être rendu en Angleterre. Constant est mort en s'apprêtant à abjurer une fois de plus. Il n'a eu de cesse de faire des allers et retours entre le catholicisme et le protestantisme, au gré des avantages qu'il croyait pouvoir en retirer. La petite fille, sans connaître le détail des félonies de son père, se doute bien de quelque chose. Confrontée à ce père fantasque, elle a découvert auprès de lui, durant quelques mois antillais qui font suite aux dimanches de Niort, un monde bien éloigné du sévère comportement huguenot de ses cousins à Mursay ou de l'intransigeance catholique de sa mère : le monde du doute et de l'athéisme, du triomphe de la vérité personnelle et particulière, qui la marque à jamais.

Son intelligence est vive et c'est ce qui la rapproche de ce père extravagant, qui reconnaît volontiers la supériorité intellectuelle de sa fille. Elle se rappelle toute sa vie une conversation à Marie-Galante. Elle n'a pas encore dix ans. Assis devant la mer, chauffés par le soleil, écoutant le bruit paisible des vagues, devisant, le père – un vieillard déjà – s'adresse à sa fille : « Est-il possible que vous, qui avez de l'esprit, puissiez croire à tout ce qu'on vous apprend dans votre catéchisme ? » La phrase est brutale. Elle s'en souvient des années plus tard. Elle la hante. Elle explique l'amour qu'elle voue à cet homme pourtant si mauvais père, et, à l'opposé, la haine de sa mère. Elle est un hommage discret à celui qui a reconnu son intelligence. Elle est aussi une preuve d'amour du géniteur à son enfant qui lui donne en guise de testament et sous forme d'interrogation la clé de la liberté intérieure. À elle de se faire sa religion, de juger en conscience et d'adhérer par l'esprit, dans une démarche mathématique, scientifique avant la lettre, rationnelle. Ce père libertin invite sa fille à raisonner, à s'interroger, à critiquer, à inventer sa vie. Françoise est heureuse de comprendre intuitivement qu'elle est sa préférée : Constant a distingué parmi ses enfants celle dont les espérances sont les plus grandes. Il est mort en n'ayant pas d'inquiétudes pour l'avenir de cette jeune fille, exceptionnellement perspicace et courageuse. Dans ses veines, coule le sang authentique des d'Aubigné.

Sur le port de La Rochelle

Les deux années passées en Guadeloupe et en Martinique ne sont donc pas totalement vaines pour Françoise, la petite « Bignette » comme la surnomme affectueusement sa tante. Aussi brune que la marquise de Montespan est blonde, elle possède un visage régulier, de grands yeux noirs, une bouche ourlée, un menton volontaire. Son teint s'est hâlé au soleil des Antilles. Son éclat, peu ordinaire, est nimbé de mystère. Pour briller, il lui faudra vaincre sa timidité, parce que son naturel réservé se heurte à son ambition. Les circonstances vont se charger de lui apprendre la maîtrise d'elle-même. Déjà, au sortir de l'enfance, sa vie est romanesque ; la suite confirmera l'extraordinaire destin de la pauvre orpheline. Cette trajectoire, que le duc de Saint-Simon appelle « ce prodige incroyable d'élévation où sa bassesse était si miraculeusement parvenue[1] », est inimaginable. Peu de dames du grand monde peuvent s'enorgueillir d'avoir eu une enfance aussi pauvre et aussi rocambolesque ! Elle a commencé la rédaction de ces centaines de lettres dont elle fera son activité principale et qui assureront sa renommée.

1. Saint-Simon, *op. cit.*, t. I, p. 690.

Elle a vu du pays, a appris beaucoup de son père qui lui a donné une magnifique leçon d'indépendance. Même si son jeune âge ne lui permet pas encore d'exercer sa liberté, son tempérament volontaire est affermi par ces conseils et l'expérience acquise.

Françoise est une adolescente décidée, consciente de sa supériorité intellectuelle, fière d'être une femme, obligée de ployer devant les adultes parce qu'elle est encore petite. Alors, quand elle grandira, elle fera des choses sublimes aussi, mais d'une autre manière que la marquise de Montespan. C'est une petite personne au caractère « révolté », comme le dit plus tard la marquise de Sévigné. Elle a horreur de recevoir des ordres, parce qu'elle sent ses talents et son potentiel, mais elle doit jouer les modestes parce que sa naissance ne l'a pas placée dans une position aussi glorieuse qu'elle l'aurait rêvée. Toute sa vie, elle compose sur la partition de la modestie. Et quand bien même, toutes à l'époque savent que « la gloire d'une femme consiste à ne point faire parler d'elle », comme le souligne Hortense Mancini, de dix ans sa cadette, dans ses *Mémoires*.

Elle revient donc avec plus de fermeté que lorsqu'elle était partie et elle en a bien besoin car le retour en France s'avère, une fois de plus, très difficile.

La famille s'installe, en effet, dans une pièce sous l'escalier d'une maison du port de La Rochelle. Les enfants sont obligés d'aller mendier la soupe aux portes des couvents de la ville et chez les jésuites, humiliation terrible pour elle[1]. Elle grelotte dans ses vêtements de coton plus

1. Le père Duverger, régent de troisième au collège de La Rochelle, en 1647 lorsque les d'Aubigné débarquent des Amériques, se souvient

adaptés à la vie dans les îles qu'à un climat océanique. Les appels désespérés de Jeanne, veuve, à la famille de son mari sont alors entendus. Françoise va devoir une fois de plus se séparer d'une mère mal aimée. Tant pis ou tant mieux car elle retourne au paradis de ses jeunes années, à Mursay. À la veille de Noël 1647, sa tante vient la chercher avec son frère Constant, qui doit se former auprès de son oncle, lieutenant du Bas-Poitou. Son frère cadet, Charles, est envoyé à Poitiers pour être page d'Henri de Parabère, gouverneur du Poitou et beau-frère de Charles de Neuillan, l'ami de Constant.

Le séjour à Mursay est bien différent du premier. Si Madame Le Valois de Villette reste une tante attentionnée et tendre qui entoure ses neveux d'une affection sincère, si l'oncle et les cousins forment une famille accueillante, un drame survient dès les premières semaines. Constant, âgé de dix-sept ans, endure mal les déracinements successifs, le désœuvrement et la frugalité de la vie campagnarde. Il est retrouvé noyé dans les douves du château, pourtant peu profondes. Sa disparition fait penser à un suicide. Bien que personne n'ait naturellement jamais rien dit sur les circonstances du drame afin de ne pas ternir sa mémoire et permettre son enterrement, il est fort probable que le jeune homme au tempérament mélancolique se soit laissé désespérer par la situation familiale. Sans formation et sans fortune, il imaginait son avenir sous les plus sombres auspices. On ignore quelle fut la réaction de sa sœur. Auprès de ses cousins Villette,

de l'épisode qu'il raconte volontiers, selon Louis Laguille, « Fragments de mémoires sur la vie de Madame de Maintenon », *Variétés historiques et littéraires*, t. VIII, Paris, 1737.

Françoise trouve du réconfort et s'instruit dans la foi protestante plus qu'elle ne l'a fait lors de son précédent séjour. Mais ce séjour réparateur est aussi court que le précédent a été long. Moins d'un an plus tard, dès le mois de novembre 1648, Madame de Neuillan, la mère de la marraine de Françoise, réclame sa garde, inquiète de ce que la jeune fille se tourne vers le protestantisme. Or, elle a de très nombreux appuis puisque son époux est gouverneur de Niort et son beau-frère Parabère gouverneur du Poitou. Elle obtient facilement que la Régente donne un ordre en ce sens et Françoise doit la suivre, à son grand désespoir.

Un enfer

La tutelle exercée par la comtesse de Neuillan est paradoxale. C'est une chance pour Françoise, qui finit d'affiner son caractère et est portée par des circonstances favorables. C'est aussi une contrainte qui la rend extrêmement malheureuse et contribue à développer chez elle une tendance à la dissimulation et à l'hypocrisie. Chez les Neuillan, elle trouve exactement l'inverse de ce que les Villette lui apportaient : froideur, rigidité, ennui, bêtise, mais aussi ouverture mondaine et relations. Louise de Baudéan de Neuillan a hérité de son père, Adam Tiraqueau, un magistrat ligueur, une rigidité peu commune et le souci de défendre tout ce qui touche à la religion catholique. Elle commence par se décharger du soin de sa protégée sur les ursulines de Niort dont le couvent s'élève dans une rue adjacente à l'hôtel de Chaumont où Françoise a poussé ses premiers cris. Le séjour ne dure qu'un semestre. Chargées de rectifier l'âme d'une jeune fille qui s'éloigne du droit chemin, les religieuses se heurtent d'abord au refus systématique de Françoise de recevoir le moindre enseignement. Angoissée par cette cruelle séparation, la jeune fille écrit des lettres désespérées à sa tante Louise-Artémise de Villette. Le 12 octobre 1648, dans la première lettre qui a été conservée pour la postérité, elle la supplie de se « ressouvenir des grâces singulières qu'il vous a plu faire tomber sur de pauvres petits abandonnés » et lui demande « d'employer votre crédit et vos soins à me tirer de céans, la vie m'y étant pire que mort. Ah ! Madame et tante, vous n'imaginez pas l'enfer que m'est ceste maison soi-disant de Dieu, et les rudoiements, duretés et façons cruelles de celles qu'on a fait gardiennes de mon corps, et de mon âme non, pour ce qu'elles n'y peuvent joindre ». Ce réquisitoire contre les couvents sent la huguenote à plein nez, à moins qu'il ne témoigne chez Françoise d'un esprit de révolte propre à l'âge qu'elle traverse, qu'on ne nomme pas encore adolescence, mais qui en a toutes les caractéristiques.

La tante huguenote ne peut que déplorer le sort réservé à sa nièce. Heureusement, les façons de sœur Céleste, douce et compréhensive, l'amadouent. En un mois, elle a complètement changé d'avis. À treize ans, elle est à l'âge des amours d'adolescence et s'enflamme pour sœur Céleste au point de faire sa première communion et de vouloir rester au couvent. Mais à nouveau le destin contrecarre ses intentions. Il se charge de l'en faire sortir. Car Madame de Neuillan est d'une avarice légendaire. En recevant la facture, pourtant modeste, du pensionnat, elle refuse de payer. Elle ne trouve rien de mieux que d'envoyer la note à Madame de Villette. Cette dernière exclut catégoriquement de débourser quoi que ce soit, attitude parfaitement compréhensible[1] ! Sortie du couvent, Françoise habite dans l'hôtel du gouverneur de Niort de l'été 1649 à l'été 1650. Elle est la parente pauvre à qui l'on fait la charité. On lui donne des vêtements usés qui ont déjà servi ; elle marche en sabots ; on ne lui prête des souliers que lorsque vient du monde. Là elle rencontre le grand amour de sa vie : le chevalier de Méré qui soupire après elle jusqu'à sa mort et qui la forme à l'écriture. Elle qui s'adonne déjà avec conviction à l'art de la lettre apprend sous la férule admirative de cet homme érudit et un peu ennuyeux – mais qu'importe selon elle car elle a soif de connaissances – les belles tournures qui vont bientôt faire sa réputation. Antoine Gombaud, chevalier de Méré, qui a trente ans de plus que Françoise, est un fin lettré, amateur de l'art de la conversation, grand ami du philosophe et mathématicien Blaise Pascal, un homme qui cultive l'honnêteté et la politesse à un suprême degré. Poitevin, il se partage entre des séjours sur ses terres et d'autres dans la capitale où il hante les salons mondains. Il a un véritable béguin pour Françoise et, jusqu'à sa mort en 1684, en reste le très fidèle ami.

Françoise trouve aussi dans la compagnie de jeunes filles de son âge un réconfort. Angélique, future comtesse

1. Si bien que quarante ans plus tard, lorsqu'elle épouse le souverain, Madame de Maintenon est toujours redevable du montant de la pension de son semestre chez les ursulines. Toutefois, en passant par Niort durant un voyage à la fin des années 1670, elle s'arrête au couvent et se montre très généreuse.

de Froulay[1], la plus jeune fille de la comtesse de Neuillan, martyrisée on ne sait pourquoi par sa mère, ainsi que Bérénice de Baudéan, sa cousine[2], deviennent des amies. Les trois jeunes filles vont parfois dans la maison des champs : « On nous plaçait un masque sur notre nez car on avait peur que nous nous hâlassions, on nous mettait au bras un petit panier où était notre déjeuner, avec un petit livret des Quatrains de Pibrac[3]. Avec cela on nous mettait une grande gaule dans la main et on nous chargeait que les dindons n'allassent pas où ils ne devaient pas aller », se souvient Françoise lorsqu'elle évoque son enfance, à moins que cette anecdote ne concerne la vie simple et regrettée qu'elle menait à Mursay chez ses chers cousins[4].

À Paris

À la fin de l'été 1650, Madame de Neuillan part à Paris marier sa fille Suzanne au duc de Navailles. Elle emmène Françoise, sans doute aussi pour l'établir, car Jeanne d'Aubigné n'a pas donné signe de vie. Arrivée à Paris en carrosse, elle dépose Françoise chez les ursulines de

1. Elle se marie en 1656 avec le comte de Froulay, grand maréchal des logis de la maison du roi et chevalier de l'Ordre en 1661, qui meurt en 1671 sept ans avant son épouse. Parmi sa descendance, se trouve la marquise du Châtelet.

2. Elle épouse Louis Bouchard d'Aubeterre qui meurt en 1651.

3. Les *Quatrains* de l'avocat et poète Guy du Faur de Pibrac sont parus à la fin du XVIe siècle. Il s'agit d'un recueil de vers moraux destinés à la jeunesse dont le succès ne se dément pas au cours du XVIIe siècle.

4. Théophile Lavallée, *La Famille d'Aubigné et l'enfance de Madame de Maintenon*, Paris, Plon, 1863, p. 84.

la rue Saint-Jacques. Le passage par le couvent est difficile. Toujours en réaction, Françoise se rebelle contre les dispositions que prennent pour elle les adultes. Elle fait d'abord une grève de la parole au point que toutes les religieuses la croient muette, puis elle entame une grève de la faim. Sa révolte n'ayant aucun résultat, elle envisage que le meilleur moyen de sortir au plus vite est de donner l'apparence de la conversion. Elle s'initie alors à l'art de la dissimulation et c'est sa marraine, Suzanne, qui vient bientôt la chercher. Elle l'emmène chez un cousin, Pierre Tiraqueau de Saint-Herman, maître d'hôtel du roi, qui les héberge rue d'Enfer, en bordure du Luxembourg, dans l'hôtel de Troyes.

Là, nouveau coup du destin, elle se lie à la fille de son hôte, Marie-Marguerite de Saint-Herman, en compagnie de laquelle elle passe le plus clair de son temps et avec qui elle reste en relations épistolières après son départ. Là, elle revoit le chevalier de Méré qu'elle vient de rencontrer à Niort chez Madame de Neuillan, et l'aventurier Esprit Cabart de Villermont qu'elle a croisé aux Antilles. Très introduit dans les salons littéraires de la capitale, Cabart de Villermont fréquente régulièrement l'hôtel de Troyes, parce qu'il rend visite à un homme bizarre, cul-de-jatte et poète, Paul Scarron, qui y loue un logement. Cabart de Villermont essaye de convaincre l'écrivain de se soigner au soleil des Amériques et, accessoirement, de faire fortune dans les colonies. Le témoignage de celle que l'un de ses admirateurs surnomme la « Belle Indienne », ses souvenirs d'enfance, qui remontent à cinq ans à peine, doivent montrer à Paul Scarron que si le voyage n'est pas périlleux pour une enfant il ne l'est pas non plus pour un handicapé à la santé précaire, que le climat est revivifiant, que les plantations ont de l'avenir… Il lui propose de l'inviter chez son ami poète et romancier.

La voici dans un salon où s'entasse du beau monde, quelques écrivains dont on lui a dit qu'ils sont à la mode. Cabart de Villermont la pousse doucement. Le cercle s'élargit autour d'elle. Au centre, trône un lit jaune sur lequel est posé dans une caisse, comme du linge, l'homme le plus laid qu'elle ait jamais vu. On la présente : Mademoiselle d'Aubigné qui séjourna aux Amériques. Elle détourne son visage de l'affreux spectacle. Et, au lieu d'un exposé plein de verve et de panache, mal habillée, se sentant gauche et timide, elle se tait. Elle voudrait bien parler, mais elle n'y arrive pas. Malgré ses efforts, elle perd ses moyens. Elle est tellement impressionnée qu'aucun son ne parvient à sortir de sa bouche. Son cœur s'emballe, bat la chamade, manque de défaillir. Elle rougit, se contentant de laisser couler quelques larmes de dépit et de désespoir. Elle se renferme en elle-même, face à ce quasi-vieillard handicapé, replié dans une petite voiture, courbé à un point tel qu'il se compare lui-même à un z, « raccourci de la misère humaine ». Les deux recroquevillés, l'une par le trac, l'autre par la maladie, se regardent à peine. Fin de l'épisode. Madame de Neuillan s'inquiétat-elle à l'idée qu'elle ne se débarrasserait jamais de Françoise et ne la marierait jamais ? Elle la rapatrie à Niort au printemps 1651. Françoise est-elle condamnée à passer le reste de ses jours dans un médiocre couvent de province ?

3

PREMIÈRE RENCONTRE

En 1651, Françoise de Mortemart a dix ans, Françoise d'Aubigné tout juste seize. Elle est revenue à Niort après le séjour parisien qui a été un fiasco. Mais elle s'est fait une amie de toute première importance : Mademoiselle de Saint-Herman avec qui elle continue de correspondre. Le pouvoir des lettres est, à cette époque, considérable. Ce sont elles qui font et défont les réputations, qui dictent l'actualité et les modes, qui font circuler les informations dont est friande la bonne société. La presse étant quasiment inexistante, le courrier la remplace. Aussi lorsque Mademoiselle d'Aubigné se lance dans une correspondance nourrie avec son amie, elle s'ouvre les portes des salons parisiens et d'un avenir qu'elle peine à imaginer glorieux. En dépit de son jeune âge et bien qu'elle n'ait aucune information sensationnelle à délivrer, elle est certaine que ce qu'elle écrira trouvera un auditoire plus large, pourvu que les phrases soient bien tournées et que les pensées soient délicates.

Marie-Marguerite de Saint-Herman s'empresse effectivement de lire autour d'elle les lettres qu'elle lui envoie :

le succès est immédiat. Françoise s'exerce, de manière assez naïve, à l'écriture paradoxale tant aimée des mondains, des Précieuses et des Précieux. Elle disserte sur l'amitié en la comparant à l'amour, thème alors à la mode, et en donne une version charmante, remplie d'une fraîcheur adolescente qui lui confère une authenticité véritable, d'autant qu'elle évoque ses frustrations d'enfance. Elle dit à sa correspondante que son amitié la « console » de sa mère, « si quelque chose pouvait l'en consoler ». Sa relation à son amie est même troublante lorsqu'elle lui avoue qu'elle lui écrit des choses trop flatteuses et qu'elle la traite « peu s'en faut comme si j'étais d'un sexe différent du vôtre. Je suis bien plus flattée de vos louanges que de celles de M. de M...[1]. Il m'en donne avec plus de passion mais pas avec autant de tendresse. Aussi me méfierais-je d'un amant qui saurait entrer dans mon cœur avec la même adresse que vous y entrez. Je ne regretterais point Paris, si vous n'y étiez pas. Vous effacez tout ce qui m'y a plu. Je n'oublierai jamais les larmes que vous avez versées avec moi, et toutes les fois que j'y pense, j'en verse encore. Je m'assieds avec un plaisir toujours nouveau sur cette chaise, que vous avez travaillée de vos mains, et, quand je veux écrire, je ne suis contente ni de mes expressions ni de mes pensées, si je ne me sers pas de vos plumes et de votre papier[2] ». Fine mouche, elle a appris les codes sous la direction du chevalier de Méré et n'hésite pas à citer les personnalités les plus importantes

1. Monsieur de Méré.

2. Madame de Maintenon, *Correspondance générale, publiée pour la première fois sur les autographes et manuscrits authentiques avec des notes et des commentaires par Théophile Lavallée*, Paris, Charpentier, 4 vol., 1865-1866, p. 38-39.

du sérail parisien, notamment Monsieur Scarron à qui elle reconnaît un esprit brillantissime. La flatterie atteint son destinataire : Scarron s'empresse de répondre à ce compliment en prenant à son tour la plume. Il rétorque qu'il s'était toujours bien douté que « cette petite fille que je vis entrer il y a six mois dans ma chambre avec une robe trop courte et qui se mit à pleurer je ne sais pas bien pourquoi, était aussi spirituelle qu'elle en avait la mine. La lettre que vous avez écrite à Mademoiselle de Saint-Herman est si pleine d'esprit que je suis malcontent du mien de ne m'avoir pas fait connaître assez tôt tout le mérite du vôtre[1] ».

Et l'amoureux Méré de renchérir, lui écrivant que, « si vous étiez la plus belle et la plus agréable personne du monde, je vous dirais librement tout ce qui me viendrait dans la fantaisie. Mais vous avez tant d'autres qualités de plus haut prix, que lorsqu'on vous écrit ou que l'on vous parle, il est bien malaisé de ne vous pas craindre, et je remarque en vous un mérite si pur et si rare, que j'aurais de la peine à me persuader, que la plus honnête femme qui parut jamais soit digne de vous. Depuis que je vous ai quittée, je n'ai rien vu de tout ce que j'aime, rien de noble, rien de galant, ni de bon air[2] ». Dans ses lettres, Françoise s'applique donc à plaire. Plaire, leitmotiv de sa vie. Elle veut parvenir, prendre une revanche sur son enfance, être appréciée, elle qui ne l'a été que de son père, et encore par intermittence, tant Constant fut l'éternel vagabond, absent du paysage familial.

1. *Œuvres de Scarron*, Paris, Jean-François Bastien, 1786, t. I, p. 170-171.

2. *Correspondance générale*, *op. cit.*, p. 45.

La Belle Indienne

Scarron lui propose d'entamer une correspondance, avec l'accord de sa tutrice, sans passer par l'intermédiaire de Mademoiselle de Saint-Herman. À l'automne 1651, Françoise est de nouveau à Paris. On est en pleine Fronde. Scarron s'acharne en paroles contre Mazarin. Cela fait six mois que le Premier ministre a été contraint de prendre le chemin de l'exil, laissant la reine et le roi aux mains des princes rebelles. Depuis Brühl, près de Cologne, Mazarin continue de gouverner dans l'attente de la majorité du roi et de l'effondrement de la rébellion, mais son départ donne l'illusion aux Frondeurs qu'ils ont gagné. Tout à l'euphorie de la victoire, Scarron s'enflamme pour Françoise : « Je ne sais si je n'aurais pas mieux fait de me défier de vous la première fois que je vous vis mais quelle apparence y avait-il qu'une jeune fille dût troubler l'esprit d'un vieil garçon ? » Il ose même lui avouer sa flamme, lui, le cul-de-jatte frondeur rescapé de la vie : « La malespeste que je vous aime et que c'est une sottise d'aimer tant ! À tout moment il me prend envie d'aller en Poitou et par le froid qu'il fait n'est-ce par une forcenerie ? Ah ! Revenez, de par Dieu, revenez, puisque je suis assez fou pour me mêler de regretter des beautés absentes[1]. »

Scarron échafaude alors un plan pour elle, qui est un traquenard, car ses atouts sont maigres : pas de fortune, guère de revenus, peu de prestance, point d'allant. Il la

1. François Guizot, *Vie des poètes français*, Paris, F. Schoell, 1813, p. 489-490 ; et *Œuvres de Scarron*, *op. cit.*, t. I, p. 170-171.

veut, mais que peut-il lui offrir de convenable ? Il lui propose soit de lui payer sa dot pour entrer au couvent, soit de l'épouser sans dot. Françoise ne fait ni une ni deux. Ayant horreur du couvent, elle choisit le mariage. « J'ai mieux aimé l'épouser qu'un couvent », avoue-t-elle. Et tant pis si elle épouse un libertin au passé sulfureux. Son père, qui n'avait ni tout à fait l'esprit ni bien évidemment le talent littéraire de Scarron, n'était-il pas pire dans le genre ? Et tant pis si elle se marie avec l'être le plus disgracié de la terre, car c'est aussi un auteur à succès et un homme qui la tire de son état de quasi-pauvresse. Elle a la même différence d'âge avec son mari que ses parents et si les langues jasent, ce n'est pas sur le jeune âge de la demoiselle, d'autres se sont mariées plus jeunes, c'est en raison du handicap du futur époux. Et tandis que l'écho des combats entre l'armée royale et l'armée des princes, Condé et Gaston d'Orléans en tête, remonte de la vallée de la Loire, elle se marie le 6 avril 1652. La cérémonie se déroule dans l'intimité à la chapelle de l'hôtel de Troyes. La jeune fille de seize ans et demi est conduite à l'autel par Esprit Cabart de Villemermont à qui la mère de Françoise, qu'elle n'a pas vue depuis des années, aurait donné pouvoir de la représenter.

À l'automne 1652, date à laquelle la famille royale rentre triomphalement à Paris, Scarron dont le salon est l'épicentre de la conspiration intellectuelle contre Mazarin, préfère se retirer provisoirement sur sa modeste terre de Feugerais, près d'Amboise. Le souvenir de la Fronde intellectuelle s'estompe assez rapidement. La protection de Suzanne de Neuillan joue aussi. Elle vient d'épouser, l'année précédente, Philippe de Montaut-Bénac, duc de Navailles, l'homme de confiance de Mazarin, à qui il a parlé en faveur de la filleule de sa femme. Fort de cet appui, Scarron parvient à obtenir de Fouquet, nouveau ministre des Finances, une pension d'écrivain. Sa réputation d'auteur burlesque n'est plus à faire et il jouit d'une grande renommée. Le couple revient dans la capitale, s'installe d'abord chez la sœur de Scarron, puis rue Neuve-Saint-Louis, sur la paroisse Saint-Paul dans le Marais. Le ménage habite une maison de rapport modeste, le couple ayant peu de moyens[1].

Paul Scarron est un esprit brillant, affligé par une poliomyélite qui le maintient paralysé et d'un rhumatisme tuberculeux qui le fait horriblement souffrir. Si son corps est malade, son âme est également blessée : orphelin de mère, il a été le souffre-douleur d'une marâtre. Nul doute que ce mariage bizarre apporte beaucoup à ces deux êtres meurtris. Françoise entre dans un monde littéraire, précieux et frondeur, qui oriente ses choix intellectuels, façonne son esprit et a raison de sa timidité. Elle tient sa revanche sur son enfance. Scarron peaufine son éducation : il lui apprend le latin, l'espagnol, l'italien, l'art de la conversation. Il trouve plus qu'une garde-malade, une jeune fille dont les dons intellectuels sont à faire éclore et une personne qui panse ses plaies affectives et d'amour-propre. Elle tient donc son salon littéraire pendant huit années durant lesquelles défilent à l'« hôtel de l'Impécuniosité » tout ce qu'il y a de « plus poli à la Cour et tous les beaux esprits de Paris », comme le rapporte Jean Regnault de Segrais. Et le spirituel académicien de citer des poètes à foison, des savants, des aventuriers,

1. L'immeuble est toujours visible au 56, rue de Turenne, à l'angle de la rue de Villehardouin.

des grands seigneurs. C'est ainsi que Vivonne, le frère de Françoise de Mortemart, aime à s'y délasser, tout comme ses contemporains. On y voit François d'Harcourt, futur marquis de Beuvron, qui est lieutenant général de Haute-Normandie et qui y scelle une longue et indéfectible amitié avec Madame Scarron. On y croise aussi Armand de Gramont, comte de Guiche, que ses aventures galantes rendent célèbre. Ce fils d'une nièce de Richelieu est l'un des favoris de Monsieur, frère du roi, ce qui ne lui interdit pas de faire chavirer les cœurs féminins. Il y a aussi Henri de Daillon, futur duc du Lude, autre familier de Louis XIV. Il est l'un des premiers gentilhommes de la chambre du roi jusqu'en 1669, date à laquelle le souverain lui confère le grade de grand maître de l'artillerie. Y vient aussi le maréchal César Phoebus d'Albret, qui rapatrie toute la troupe intellectuelle après le décès de Scarron dans son propre hôtel.

Un meuble inutile ?

En résumé, ce mariage apporte à Françoise, comme elle le dit elle-même, de la « joie » et de l'« occupation ». Elle se rappelle qu'elle ne connut ni le chagrin ni l'ennui. Madame Scarron adopte une conduite sage, soucieuse de ne susciter ni jalousie ni cancans. Les femmes l'apprécient parce qu'elle est toute en dévouement pour ses hôtes, les hommes parce qu'elle est jeune et jolie. La vie aux côtés de son époux est donc un démenti à l'opinion de la Régente qui, au moment de son mariage, se serait esclaffée : « Que fera Scarron de Mademoiselle d'Aubigné ? Ce sera assurément le meuble le plus inutile de sa maison ! » Paul Scarron avait d'autres idées en tête en épousant une jeunesse. Se moquant de ce que pouvait être leur intimité, des fâcheux s'étonnaient. « Je ne lui ferai pas de sottises mais je lui en apprendrai », aurait répliqué Scarron, expliquant avec esprit que leur union se poursuivrait jusque dans le lit conjugal.

Le mariage a-t-il été vraiment consommé ? Scarron ne cherchait-il pas uniquement le confort de posséder une garde-malade à plein temps ? Françoise est-elle une femme fidèle ? A-t-elle des amants ? Françoise a fait disparaître tout ce qui pouvait être compromettant pour elle, mais le sentiment que l'on peut avoir d'après les témoignages divers est qu'elle lui fut fidèle : là était son intérêt ; elle se maîtrisait assez pour s'attacher plus à sa réputation qu'aux plaisirs passagers. De son côté, Scarron était suffisamment jouisseur pour avoir su vaincre les hésitations de la jeune fille devant son corps détruit par la maladie. Il fit en sorte que leur intimité leur soit agréable à tous deux, peu importe les moyens d'y parvenir. Si leur union reste entourée de mystères en raison des infirmités de Scarron, il est certain que Françoise fut initiée aux plaisirs du sexe par son mari qui s'empressa de consommer son mariage. Mais comme on ne parle que peu de ces choses-là à cette époque, y compris dans les milieux libertins, l'énigme demeure.

De plus, Françoise se façonne une réputation sans tache. À la différence de Madame de Montespan, elle écrit suffisamment de lettres et de mémoires pour construire l'image qu'elle entend donner d'elle. Elle y livre quelques clés pour comprendre sa psychologie et ses motivations. Elle veut plaire, se faire respecter, se faire admirer partout où se trouve la bonne société, dans les salons parisiens et, plus tard, à la Cour. Son orgueil est tel qu'elle déclara aux demoiselles de Saint-Cyr qu'elle avait toujours placé au-dessus de tout son « honneur », qu'elle avait fréquenté toutes sortes de personnes, mais sans jamais se compromettre et sans donner sa préférence à quiconque, parce qu'elle cherchait à être estimée de tous. « Faire un beau personnage et avoir l'approbation des honnêtes gens : c'était là mon idole », explique-t-elle. Le but de sa conduite, qu'elle poursuit sans relâche, est de faire prononcer son nom avec admiration et respect. Elle avoue qu'elle se contraignait beaucoup mais que cela ne la faisait pas souffrir car elle construisait ainsi sa renommée. La richesse ne l'intéresse pas, ce n'est pas par intérêt qu'elle se bride, mais par volonté de se hisser au sommet de la célébrité et de faire briller la mémoire des d'Aubigné par l'excellence de sa conduite.

Peu sensuelle, Françoise Scarron se contente de ce que son mari est capable de lui offrir dans l'intimité, heureuse de cette vie mondaine, intéressante et distrayante qu'il lui fait partager. Se souvenant de sa jeunesse, Françoise affirme, de nombreuses années plus tard, qu'elle « n'a jamais été mariée ». Elle justifie auprès des demoiselles de Saint-Cyr sa propension à donner des conseils sur la vie matrimoniale. Sans doute signifie-t-elle par ce curieux paradoxe qu'elle n'a jamais eu d'enfant et que tout ce qu'elle sait sur l'éducation se fonde sur des réflexions personnelles. Dans le salon de son époux, elle occupe une place de spectatrice privilégiée des êtres, des émotions, des désirs, des passions. Elle s'emploie à développer parmi les invités, qui se pressent chez eux, l'étendue de ses talents et ses qualités. Comme le souligne Mademoiselle de Scudéry[1], « son esprit était fait exprès pour sa beauté, c'est-à-dire qu'il était grand, agréable et bien tourné. Elle parlait juste et naturellement de bonne grâce et sans affectation. Elle savait le monde et mille choses dont elle ne se souciait pas de faire vanité. Elle ne faisait pas la belle, quoiqu'elle le fût infiniment, de sorte que, joignant les charmes de sa vertu à ceux de sa beauté et de son esprit, on pouvait dire qu'elle méritait sa fortune[2] ».

Le 7 octobre 1660, Paul Scarron meurt, enfin délivré d'une existence qui ne fut qu'une longue souffrance. Françoise se retrouve veuve à vingt-cinq ans. Elle ferme son salon, se retire pieusement dans un couvent, celui des Hospitalières de la place Royale, qu'on appelle la Charité Notre-Dame ou Petite Charité. Une parente de Scarron, la maréchale d'Aumont, y a une chambre qu'elle lui prête un temps. On parle à la reine mère de la conduite exemplaire de cette jeune femme, belle, vertueuse et de beaucoup d'esprit, que la misère peut réduire à de grandes extrémités, car Scarron a laissé des dettes et Françoise se retrouve démunie. Touchée par sa bonne conduite, Anne

1. Madeleine de Scudéry est née en 1607. Précieuse par excellence, restée célibataire, elle fut assidue à l'hôtel de Rambouillet, publia des romans galants : *Le Grand Cyrus*, *Clélie*, rédigés sous le patronage de son frère Georges. À partir de 1652, elle reçut de 14 à 17 heures tous les samedis chez elle dans le Marais et fut gratifiée du prix d'éloquence par l'Académie française en 1674. Elle mourut à Paris presque centenaire, en 1701, après avoir fréquenté tout ce que la capitale comptait d'intellectuels et d'écrivains. Elle prit le parti de Condé durant la Fronde, tout comme Scarron.

2. Madeleine de Scudéry la dépeint sous les traits de Lyrianne dans *Clélie. Histoire romaine*, Paris, Combé, 1659, p. 1224. Voir Constant Venesoen, *Madame de Maintenon sans retouches,* Tübingen, Naar Verlag, 2012.

d'Autriche accorde une pension de deux mille livres qui couvrent les besoins de sa vie quotidienne. Elle s'installe alors, en 1664, au couvent des ursulines du faubourg Saint-Jacques, là même où Madame de Neuillan l'avait laissée lors de son premier séjour à Paris.

Cette pension est obtenue par l'entremise de nombreuses personnes dont les deux principales sont sa marraine, Suzanne de Navailles, très protégée par Anne d'Autriche dont elle a été demoiselle d'honneur, et Julie d'Angennes, duchesse de Montausier, dont la mère recevait dans son salon à l'hôtel de Rambouillet, et qui est gouvernante des Enfants de France. Son crédit est considérable et elle a pu parler en faveur de Madame Scarron, ancienne salonnière comme elle le fut. La mort de la reine mère en 1666 ne change que le montant de la pension qui est portée à deux mille sept cents livres par le roi en considération de celle que la reine mère défunte lui avait consentie, mais aussi en reconnaissance des services rendus à Henri IV par Agrippa d'Aubigné, son grand-père. Il est utile d'avoir des aïeux prestigieux, surtout lorsqu'on est veuve.

Le cercle des amis

Vivant chez des religieuses, Françoise Scarron continue néanmoins de fréquenter ses anciens amis et hôtes qui se sont rapatriés dans les hôtels d'Albret et de Richelieu. Sa conduite se veut irréprochable, comme en témoigne l'intendant Basville, qui en fait la reine de toutes les vertus. Issu d'une famille de parlementaires, excellent administrateur et juriste, Nicolas de Lamoignon de Basville est resté célèbre pour sa gestion de la révocation de l'édit de Nantes en Languedoc. Il fut aussi intendant à Poitiers et un protégé de Madame de Maintenon. Il explique qu'il l'avait souvent, à cette époque, ramenée dans son carrosse jusqu'à la rue Saint-Jacques et qu'il était déjà pénétré du même respect qu'il aurait eu pour l'épouse d'un roi ! « Son regard seul en inspirait et nous étions tous surpris qu'on pût allier tant de vertus, de pauvreté et de charmes », se souvient-il. Françoise continue donc de fréquenter les salons parisiens et s'y montre serviable, disponible, indépendante. Elle organise sa vie sachant bien qu'à son âge, sans dot et avec le nom de Scarron, il lui est difficile de penser à se remarier. D'ailleurs, elle ne le souhaite pas. Elle préfère son indépendance. Elle partage avec les Précieuses l'idée des chaînes conjugales qui, presque dans tous les cas, briment l'accomplissement personnel des femmes, car il manque encore aux hommes ce je-ne-sais-quoi qui leur permettrait d'établir des relations authentiques avec l'autre sexe. Son mariage lui a fait prendre conscience qu'il fallait accepter les hommes comme ils étaient, parce qu'il était malheureusement impossible de les changer. C'est pourquoi elle préfère les tenir à distance, flattée d'avoir un aréopage d'admirateurs, mais sans plus d'intimité.

Ce faisant, elle s'attache à construire autour d'elle un groupe d'amis solides et irréprochables moralement sur lequel elle puisse s'appuyer en cas de nécessité. La veuve Scarron se rend ainsi souvent à l'hôtel d'Albret dont les propriétaires deviennent des intimes. Il faut dire qu'elle cultive là ses attaches saintongeaises. Le maréchal d'Albret est baron de Pons, localité juchée sur un promontoire au-dessus de la Seugne, sur le chemin de

Saint-Jacques-de-Compostelle, près de Saintes. Entourée de belles forêts, ce fut une place forte protestante et la ville natale d'Agrippa d'Aubigné. Le mémorialiste Saint-Simon affirme sans se tromper que la veuve Scarron plut infiniment au maréchal par ses grâces, son esprit, ses manières douces et respectueuses, et son attention à plaire à tout le monde. Les d'Albret assistent à la montée de la faveur de Françoise sans jamais se brouiller avec elle. Au décès de la maréchale, née Madeleine de Guénégaud, en 1677, Françoise louera son indéfectible soutien : « Vous savez qu'elle avait pour moi ce qu'elle était capable d'avoir de meilleur », écrit-elle à un correspondant, l'abbé Gobelin. Elle est également très liée avec son époux, le maréchal d'Albret, avec lequel elle est en relations épistolières suivies jusqu'à sa mort en 1676. Elle lui fait même confidence de sa première entrevue avec le roi seule en tête à tête. En septembre 1671, elle a eu « l'honneur d'être à la promenade, ce qui surprit fort les courtisans et moi aussi ».

Elle se lie aussi avec le duc et la duchesse de Richelieu. Anne Poussart de Fors du Vigean est la fille d'Anne de Vigean, née Neufbourg, familière de l'hôtel de Rambouillet. Elle fut d'abord comtesse de Marennes, car elle épousa en premières noces, en 1644, François-Alexandre d'Albret, frère du maréchal d'Albret, sire de Pons et comte de Marennes, mort quatre ans plus tard, en 1648. Elle se remarie en 1649 avec le petit-neveu et héritier du cardinal de Richelieu, Armand-Jean de Vignerot du Plessis, duc de Richelieu. Mais elle conserve d'excellentes relations avec son ancien beau-frère le maréchal d'Albret, chez qui elle rencontre Françoise Scarron. Au début des années 1680, l'ascension de Françoise suscite la jalousie de la duchesse, qui s'éloigne d'elle, tandis que son époux continue de la fréquenter quotidiennement, entrant dans ses appartements très librement pour venir lui parler à toute heure et sans contrainte[1].

Le dernier couple d'amis qu'elle se choisit est celui d'Henri de Mornay, marquis de Montchevreuil, et de son épouse, Marguerite Boucher d'Orsay, mariés l'année de la naissance de Françoise en 1635. Les deux femmes se sont rencontrées dans le salon de Scarron. Laide, bigote et perpétuelle souffrante, elle n'a rien pour plaire. Le duc de Saint-Simon ne l'épargne guère. Elle « était une grande créature maigre, jaune, qui riait niais et montrait de longues vilaines dents, dévote à outrance, d'un maintien composé, et à qui il ne manquait que la baguette pour faire une parfaite fée. Sans aucun esprit, elle avait parfaitement captivé Madame de Maintenon qu'elle ne voyait que par ses yeux, et ses yeux ne voyaient jamais que des apparences et la laissaient la dupe de tout[2] ». Ce que rapporte Madame de Caylus recoupe ce premier portrait : « Femme froide et sèche dans le commerce, d'une figure triste, d'un esprit au-dessous du médiocre et d'un zèle capable de dégoûter les plus dévots de la piété, mais attachée à Madame de Maintenon à qui il convenait de produire à la Cour une ancienne amie d'une réputation sans reproche, avec laquelle elle avait vécu dans tous les temps, sûre et secrète jusqu'au mystère[3]. » Françoise rend service à la marquise dont la santé est délicate, toujours en couches et toujours malade. Elle tient sa maison, apprend le catéchisme à ses enfants,

1. Saint-Simon, *op. cit.*, t. I, p. 152. Voir chapitre 9.
2. *Ibid.*, p. 48.
3. *Souvenirs de Madame de Caylus*, Paris, Mercure de France, « Le Temps retrouvé », 1986, p. 35.

s'occupe des petits, montrant déjà des talents d'éducatrice. Françoise se lie avec elle d'une amitié qui ne passera pas, et avec son mari également. Henri de Mornay a été page de Gaston d'Orléans. C'est un fort honnête homme, modeste, brave, mais des plus « épais », prétend le duc de Saint-Simon. Comprenez : peu futé. Au fur et à mesure de son ascension, Françoise les entraîne dans sa faveur, connaissant leur probité. Personnes attachées à leurs devoirs, manquant d'esprit et de finesse, mais droits et fidèles, les Montchevreuil lui apportent une caution morale exemplaire. Elle les fait venir à la Cour dès qu'elle commence à y avoir de l'influence. Henri, obtient la charge de gouverneur du château de Saint-Germain, puis celle de gouverneur du duc du Maine, le fils adultérin de Madame de Montespan et du roi.

La veuve Scarron choisit donc de se dévouer pour des amies pieuses, de leur tenir compagnie, de les aider dans leur ménage, de s'occuper de leur famille. Elle trouve une compensation à son absence de maternité en se consacrant aux enfants des autres. Sans doute est-elle triste de n'être pas devenue mère quoiqu'elle ne se l'avoue pas, parce qu'elle est soulagée d'avoir été préservée des risques liés aux maternités et qu'elle est, au fond, assez contente de n'être plus sous la coupe d'un mari. Françoise est d'une nature indépendante. C'est avec l'orgueil et la patience, son principal trait de caractère. Mais il est sûr qu'elle se découvre alors un goût prononcé et un talent certain pour l'éducation. Sa vocation est d'être institutrice. Elle continue aussi à fréquenter les salons parisiens, parce qu'elle a de l'esprit, aime les conversations badines et la vie mondaine. Elle reçoit une pension modeste mais suffisante que ses soutiens et sa bonne réputation lui ont acquise. Elle semble parfaitement heureuse de son sort.

Un mariage imprévu

En 1660, lorsque Françoise Scarron se retrouve veuve, Françoise de Mortemart a dix-neuf ans et n'est toujours pas mariée. Si ses parents ne sont pas dans la gêne, ce n'est pas non plus l'opulence. La fortune familiale est fragile. Les parents ont déjà dépensé beaucoup pour l'établissement de leurs quatre autres enfants. Leur train de vie à la Cour grève leur budget. De plus, le père mène une double vie qui lui coûte cher. Il a collectionné les maîtresses jusqu'à tomber, en 1653, éperdument amoureux de la présidente Tambonneau, avec qui il a une longue liaison de vingt-deux ans, jusqu'à sa mort en 1675. Il vit avec elle comme s'il avait une seconde famille, en a une fille, Esther, et un fils, Benjamin, qui devient prêtre. Marie Boyer, épouse de Jean Tambonneau, petit homme au physique disgracieux, président à la chambre des comptes, est d'une famille honorable. Son père, Antoine Boyer, est seigneur de Sainte-Geneviève-des-Bois et de Villemoisson. L'une de ses sœurs a épousé le neveu du chancelier Séguier. Une autre, devenue duchesse de Noailles, est dame d'atours de la reine[1]. Il règne une grande fantaisie

1. La famille Boyer implantée dans le Midi, se signale en la personne d'Antoine (1562-1642), gentilhomme de la chambre d'Henri IV, chevalier de l'ordre de Saint-Michel, puis conseiller d'État et « intendant des maison et finance » de la reine. Sa fille Louise, duchesse de Noailles, est la grand-mère de Marie-Victoire-Sophie de Noailles mariée en secondes noces au comte de Toulouse, fils légitimé de Louis XIV et de la marquise de Montespan. La duchesse de Noailles

autour de Marie Boyer, personne extravagante. Auprès d'elle, la vie est un poème. Elle ne sort jamais de chez elle ; elle reçoit néanmoins tout Paris ; elle met beaucoup de rouge aux joues comme les comédiennes et aime à porter des rubans qu'elle n'ôte pas même dans son lit. Elle est nettement plus divertissante que la pieuse Diane de Grandseigne.

Gabriel de Mortemart est à l'aise dans cette double vie qui chagrine au plus haut point son épouse légitime. Le pauvre mari se réfugie chez sa maîtresse pour échapper aux reproches de Diane. Un jour qu'il rentre fort tard, celle-ci le questionne d'un ton aigre : « D'où venez-vous à ces heures-ci ? Passerez-vous donc ainsi toujours votre vie avec des diables ? » Monsieur de Mortemart lui répond exaspéré et un peu las : « Je ne sais d'où je viens mais je sais seulement que mes diables sont de meilleur humeur que votre bon ange. » Madame de Mortemart, fatiguée des disputes perpétuelles avec son mari, préfère, en 1663, se séparer de biens avec son époux et se retirer en Poitou où elle meurt trois ans plus tard, non sans avoir participé aux négociations en vue du mariage de sa fille, la dernière de ses enfants à n'être pas établie. Son fils Vivonne est marié depuis 1655 à Antoinette-Louise de Mesmes, la fille du président du parlement de Paris, ainsi que sa fille aînée, devenue marquise de Thianges la même année. Les deux filles cadettes, destinées à devenir religieuses, sont novices dans divers couvents : Marie-Christine chez les Filles de Sainte-Marie-de-Chaillot à

---

est aussi la mère d'un fameux archevêque de Paris, Monseigneur de Noailles, qui lutte âprement contre les jansénistes dans la seconde moitié du règne de Louis XIV.

Paris et Marie-Gabrielle-Madeleine à Notre-Dame-aux-Bois. Celle-ci prend le voile le 19 février 1664. Reste à établir Françoise dont la dot de cent cinquante mille livres est confortable mais loin d'être exceptionnelle.

L'histoire du mariage de Françoise de Mortemart est romanesque à souhait et, dans un registre un peu différent, tout aussi extravagante que celle du mariage de Françoise d'Aubigné. Les débuts en sont conventionnels, la suite rocambolesque. Françoise a pour elle sa beauté et son nom. Les tractations commencent. Le choix de la famille et de Françoise se porte sur Louis-Alexandre de la Trémoille, marquis de Noirmoutiers, fils du duc de la Trémoille, beau, élégant et riche parti. Les fiancés semblent très amoureux. Mais le mariage n'a pas lieu. Un coup de théâtre vient subitement le briser. Le soir du 20 janvier 1663, à l'issue d'un bal donné aux Tuileries par le frère du roi, Blaise de Talleyrand, prince de Chalais, bouscule volontairement Gaston Gruel, marquis de la Frette, qui en demande raison à son rival. Le marquis, capitaine des gardes de Monsieur, est l'un des plus beaux hommes de son temps et, si le prince lui cherche querelle, c'est en raison d'une rivalité amoureuse. Le fiancé de Françoise, le marquis de Noirmoutiers, est le propre beau-frère du prince de Chalais[1]. Il s'avance, s'interpose entre les deux hommes et commence à parlementer. La discussion débouche sur un accord. Les jeunes gens décident d'aller se battre en duel, aux mépris des ordonnances royales qui l'interdisent. Le lendemain, ils se retrouvent sur le Pré-aux-Clercs, cet espace de verdure

1. Le prince de Chalais est le mari d'Anne-Marie de la Trémoille, la sœur de Noirmoutier.

le long de la Seine, à proximité du collège des Quatre-Nations, qui sert de terrain de jeu pour les étudiants et se lotit progressivement.

Pierre de Beauvilliers, chevalier de Saint-Aignan, est dépêché par le roi en personne prévenir ces gentilshommes que s'ils passent outre l'interdiction, il leur fera couper la tête, à tous sans exception. Ayant parlementé en vain, le chevalier de Saint-Aignan se décide à se mettre aussi de la partie. Le combat s'engage. Henri de Pardaillan, marquis d'Antin, second du prince de Chalais, est tué par Saint-Aignan, qui seconde le marquis de la Frette ; trois autres hommes sont laissés mourants sur le sol. Avant même d'être condamnés à la peine capitale, les duellistes s'enfuient. Le marquis de Noirmoutier part pour l'Espagne où il meurt cinq ans plus tard. Françoise perd un fiancé, mais en retrouve instantanément un autre. En effet, le frère du marquis d'Antin, qui vient d'être tué, rend visite à la fiancée de Noirmoutiers. Huit jours plus tard, le 28 janvier, un contrat de mariage entre les Pardaillan et les Mortemart est signé. Trois semaines plus tard, le 6 février 1663, la veille du Carême, Louis-Henri de Pardaillan de Gondrin, marquis de Montespan, et Françoise de Mortemart se marient en l'église Saint-Sulpice de Paris, paroisse de la fiancée.

C'est donc un mariage express après un coup de foudre inattendu. Le marquis de Montespan est un superbe gentilhomme âgé de vingt-trois ans, qui séduit Mademoiselle de Tonnay-Charente par sa prestance, trouvant les mots pour consoler le dépit d'une fiancée, abandonnée et pour ainsi dire trahie. Si les deux jeunes gens sont assortis par leur élégance et leur allure, leurs familles ne sont pas vraiment faites pour s'allier. La dot est assez faible pour un gentilhomme désargenté comme l'est le marquis de Montespan et son nom est moins illustre que celui de sa fiancée. Mais une caractéristique des Mortemart est qu'ils dotent peu leurs filles pour lesquelles on aurait pu s'attendre à de plus prestigieuses alliances. Le marquis de Montespan, fou amoureux, se satisfait de la corbeille de noces. Il fait entrer sa fiancée dans un lignage néanmoins honorable. Les Pardaillan de Gondrin sont une famille très ancienne alliée aux rois de Navarre et à la Maison d'Espagne. Leur imposant château se dresse à Bonnefont, près d'Auch. Le père, Hector-Roger, est conseiller d'État, gouverneur au pays de Bigorre, chevalier d'honneur de Madame. La mère est Marie-Chrétienne de Zamet de Murat. L'oncle du marié, Louis-Henri de Pardaillan, est évêque de Sens. Les Mortemart ne peuvent s'enorgueillir de compter un évêque dans leur parenté, à la différence des Pardaillan. Malheureusement, Monsieur de Sens ne cache pas ses penchants jansénistes et la famille a été frondeuse, contrairement aux Mortemart fidèles parmi les fidèles. C'est pourquoi aucun des membres de la famille royale n'est représenté au contrat chez le notaire ou à la cérémonie religieuse. Le jeune couple s'installe rue Taranne[1]. Neuf mois plus tard, Françoise donne naissance à leur premier enfant : Marie-Christine qui meurt à douze ans en 1675. Leur second enfant, Louis-Antoine de Pardaillan de Gondrin, marquis puis duc d'Antin, naît deux ans plus tard en 1665. Les nombreuses occupations de Françoise à la Cour l'empêchent de s'occuper de ses enfants qu'elle expédie dès leur naissance à Bonnefont à

1. La rue Taranne occupe l'angle de l'actuel boulevard Saint-Germain et de la rue des Saints-Pères.

la garde de sa belle-mère. Elle est totalement absente pour eux. Marie-Christine et Louis-Antoine sont des étrangers pour elle. Elle ne les voit pas grandir et ne se préoccupe guère de leur santé ou de leur éducation.

En effet, comme une sorte de cadeau de noces, Françoise reçoit une charge qui l'absorbe entièrement, celle de dame d'honneur de la reine Marie-Thérèse. Elle se glisse dans sa fonction avec une jubilation non dissimulée. Elle aime cette vie d'apparat et semble être de toutes les fêtes. En janvier 1663, quelques jours avant son mariage, elle danse dans un ballet au Palais-Royal sur une musique de Lulli donné en l'honneur de la reine. Le final est joué par Madame, Henriette d'Angleterre, Mademoiselle de Tonnay-Charente, Mademoiselle de La Vallière et la fille de la marquise de Sévigné. L'année suivante, huit jours après la naissance de sa fille, elle danse un ballet aux côtés du roi. En mai 1664, elle est de la fête des Plaisirs de l'Île enchantée que Louis XIV donne dans les jardins de Versailles pour sa maîtresse en titre, Mademoiselle de La Vallière. Si Françoise se plaît dans ses nouvelles fonctions de dame d'honneur, son mari n'est pas fait pour la vie de cour. Certes, ils s'aiment. Le marquis est beau. Il est galant. Il est très amoureux de son épouse. Pourtant, assez rapidement, l'entente se fissure, ce qui précipite le couple sur le chemin de la rupture. Un militaire dans l'âme en quête de gloire sur les champs de bataille, qui aime la vie fruste des soldats, boire, jouer, trousser les filles, ne parvient pas à s'accorder tout à fait avec une femme spirituelle, délicate, faite pour le faste. Elle a trop d'esprit, il n'en a pas assez. Elle aime se divertir, il aime faire la guerre. Elle reste Mortemart sans jamais devenir Montespan.

De plus, le marquis, dépensier, est rapidement confronté à des problèmes d'argent. Leurs parents leur versent une rente annuelle pourtant convenable de vingt-deux mille cinq cents livres, mais le marquis a inlassablement besoin de fonds pour éponger ses dettes de jeu et pour monter des régiments avec lesquels il espère s'illustrer. Il emprunte à tout-va : à sa mère, à son beau-frère Vivonne, à des bourgeois de Paris avec son épouse en caution. Il s'obstine alors que les circonstances l'empêchent de briller. Il manque de chance. Après avoir monté un régiment qui doit se porter en renfort des Français pour faire plier le duc de Lorraine qui menace de ne pas exécuter certaines clauses de traités signés, il arrive à Marsal, situé sur la route de Metz à Strasbourg, pour constater que le duc a consenti à honorer sa promesse sans coup de feu ! Le 2 septembre 1663, Louis XIV est maître de la place forte. En 1664, il est de l'expédition navale sous les ordres du duc de Beaufort, petit-fils bâtard d'Henri IV, avec son beau-frère Vivonne, pour prendre le port de Djidjelli, entre Stora et Bougie, qui se solde par un fiasco. Car, si la ville est prise dans le but d'en faire une base navale pour lutter contre les corsaires barbaresques, elle doit être abandonnée rapidement, les renforts n'étant pas arrivés. Seule consolation, cette opération désastreuse couvre de gloire les participants.

La blonde et la brune

Au bout de trois années, les Montespan-Mortemart ont fait de nombreuses dettes et éprouvent des difficultés à faire converger leurs intérêts respectifs. Le seul lieu où ils aiment à se trouver ensemble est l'hôtel d'Albret qu'ils fréquentent dès le début de leur mariage. Le maréchal d'Albret et son épouse tiennent, rue des Francs-Bourgeois, un salon précieux[1], sorte de prolongement du salon de la marquise de Rambouillet[2] et de celui des Scarron.

Le maître de maison, le maréchal César Phoebus d'Albret, est le cousin de Monsieur de Montespan. Il est, en effet, fils d'Henri II d'Albret, baron de Pons et de Miossens, et d'Anne de Gondrin de Pardaillan, sœur du père de Monsieur de Montespan. C'est un homme fort apprécié par ses contemporains qui vit sur une renommée en grande partie usurpée. Il est auréolé d'une gloire qu'il n'a pas acquise sur les champs de bataille, mais que lui a obtenue sa fidélité à la cause royale. Il a seulement servi Mazarin sans discontinuité. Son seul exploit – mais il est de taille – est d'être parvenu, en plein Paris frondeur, le 18 janvier 1650, à conduire, après leur arrestation, le prince de Condé, son frère Conti et leur beau-frère, le duc

---

1. L'hôtel d'Albret, rue des Francs-Bourgeois, a été acheté en 1654 par le maréchal à son beau-frère Guénégaud, qui l'avait lui-même acquis en 1630. L'élégante bâtisse, construite au XVIe siècle pour un financier italien, est de nos jours le siège de la direction des Affaires culturelles de la ville de Paris. Elle ne ressemble en rien à celle qui se dressait en ce temps-là. L'hôtel a subi de nombreux remaniements au cours des siècles, qui ont modifié l'architecture Renaissance que Françoise a pu admirer.

2. L'hôtel de Rambouillet, situé rue Saint-Thomas-du-Louvre, abrita le salon littéraire que Catherine de Vivonne, marquise de Rambouillet, a tenu de 1608 jusqu'à sa mort en 1665. Sa fille, Julie, qui la seconda dans son salon devint Madame de Montausier, gouvernante des Enfants de France, puis dame d'honneur de la reine. Elle s'entendait aussi bien avec Madame de Montespan, qu'elle aida au début de sa liaison avec le roi, qu'avec Madame de Maintenon dont elle appréciait l'esprit.

de Longueville, du Palais-Royal au donjon de Vincennes. Un an plus tard, il est capitaine des gendarmes de la garde, reprend Saint-Denis aux insurgés et, en 1653, à trente-neuf ans, il obtient enfin son bâton de maréchal. Son épouse est née Madeleine de Guénégaud. Elle est sœur d'Henri de Guénégaud, secrétaire d'État de la maison du roi de 1643 à 1669, date à laquelle Colbert lui achète sa charge et le remplace[1].

C'est chez les d'Albret, en 1663, que Françoise de Montespan change son prénom. Entraînée par son époux et son frère dans ce cercle précieux, elle y devient « Athénaïse » ou « Athénaïs ». Le nom d'Athéna, déesse de la guerre et de la sagesse, protectrice des arts et de la cité d'Athènes, née de la cuisse de son père Zeus, convient parfaitement à la belle marquise, fière et intelligente. Il est impossible de ne pas remarquer la belle Athénaïs lorsqu'elle se rend chez ses cousins. Elle ne laisse personne indifférent. On ne peut oublier sa conversation éblouissante, son air majestueux, son teint éclatant. Elle s'impose par sa prestance et par ses reparties amusantes qui rendent sa conversation légère. Elle séduit. Elle fascine.

C'est là, à l'hôtel d'Albret, au cours d'une soirée, que Françoise aperçoit pour la première fois la marquise de Montespan, venue en compagnie de son époux. Tout à coup, le silence se crée autour d'une arrivée remarquée. Elle entre dans la pièce où la compagnie se tient, salue, est présentée. La rencontre provoque un choc réciproque. C'est un coup de foudre intellectuel. La Belle Indienne

1. Le secrétaire de la maison du roi occupe les fonctions de ministre de l'Intérieur.

se retrouve face à une femme magnifique et impérieusement autoritaire. Intriguée, elle se rapproche d'elle, entame une conversation où l'intelligence le dispute à la culture. Athénaïs est frappée de trouver chez son interlocutrice tant de vivacité et de savoir-faire mondain. Habituée des salons littéraires et précieux, Françoise Scarron est parfaitement dans son élément. Elle répond du tac au tac. Elle vient de trouver une partenaire de jeux. Les deux Françoise se fascinent réciproquement. À l'admiration réelle qu'éprouve la première répond l'intérêt que montre la seconde. Athénaïs, qui n'est occupée que d'elle-même, accepte de converser parce qu'elle trouve en Françoise un esprit percutant, qui lui donne la réplique, pratique l'art des bons mots et des paradoxes, tout en sachant modestement rester à sa place. Flattée par les louanges que déverse sur elle la veuve Scarron et heureuse de trouver une interlocutrice si parfaite, Athénaïs se lie d'une franche amitié avec elle.

Elles deviennent donc amies, apprécient de se voir et de goûter ensemble aux charmes de la conversation. Elles tombent naturellement d'accord sur la plupart des sujets. Elles croient en la supériorité des femmes malgré la soumission que leur impose la société. Elles se méfient des hommes, qu'elles considèrent comme imparfaits et autoritaires. Elles s'entretiennent sur les stratégies à mettre en œuvre pour demeurer indépendantes à l'égard du sexe fort, car elles sont volontaires et ambitieuses. Elles excellent toutes deux dans l'art de la dissertation et du paradoxe. Athénaïs s'est formée dans sa famille, Françoise au contact du chevalier de Méré et de son époux Scarron. Curieuses de nature, avides depuis leur enfance de culture et de savoir, elles partagent le même goût pour les jeux d'esprit, de syntaxe et de grammaire, prenant pour sujets de prédilection l'amour et les passions humaines, comme on les aime dans les salons précieux.

De 1663 à 1666, leur amitié s'épanouit au gré de leurs rencontres. L'activité favorite, dont elles usent et abusent, est l'art de la conversation, qu'elles pratiquent ensemble avec délectation. Elles n'aiment rien tant que parler, deviser, faire des bons mots, plaisanter sur les uns et les autres, médire un peu, se moquer parfois et rire souvent. Qui n'a pas entendu le grelot de leurs voix cristallines carillonner aux reparties spirituelles dont elles font assaut ? Qui n'a pas souri quand l'esprit railleur des Mortemart donne la réplique à celui tout en finesse des d'Aubigné ? Qui n'a pas admiré la blonde et la brune pour leur savoir et leur culture ?

À vingt-trois ans, Madame de Montespan est dans la fleur de son âge. Elle a mis au monde deux beaux enfants, qui ne sont bientôt qu'un souvenir lointain, parce que exilés sur les terres paternelles. Madame de Maintenon, veuve et sans enfant, en a bientôt trente. Elle a gardé un esprit facétieux propre à la jeunesse. Sa bonne humeur et sa discrétion en font une convive agréable. Toutes deux s'amusent à se moquer des travers de chacun, commentent les ragots des courtisans, débusquent les situations comiques. C'est cette connivence devenue parfaite qui les met sur le chemin de l'amitié, une amitié spéciale à laquelle elles goûtent toutes deux pour la première fois. Chacune a rencontré dans l'autre son alter ego. Même si Athénaïs se sent infiniment supérieure, elle se lie par goût et par sympathie à une femme libre, intelligente et cultivée, comme elle l'est elle-même.

Le biographe de Madame de Maintenon, l'archevêque de Sens, Jean-Joseph Languet de Gergy – qui les a connues toutes les deux –, confirme l'attraction qu'elles éprouvèrent l'une pour l'autre : « Quant à Madame de Montespan, il se forma d'abord entre elle et Madame Scarron une grande amitié, car leurs caractères, très différents en plusieurs choses, se ressemblaient beaucoup en d'autres. Elles possédaient l'une et l'autre au souverain degré les charmes de la conversation ; elles avaient l'une et l'autre un caractère de franchise et de naïveté qui plaisait et elles étaient également sensibles à l'amitié. Comme Madame de Montespan était parente de la maréchale et qu'elle fréquentait souvent l'hôtel d'Albret, la liaison se forma tout naturellement entre les deux jeunes personnes, et ce fut cette liaison qui jeta les fondements de l'immense fortune de Françoise d'Aubigné[1]. » C'est ainsi que, selon le joli mot du duc de Saint-Simon, l'hôtel d'Albret devint le « berceau de la fortune de Madame de Maintenon[2] ». Avant cela, il aura fallu que Madame de Montespan connaisse les plus hautes faveurs, celles que procure l'amour d'un roi.

1. Jean-Joseph Languet de Gergy, *Mémoires sur Madame de Maintenon*, p. 124, *in* Théophile Lavallée, *La Famille d'Aubigné et l'enfance de Madame de Maintenon*, Paris, 1863. Jean-Joseph Languet de Gergy, soutenu par Bossuet, est l'aumônier de la Dauphine, Marie-Adélaïde de Savoie, qui épouse le duc de Bourgogne en 1697. Languet de Gergy connaît donc bien Madame de Maintenon qui, comme Louis XIV, affectionne fort la jeune femme. Languet de Gergy, farouche antijanséniste, devient ensuite évêque de Soissons, puis de Sens.

2. Saint-Simon, *op. cit.*, t. IV, p. 741.

4

LA FAVEUR

À la Cour, Françoise de Montespan est, depuis son mariage, attachée au service de Marie-Thérèse. Cette fonction lui donne l'occasion d'être en contact avec des connaissances de Françoise Scarron, en premier lieu avec sa marraine, Suzanne de Navailles, qui a été nommée dame d'honneur de la reine Marie-Thérèse, c'est-à-dire qu'elle est responsable des filles d'honneur, de leur gouvernante et de leur sous-gouvernante. Elle occupe cette fonction un court moment seulement puisque le roi obtient son renvoi dès 1664. Suzanne est d'une rigueur morale sans concession. S'apercevant que Louis XIV a fait percer une entrée pour s'introduire dans la chambre des filles de la reine, elle fait murer le passage. Fou de colère, le roi chasse le couple de la Cour, mais la reine mère qui leur sait gré de la fidélité à Mazarin obtient d'adoucir leur disgrâce. Le duc de Navailles conserve le gouvernement de Guyenne et est rappelé à la Cour peu de temps après. En fait, ils n'y paraissent plus guère, ce qui n'interdit pas au mari de poursuivre une brillante carrière dans les armées royales et de devenir maréchal en 1675. Suzanne est remplacée par Julie d'Angennes, duchesse de Montausier, qui connaît également Françoise, tout comme la duchesse de Richelieu, qui lui succède en 1677. La sœur de Suzanne de Navailles, Angélique de Neuillan, comtesse de Froulay, sert également, mais auprès de la reine mère, Anne d'Autriche. Françoise jouait avec elle à Niort lorsqu'elle était en pension chez le gouverneur. Le service quotidien de la marquise de Montespan lui fait côtoyer une autre de leur connaissance, Bonne de Pons, également au service de la reine après son mariage en 1666.

Voici comment Françoise Scarron la connaît : chez le duc et la duchesse d'Albret, vivent deux sœurs qui partagent avec le maréchal une grand-mère commune et que Françoise Scarron a l'occasion de rencontrer lorsqu'elle est invitée par ses amis. Ce sont les deux sœurs Pons. L'aînée, Élisabeth de Pons, épouse le frère cadet du maréchal, François Amorieu d'Albret, comte de Miossens. La cadette, Bonne, est réputée pour sa grande beauté tout autant que pour sa grande méchanceté. Née en 1644, elle a vingt-deux ans lorsqu'elle épouse, en 1666, Michel Sublet, marquis d'Heudicourt, de la même famille que le secrétaire d'État Sublet des Noyers, mais sans fonctions à la Cour. Le marquis d'Heudicourt est colossalement riche, alors que Bonne est désargentée. Sa beauté et la protection du maréchal d'Albret séduisent le mari qui souhaite être introduit à la Cour. Ce mariage va, en effet, l'aider. Il parvient à acheter la charge de grand louvetier, si bien que l'on ne désigne bientôt plus sa femme que par la « Grande Louve »[1]. Françoise Scarron assure

1. Nicolas Besongne dans son *État de la France* de 1674 le signale comme grand louvetier à la page 325. Michel Sublet touche 1 200 livres

qu'elle contribua à arranger le mariage de Bonne qui resta proche d'elle toute sa vie, en dépit d'une brouille longue de cinq années.

Ces détails ont sans aucun doute créé des liens supplémentaires entre les deux Françoise qui ne se perdent alors plus de vue, bien que Françoise Scarron n'ait connaissance de ce qui se passe à la Cour qu'à travers ses nombreuses amies qui y ont des fonctions.

Séduire le roi ?

Sa promotion auprès de la reine n'écarte pas la marquise de Montespan de son ancien cercle d'admirateurs, celui de Monsieur, frère du roi. Philippe aime à ce point la compagnie de la belle marquise qu'à les voir sans cesse ensemble Louis XIV, qui n'est pas encore subjugué, finit par adresser des reproches à son frère qui lui réplique : « Elle a de l'esprit, elle m'amuse. » Le marquis de Montespan aussi s'inquiète de la trop grande familiarité de son épouse et du duc d'Orléans. Il veut alors la ramener en Gascogne. Mais Françoise ne désire pas partir et, d'ailleurs, le commerce avec Philippe d'Orléans, dont les penchants homosexuels sont notoires, n'est qu'un aimable badinage intellectuel. Il ne saurait être question d'autre chose. La belle s'en ouvre directement à Philippe qui sermonne l'époux. Il n'y a plus de raison d'éloigner la marquise. Le marquis de Montespan s'aveugle sur les préférences de sa femme, s'alarmant d'une passion

---

de gages ordinaires, augmentés de 8 500 livres de pensions, appointements et gages de conseillers d'État.

hypothétique et négligeant celle qui va bientôt le rendre le cocu le plus célèbre du royaume. L'année suivante, en effet, malgré les suppliques d'une épouse vertueuse qui le met en garde, le marquis fait la sourde oreille. Il n'écoute pas. Il ne fait rien pour la détourner de la couche royale. Pourtant, Athénaïs ne succombe que difficilement. Elle se montre tout aussi soucieuse que son amie Françoise Scarron du qu'en dira-t-on. Elle entend garder une réputation de probité parfaite. Madame de Montespan a ainsi toutes les qualités de la terre, y compris celle d'être une épouse fidèle et d'entendre le rester. Au début du voyage dans les Flandres, en 1667, voyage qui signe la capitulation de la belle marquise dans les bras du souverain et le début d'une longue passion, on rapporte qu'elle tint le propos suivant : « Dieu me garde d'être la maîtresse du roi ! Si j'étais assez malheureuse pour cela, je n'aurais jamais l'effronterie de me présenter devant la reine. »

La situation d'Athénaïs évolue lentement à partir de l'année 1666. Son état d'esprit se modifie. Elle perd sa mère le 11 février[1] ; son père vit avec Madame Tambonneau sans se soucier d'elle ; elle s'entend mal avec son frère Vivonne, malgré les protestations d'amitié qui parsèment leurs lettres. Elle a vingt-cinq ans, âge légal de la majorité. Insensiblement sa conduite change. Elle se met de plus en plus en avant. Est-ce au point de devenir « effrontée » comme le dit d'elle, plus tard et avec l'impertinence qu'on lui connaît, la princesse Palatine,

1. Coïncidence, Louis XIV perd sa mère trois semaines plus tôt, le 20 janvier 1666. Anne d'Autriche a toujours sévèrement considéré les écarts de conduite de son fils, critiquant même la douce Louise de La Vallière. Le décès d'une mère, très aimée et très respectée de ses deux fils, lui ôte un censeur parmi les plus redoutables.

la seconde épouse de Philippe d'Orléans ? Le qualificatif qui lui sied le mieux serait plutôt hautaine. A-t-elle déjà l'intention de supplanter la maîtresse en titre, Mademoiselle de La Vallière, dans le cœur du roi ? À tout bien considérer, la place n'est pas enviable. Elle procure plus de fatigues, de chagrins, d'inimitiés et de critiques que de satisfactions. Au début, la belle Athénaïs n'y prétend pas le moins du monde. Mais sa charge auprès de Marie-Thérèse lui donne l'occasion de voir le roi quotidiennement. La haute idée qu'elle se fait d'elle-même, les déceptions que lui procure son mariage, l'admiration dont elle est entourée la conduisent à prendre conscience de ses atouts et de la séduction naturelle qui émane de sa personne. Elle aimerait que le roi la distingue, mais sans la mettre dans son lit. Elle rêve d'une liaison platonique qui se bornerait à un doux commerce spirituel. Elle se targue de parvenir à ne le séduire que par la vivacité de son esprit et de ne le retenir que par sa culture. Elle s'illusionne en espérant n'obtenir que des faveurs d'amitié et d'estime. Elle use alors d'un stratagème pour entrer dans les bonnes grâces du souverain. Elle commence par se rapprocher de sa maîtresse en titre jusqu'à devenir son intime.

Or, il est délicat de briser la romance qui lie Louise de La Vallière et Louis XIV depuis 1661. La jeune femme l'aime d'un amour authentique, qui va à l'homme plus qu'au roi, et le souverain est, dans un premier temps, touché par cette délicatesse. Mais le roi a une conception très particulière du devoir conjugal, de l'amour et des femmes, qui est incompatible avec les sentiments romantiques de Louise. Il conçoit son existence comme une pièce de théâtre. Son goût affirmé pour la comédie, la machinerie et la danse le plonge dans ce registre. Il a lui-même affirmé après sa prise de pouvoir personnel en 1661, juste après la mort de son parrain et mentor, le cardinal Mazarin, que « la face du théâtre changeait ». Il joue sa vie amoureuse comme une pièce sans cesse renouvelée, digne tantôt des comédies de Molière, tantôt des tragédies de Racine. La vie amoureuse du roi est à la fois surexposée et secrète. Objet de toutes les curiosités et de stratégies élaborées par des jeunes femmes qui souhaitent devenir maîtresse en titre, elle est entourée d'opacité, à tel point qu'établir la liste exacte de ses conquêtes féminines ou de ses bâtards s'avère presque impossible.

En 1666, celle qui occupe le cœur et les sens du roi depuis cinq ans est une jeune femme blonde, délicate et timide. Françoise-Louise de La Baume Le Blanc est âgée de dix-sept ans lorsqu'elle séduit le souverain. Elle a grandi à la Cour de Gaston d'Orléans, le second mari de sa mère y étant premier maître d'hôtel. Elle est demoiselle d'honneur de Madame, Henriette d'Angleterre, et c'est pour cacher une inclination restée platonique entre le roi et sa belle-sœur que Louis XIV aurait feint d'en aimer une autre. La Cour regorge de jeunes filles placées dans les maisons des deux reines, Marie-Thérèse, l'épouse de Louis XIV, et Anne d'Autriche, la reine mère, ainsi que dans celle de Madame, qui sont là pour servir de compagnes et embellir la suite de ces dames. Louis choisit entre l'amie de Françoise Scarron, Mademoiselle de Pons, bientôt marquise d'Heudicourt, Mademoiselle de Chémerault, fille d'honneur d'Anne d'Autriche, et Mademoiselle de La Vallière, fille d'honneur de Madame. Son choix se porte sur cette dernière, d'abord pour une raison pratique, parce qu'elle est dans l'entourage d'Henriette et, ensuite, parce qu'il la sent plus effacée, plus discrète, plus amoureuse et plus authentique que les deux autres jeunes femmes. Contre toute attente, le flirt se transforme en amour. L'idylle, d'abord secrète, est révélée à la reine par une perfidie. Mademoiselle de La Vallière devient maîtresse officielle, c'est-à-dire déclarée, lorsque Louis prend l'habitude de se montrer à ses côtés. Mais la situation suscite chez elle des scrupules, des problèmes de conscience et une retenue qui finissent par lasser le roi.

Cinq ans après le début de leur liaison, on commence à murmurer que le roi se fatigue de sa maîtresse… Madame de Montespan adopte alors le comportement contraire à celle qu'elle entend supplanter. Elle se pavane pour contraster avec Louise, elle rit à gorge déployée parce que sa rivale pleure à chaudes larmes. Lorsqu'elle retrouve Françoise Scarron dans le salon du duc d'Albret ou dans celui du duc de Richelieu, les deux amies s'empressent de se moquer de la favorite, trop douce, trop maladroite, empotée dans ses habits de maîtresse royale qu'elles imaginent bien plus éclatants et magnifiques. Sous couvert de prendre toutes deux la défense de la reine, elles s'entendent pour se moquer de la belle blonde, qui est boiteuse et qui ne peut rivaliser dans les ballets avec la légèreté et l'élégance dont fait montre la belle Athénaïs. La beauté de la marquise de Montespan est sans comparaison avec celle de Louise qui souffre de quelques défauts. Françoise a probablement reçu les confidences de son amie sur ses rêves de devenir maîtresse du roi ou d'exercer une influence sur lui. « L'une lance les piques, l'autre donne la riposte », dit d'elles l'abbé Gobelin que Françoise prend bientôt comme directeur de conscience. L'esprit des Mortemart s'accorde parfaitement avec celui qui régnait dans le salon du poète Scarron. Les deux amies aiment les joutes intellectuelles, les reparties et les saillies. Toutes deux sont des orgueilleuses, l'une de son nom, l'autre de sa réputation. Et leur vivacité d'esprit les accorde parfaitement. Aussi se rapprochent-elles beaucoup dans cette période qui voit naître la faveur d'Athénaïs.

Au début de l'année 1666, le roi aurait dit de la marquise de Montespan : « Elle fait ce qu'elle peut, mais moi je ne veux pas. » Le duc d'Enghien remarque, sept mois plus tard, en novembre : « On veut dire à la Cour qu'il songe un peu à Madame de Montespan et, pour dire la vérité, elle le mériterait bien car on ne peut avoir plus d'esprit et de beauté qu'elle en a, mais je n'ai rien remarqué là-dessus[1]. » Le fils du Grand Condé n'était pas réputé pour sa grande finesse et cette remarque le prouve puisqu'Athénaïs se livrait à un manège d'envoûtement autour du roi. La reine Marie-Thérèse non plus, à son habitude, ne remarque rien d'anormal. Athénaïs joue habilement les consolatrices auprès de la reine, chez qui elle passe le plus clair de son temps, la distrayant par ses bons mots et sa gaieté. Ses talents sont nombreux. Elle aime à imiter ses contemporains pour faire rire. Elle aime singer les travers des uns et des autres. Elle se moque parfois jusqu'à en être cruelle. Mais ses saillies sont sans réelle méchanceté, parce qu'elle se garde bien de juger. Elle raille avec ironie. Elle n'a pas son pareil pour raconter une scène dont elle a été témoin dans la journée, l'agrémentant de remarques perfides, ou pour

1 « De La Vallière à Montespan », *La Revue de Paris*, Bureaux de *La Revue de Paris*, juillet-août 1902, t. IV, p. 865.

narrer quelques faits anecdotiques, toujours en inventant des expressions nouvelles et en croquant les courtisans avec humour. Son charme est exquis parce qu'elle a l'assurance de qui elle est et de ce qu'elle vaut. Elle égaye la monotonie des jours de Marie-Thérèse tout en montrant un profond respect pour elle. La reine attend fidèlement chaque soir l'arrivée du roi dans sa chambre et Madame de Montespan lui tient compagnie. Le roi, lui, s'attarde avec Louise de La Vallière. Lorsqu'il rentre, il ne manque pas de retenir aussi quelques instants la marquise pour qu'elle lui conte une histoire divertissante. S'éloigne ainsi agréablement le moment de se retrouver en tête à tête avec son épouse.

La veuve Scarron

De son côté, Françoise Scarron cherche un but dans l'existence. Grâce à l'augmentation de sa pension, elle a quitté le couvent et s'est installée rue des Trois-Pavillons avec sa fidèle servante, Nanon Balbien[1]. Elle devient une sorte de dame de compagnie, de garde d'enfants et de personne à tout faire de la bonne société. Elle aide son amie la marquise de Montchevreuil dont la santé précaire lui impose d'être souvent alitée. Elle la seconde auprès de ses enfants et assure la gestion de ses affaires courantes. Or, quelques mauvaises langues jasent[2], ce qui permet à

1. La rue des Trois-Pavillons est devenue la rue Elzévir.

2. L'origine de ces ragots, propagés par Marcillac, futur duc de La Rochefoucauld et ami de Louis XIV, se situe plus tard, lorsque la faveur de Françoise Scarron devient éclatante. Saint-Simon les reprend, en ajoutant le fiel de la princesse Palatine, qui ne pardonna

Saint-Simon d'affirmer, trois quarts de siècle plus tard, que cette activité chez les Montchevreuil cache une relation coupable. En effet, Louis de Mornay, comte de Villarceaux, cousin des Montchevreuil, capitaine des chevau-légers du Dauphin, ne fait pas mystère de son attirance pour Madame Scarron. Âgé d'une quarantaine d'années, ce galant homme, débauché et coureur de jupons, est connu pour être l'amant de la courtisane Ninon de Lenclos. Son épouse, Denise de la Fontaine, fille d'honneur de la reine, est une femme vertueuse et respectable. Saint-Simon prétend que Villarceaux et son frère, un abbé, entretiennent Madame Scarron mais que, eu égard à son épouse, « dont la vertu et la douceur donnaient une sorte de respect au mari », Villarceaux demanda « à son cousin Montchevreuil de le recevoir chez lui avec sa compagnie et qu'il mettrait la nappe pour tous (le cousin était pauvre). Cela fut accepté avec joie et ils vécurent de la sorte nombre d'étés à Montchevreuil[1] ». Françoise se serait laissé emmener en villégiature dans la propriété des Montchevreuil pour s'amuser avec son galant et quelques autres messieurs amateurs de parties fines. Ninon de Lenclos aurait également mis à la disposition des supposés amants sa « chambre jaune », mais la lettre dans laquelle elle fait mention de ce détail est hautement douteuse, tout comme les interprétations faites à partir de ce qu'affirme Voltaire : Ninon et Françoise partagèrent durant quelques mois le même lit, en tout bien tout honneur, puisque les usages et les conditions maté-

jamais la révocation de l'édit de Nantes à son beau-frère, dont elle tint Françoise Scarron pour responsable.

1. Saint-Simon, *op. cit.*, t. I, p. 47-48.

rielles de l'époque n'imposaient pas toujours la présence de lits individuels… Françoise se serait laissée aller dans les bras de Villarceaux, comme dans ceux de Ninon… C'est le roman d'une apprentie courtisane, qu'infirment à la fois la correspondance libre de tout embarras entre Françoise de Madame de Villarceaux et la discrétion du soupirant qui ne se vanta jamais d'avoir triomphé. Au contraire, il se plaignait de sa mauvaise fortune et de l'indifférence de la Belle Indienne. En 1659, l'abbé de Boisrobert s'amusait du désespoir où était plongé son ami : « Marquis de quelle humeur es-tu ? Je te trouve tout abattu, rêveur, inquiet, solitaire et plus bourru qu'à l'ordinaire », en raison d'une « certaine brune dont la beauté n'est pas commune et qui brille de tous côtés par mille rares qualités ». « Marquis, j'ai raison de te plaindre car son humeur est fort à craindre. Elle a presque autant de fierté qu'elle a de grâce et de beauté », ajoutait-il. Il lui conseillait pour finir de ne pas perdre son temps, ses soupirs et ses pas après une passion non réciproque[1]. Par dépit Villarceaux fit d'elle un portrait sans ressemblance où elle reposait toute nue sur un lit.

Ninon de Lenclos confirme la froideur de Françoise qui était vertueuse « par faiblesse d'esprit » et qui « craignait trop Dieu » pour être « guérie », entendez libérée de toute contrainte morale. À la différence de Ninon, Françoise n'a pas l'esprit d'une courtisane. La sévère éducation qu'elle a reçue reste gravée en elle. Elle partage avec la marquise de Montespan un goût pour les

1. Extrait des *Épitres en vers et aures œuvres poétiques de Monsieur de Bois-Robert, de 1659*, dans *Correspondance générale de Madame de Maintenon*, *op. cit.*, p. 82-83.

joutes intellectuelles et les plaisirs de l'esprit, mais là se bornent ses ambitions. Privée de satisfactions sentimentales et d'émois affectifs, elle aspire à une gloire tout autre. Sa jeunesse difficile, où elle a dû beaucoup dissimuler ses sentiments et ses préférences, lui a appris à se brimer. D'ailleurs, à une époque où les mariages ne sont pas tous des mariages d'amour, où les jeunes femmes sont cantonnées dans l'espace restreint de leur foyer et sont tournées vers les maternités, quelle peut être leur ambition raisonnable ? Il leur suffit de rivaliser avec les hommes dans un domaine où leurs talents peuvent facilement s'exercer sans porter préjudice à quiconque : celui de la culture.

Pour se prémunir contre les mauvaises langues, Françoise prend un directeur spirituel. Elle choisit l'abbé Gobelin, ancien militaire, homme modeste et simple, rencontré probablement chez Madame de Coulanges, cousine par alliance de Madame de Sévigné, qui posède un hôtel rue du Parc-au-Roi dans le Marais. Docteur en Sorbonne, formé dans la mouvance sulpicienne et l'école de spiritualité française, l'abbé Gobelin est moralement irréprochable ; sa conduite est celle d'un pragmatique. Sa direction spirituelle se déploie dans une correspondance nourrie qui malheureusement a été détruite. Restent des bribes qui couvrent les années 1672 et 1683. Ce changement coïncide avec la mort de la reine mère et la menace de l'arrêt du versement de la pension de Françoise. Ses amies se mobilisent une fois de plus pour elles. On lui aurait proposé, d'après Madame de Caylus, d'accompagner la nouvelle reine du Portugal, Marie-Élisabeth-Françoise de Savoie, à Lisbonne. Mais comme sa pension est prorogée et même augmentée de près d'un tiers, Françoise n'a plus de raison de changer de vie. Elle reste en France.

Certains prétendent qu'à l'été 1666, Madame Scarron aurait accompagné Athénaïs à Saint-Germain pour remercier le roi d'avoir augmenté sa pension. D'autres citent la date du 18 juillet 1668 où elle aurait assisté, en compagnie de ses amies, Madeleine de Scudéry et Julie de Montausier, au Grand Divertissement royal donné pour célébrer le traité d'Aix-la-Chapelle. On ne saura jamais la date de la première entrevue entre Louis et Françoise, avant celle attestée par Françoise elle-même dans une lettre au maréchal d'Albret en 1671. Françoise a déjà aperçu plusieurs fois le souverain. Le 26 août 1660, elle assiste, place du Trône, à l'entrée triomphale de Louis XIV accompagné de sa jeune épouse Marie-Thérèse qu'il est allé chercher à la frontière espagnole. Elle écrit le soir même à Madame de Villarceaux, restée dans sa maison de Meudon, qu'elle n'a jamais vu un pareil spectacle et que la reine doit s'être couchée fort contente du mari qu'elle s'est choisi. Au début de son mariage, le souverain ne dédaigne pas d'assister aux bals que les grands noms donnent dans leurs hôtels. Le 5 janvier 1661, vêtu à la romaine, il se rend avec la reine et « une galante troupe », selon la *Gazette* de Renaudot, à un bal donné par le maréchal d'Albret. Françoise, bien que récente veuve, y aurait-elle été conviée ? La Belle Indienne évolue donc durant ces années dans des cercles proches de la Cour, fréquente des personnes qui y ont accès. Elle a trouvé rue des Trois-Pavillons un petit logement où elle vit modestement et en toute indépendance. Elle s'applique à demeurer libre, vertueuse et irréprochable.

Avesnes

De son côté, Athénaïs s'élève lentement à la faveur de la lassitude de Louis à l'égard de Louise de La Vallière. Il lui faut une année pour conquérir le roi ou pour succomber, car elle se pique de le gouverner par son esprit seul. Et pourquoi ne pas la croire ? Contrairement à Louise de La Vallière, Athénaïs ne manifeste pas un grand amour pour le roi. D'apparence froide et avare de sentiments, elle se laisse aimer plus qu'elle n'aime. Son orgueil est flatté, mais jusqu'à un certain point seulement, car sa condition de favorite lui laisse un goût d'amertume. Bien qu'elle se soit elle-même jetée dans la gueule du loup, elle a des remords.

Au début du printemps, pressentant ce qui allait arriver, elle a prévenu son époux et l'a supplié de l'emmener en Gascogne. Le marquis, trop sûr de sa femme et flatté des avantages que sa fonction auprès de la reine peut lui obtenir, a refusé. Et il arrive ce qui doit arriver. Emportée par son orgueil, elle finit, après bien des hésitations, par décider de ne plus se refuser au roi et fait si bien dans l'intimité qu'elle l'attache à elle pour longtemps. Et comment en aurait-il pu être autrement ? Elle aurait préféré incarner l'amour précieux dans toute sa splendeur et associer son nom au triomphe non des sens mais de l'âme, être une sorte de favorite du cœur, amie de prédilection, camarade du souverain. Mais elle est rattrapée par les réalités physiques, le tempérament royal, les entorses à la morale que le métier de roi autorise et par la séduction qui émane de Louis. Comprenant qu'il ne sert à rien de lutter contre l'inéluctable, elle va s'employer à faire de l'inéluctable du sublime.

Sûre d'elle, fière, consciente de l'attraction physique qu'elle dégage, elle recherche cet ultime hommage qui en fera une presque reine. Distinguée par le roi : on ne peut rêver mieux. Mais c'est au prix d'une chute dans le péché d'adultère. Les courtisans qui jasent, les chapelains et divers religieux qui sillonnent l'univers royal à pas feutrés, bouche cousue, rappellent sans cesse la faute par leur simple présence. Dès lors, Athénaïs va déployer dans cette fonction de maîtresse royale une morgue et un éclat qui la mettront, pense-t-elle, à l'abri des critiques, jusqu'à faire oublier la pâlotte Marie-Thérèse. Quand sa faveur est reconnue, elle se comporte et vit comme une reine, sans toutefois jamais oublier les préséances et le respect qu'elle doit à une souveraine qui préfère les oratoires et les églises aux réceptions et aux bals.

La capitulation d'Athénaïs est concomitante de la première guerre menée par le Roi-Soleil et les années de sa faveur sont, en politique, celles d'une France conquérante et triomphante. On est loin de la situation internationale chaotique qui avait présidé à sa naissance. En vingt-cinq ans, la France, qui a traversé des jours sombres, a connu un spectaculaire redressement. Elle vit dans la paix des armes depuis 1659. En 1667 toutefois, Louis XIV décide d'entrer en guerre contre l'Espagne pour faire recouvrer à son épouse des droits prétendument hérités sur le Brabant. Le conflit donne l'avantage au Roi-Soleil. La guerre de Dévolution est rapide. Elle est marquée par la prise de Douai puis de Lille à la fin du mois d'août 1667. C'est sur le chemin de Lille, à Avesnes, que Madame de Montespan succombe au roi, chute accélérée par une maladresse de la favorite en titre dont l'étoile est en train de pâlir.

Le 18 mai, Louise de La Vallière est faite duchesse, alors qu'elle est enceinte pour la quatrième fois et priée de rester sagement tranquille au château de Saint-Germain. Louis part avec la reine qu'il laisse à Compiègne, base arrière. Il s'élance ensuite vers les Pays-Bas espagnols, prend Armentières, inspecte le camp de Charleroi. Au début du mois de juin, une trêve dans les hostilités permet à Marie-Thérèse de le rejoindre sur la frontière. Louise n'entend pas être mise à l'écart. Elle sent sa chute proche. Elle prend l'initiative de partir elle aussi. Elle rattrape la reine à La Fère, au sud de Saint-Quentin, en Picardie. La cité, qui abrite un arsenal, était déjà un poste militaire sous les Romains. En constatant sa présence le matin alors qu'elle va prendre la route, la reine éprouve un malaise. Elle pleure, vomit et ordonne qu'on ne serve rien à déjeuner à l'impertinente. Les dames d'honneur crient au scandale. Leur gouvernante Julie d'Angennes, duchesse de Montausier, s'indigne à son tour, ainsi que la Grande Mademoiselle, la cousine du roi, également du voyage.

Le lendemain, 9 juin, Marie-Thérèse décide de rejoindre le roi sur une colline devant Avesnes, localité qui est devenue française en 1659 au traité des Pyrénées et que Vauban a fortifiée. Soudain, on voit s'élancer un autre carrosse, celui de Louise, qui arrive avant celui de la reine. Louis XIV lui fait sèchement remarquer que devancer son épouse est un affront impardonnable ; il ignore sa favorite durant tout le séjour. Le roi entend la messe à Avesnes et inspecte le camp, puis se repose durant trois jours en ne sortant quasiment plus de sa chambre. Fine mouche, la Grande Mademoiselle découvre le pot aux roses : Louis n'est pas seul. Madame de Montespan se prétend fatiguée, ne va pas à la promenade avec Marie-Thérèse et demande à la cousine du roi de prendre sa place au jeu, afin de pouvoir se retirer dans la chambre qu'elle partage avec Julie de Montausier. Cette chambre est juste au-dessus de celle de Louis. La sentinelle qui garde la porte du roi est mise en faction au bas de l'escalier commun aux deux pièces pour en interdire l'accès, en sorte qu'Athénaïs peut se rendre chez le roi sans être vue, ou l'inverse, et personne ne peut monter par l'escalier. « Le roi demeurait souvent tout seul à sa chambre, et Madame de Montespan ne suivait point la reine », constate la cousine de Louis. Comprenne qui pourra.

Du 11 au 13 juin, Louis s'enferme avec Athénaïs. Aux questions de la reine, elle prétend qu'elle a besoin de dormir. C'est la vérité, mais elle dort avec le roi, grâce à la complicité de la duchesse de Montausier. Bonne de Pons est aussi du voyage. Elle a manqué sa chance en 1660 puisque Louis a préféré Louise ; cette fois, elle aurait aimé qu'il la remarque, mais elle est enceinte et Athénaïs a déjà su éveiller le désir de Louis.

Au déjeuner, la reine se plaint d'avoir été seule toute la soirée. Le roi ne s'est couché qu'à quatre heures du matin. Elle lui demande à quoi il peut bien s'amuser la nuit. Il lui rétorque : « Je lis des dépêches et j'y faisais réponse. – Mais vous pourriez prendre une autre heure », se plaint Marie-Thérèse. Devant cette remarque pleine de naïveté, le roi sourit sous cape et tourne son visage vers sa cousine qui pique le nez dans son assiette de peur d'attraper un fou rire. La Grande Mademoiselle ajoute à cette anecdote que « le roi était d'une gaieté admirable ». L'amour le rend heureux.

Madame de Montespan voyage dans le carrosse royal pour se rendre d'Avesnes à Tournai où la reine fait le tour de tous les couvents et de toutes les églises, sans sa dame d'honneur. Quand elle arrive chez la reine le soir, Athénaïs prétend qu'elle a dormi tout le jour. La souveraine ne se doute de rien. Elle lui garde son estime, malgré une lettre anonyme reçue lorsque ces dames logeaient à Arras et que le roi était au siège de Lille. La lettre fut l'objet de discussions une soirée entière. Mais Marie-Thérèse persuadée que ce n'était que des médisances n'en aima que plus sa dame d'honneur.

Ces trois jours à Avesnes sont trois jours de passion torride, repos du guerrier pour Louis, commencement des années de faveur pour Athénaïs. Ces instants charnels sont une révélation pour Louis dont la métamorphose immédiate saute aux yeux de tous les courtisans. Il y a un avant et un après Avesnes. Il ne sera plus jamais le même. Timide, il devient conquérant ; taciturne, il devient presque éloquent. Et même s'il ne perd pas sa nature silencieuse – Madame de Maintenon dit de lui qu'il « n'avait pas de conversation » –, il prend, à trente ans, l'assurance qui lui manquait encore. Aux côtés d'Athénaïs, il ose enfin l'art de parler, il s'affine. Il infléchit, par mimétisme, ce que l'éducation de sa mère lui a donné de guindé. Il laisse éclater avec plus de naturel les saillies de son esprit, ses traits d'humour, car il est plutôt moqueur. Il n'hésite plus en privé à faire des plaisanteries. Cette étape lui permet de devenir aux yeux des courtisans et des flatteurs un monarque exceptionnel : un homme dont la politesse est parfaite, qui pense juste, qui s'exprime noblement, dont l'esprit est concis et la culture étendue, et qui sait mesurer ses paroles comme doit le faire un roi. Madame de Caylus, qui dessine ici le portrait de l'homme politique idéal du XVIIe siècle, s'avoue émerveillée par ce qu'est devenu le roi de France.

Au retour de ce voyage, qui est un peu leur voyage de noces clandestines, Louis est détendu et conquérant. Le changement ne s'est pourtant pas fait en un jour. C'est dans la fréquentation régulière de sa maîtresse qu'il puise le goût du naturel, la force de surmonter sa timidité et le courage de se libérer de quelques-unes de ses peurs. Face à lui, se trouve Athénaïs dans toute sa beauté, une femme de tête, capable de résister, volontaire, son égale. Leur passion réciproque, attirance sensuelle impérieuse, est plus qu'un appel de la chair et du plaisir. Elle le délivre de lui-même, de ce qu'il y a encore d'enfant en lui, de ses multiples appréhensions. Elle lui donne le goût de la camaraderie intellectuelle. Il vit autre chose que les élans romanesques encore immatures de ses premières amours ou que l'assouvissement de besoins sexuels. Il y a aussi le partage intellectuel, l'échange des points de vue, la confrontation des goûts.

Pour l'instant, Louis a conquis une beauté hautaine et triomphante, un nom aristocratique illustre et antique, une femme cultivée et intelligente. Bientôt, il ne se cachera plus, laissera éclater au grand jour sa liaison et Madame de Montespan pourra alors affirmer qu'« il se croit redevable au public d'être aimé de la plus belle femme du royaume ».

Les beaux jours de l'amour

À ses débuts, leur liaison reste dissimulée autant que faire se peut ; Marie-Thérèse, qui n'y a pas cru, continue d'apprécier la compagnie d'Athénaïs ; Louise de La Vallière est toujours favorite en titre. Louis fréquente Athénaïs en cachette. Leur amour s'épanouit en 1668. Le bruit de la faveur de la belle Athénaïs commence à se répandre lors de la fête donnée, le 18 juillet 1668, dans les jardins de Versailles à l'occasion du traité d'Aix-la-Chapelle qui met fin à la guerre de Dévolution. Le Grand Divertissement royal est une fête merveilleuse. Le roi arrive l'après-midi de Saint-Germain. Il ouvre les festivités par une promenade auprès du bassin du Dragon, sa dernière réalisation. Après une somptueuse collation, les invités se transportent dans un théâtre en trompe-l'œil, éclairé de vingt-cinq lustres en cristal de dix bougies chacun pour la première représentation de *Georges Dandin ou le Mari confondu* de Molière. Le souper est donné dans une salle en treillage à ciel ouvert où plusieurs tables d'apparat sont dressées entre des compositions florales. Le bal se tient dans un autre espace de verdure et de rocaille. Le feu d'artifice de clôture est de toute splendeur. Si le reporteur attentif de la journée omet délibérément de mentionner la présence d'Athénaïs, il n'oublie pas de citer quelques-uns des vers entendus lors du spectacle et qui sont sans équivoque : « Ah, les beaux jours qu'Amour nous donne lorsque sa flamme unit les cœurs[1] ! » Il paraît impossible

1. André Félibien, *Relation de la feste de Versailles du 18 juillet 1668*, Paris, P. Le Petit, 1668, p. 19.

que tous ces soupirs amoureux aient pour destinataire Louise de La Vallière, car le roi ne dissimule plus sa lassitude. Mais il n'est pas encore permis de parler ouvertement de sa nouvelle dame de cœur. Louis n'affichera sa liaison que quatre ans plus tard. Dans l'intervalle, le silence imposé ne rend pas la position d'Athénaïs plus facile que s'il était rompu.

En effet, leur liaison devient bientôt évidente car elle ne peut plus la dissimuler. Elle est enceinte et, malgré les robes amples ou « battantes » qu'elle adopte et dont elle lance la mode, sa taille s'épaissit. On murmure dans les coulisses. Son époux est absent depuis plus de onze mois. Par prudence, Louis a éloigné le marquis de Montespan en lui confiant une compagnie de cavalerie chargée de surveiller la frontière espagnole, à l'autre bout du royaume. Mais ce long exil révèle ce que certains soupçonnent depuis quelque temps : Athénaïs attend un enfant du roi.

L'époux revient pour soigner une blessure reçue lors d'une escarmouche. Il découvre que sa femme est enceinte. Il entre alors dans une colère terrible, la gifle si violemment que la joue de la pauvre Athénaïs en porte la trace durant plusieurs jours. Naïf et toujours amoureux malgré leur difficulté à s'entendre, il ne cesse dès lors de laisser éclater sa fureur, allant jusqu'à attaquer le roi en paroles partout où il passe et proférant de vagues menaces contre sa femme. Louis est obligé de placer sa maîtresse hors d'atteinte des fureurs conjugales en la logeant chez la duchesse de Montausier, où le marquis déguisé en vieille femme s'introduit une nuit, leur causant une grande frayeur à toutes deux. Julie d'Angennes ne se remit, paraît-il, jamais de cette peur qui la jeta dans un « état de langueur » tel, que certains courtisans attribuent à ce choc son décès prématuré à peine trois ans plus tard[1].

Le mémorialiste Saint-Simon prétend aussi que le marquis de Montespan se met alors à courir les bordels pour attraper une maladie vénérienne afin de contaminer sa femme après l'avoir violée, et contaminer le roi. C'est dire le chagrin et la fureur du mari bafoué. Ses sentiments sont à la dimension de l'amant : immenses. Au début de l'année 1669, il arrive au château de Saint-Germain dans un carrosse tendu de noir, orné de bois de cerf et de grands voiles noirs. Le roi, sortant du conseil, lui demande sèchement pourquoi ce noir. Il répond qu'il est en deuil de son épouse. C'en est trop. Le roi a suffisamment enduré des excentricités qui frisent à la fois le ridicule, l'impertinence et le crime de lèse-majesté. Arrêté, le marquis fait un court séjour dans les geôles de Fort-Lévesque, prison située entre la rue Saint-Germain-l'Auxerrois et le quai bordant la Seine, avant d'être relégué dans sa province natale et son château de Bonnefont où ses extravagances se poursuivent. Il fait célébrer en grandes pompes les funérailles de sa femme et n'emprunte plus que la grande porte de son château, la seule, prétend-il, assez haute pour laisser passer ses cornes !

En mars 1669, Madame de Montespan accouche en grand secret d'un enfant adultérin. Le bébé, probablement une fille qui ne vit pas deux ans, est confié à l'une de ses femmes de chambre, Mademoiselle des Œillets, qui le donne à une nourrice habitant rue de l'Échelle près des

1. Julie de Montausier mourut tout de même à l'âge de soixante-deux ans, étant née en 1609.

Tuileries. Cinq mois plus tard, en août 1669, Athénaïs se retrouve à nouveau enceinte. La passion de Louis n'est donc pas une passade, bien que Louise de La Vallière soit toujours maîtresse officielle. Celle-ci a eu six enfants de sa liaison avec Louis, nés entre 1663 et 1677 dont seuls les deux derniers restent en vie et sont légitimés : Marie-Anne née en 1666 et Louis en 1667[1]. Les enfants de Louise ont été confiés à Madame Colbert, l'épouse du contrôleur général. Mais la liaison entre Athénaïs et Louis est bien différente, car il s'agit d'un double adultère. Le secret des naissances s'impose d'autant plus que l'imprévisible et menaçant marquis de Montespan est en droit de réclamer la paternité des bâtards. Aussi n'est-il plus question d'improviser dans l'urgence une solution de garde pour l'enfant à naître. Il convient de dresser un plan de bataille, d'imaginer tous les imprévus et de s'installer dans la durée.

1. La duchesse de La Vallière eut deux enfants qui vécurent : Marie-Anne, titrée première Mademoiselle de Blois, légitimée en 1667, qui devint princesse de Conti par son mariage en 1680 avec Louis-Armand de Bourbon, et Louis, comte de Vermandois, légitimé en 1669, qui mourut à seize ans en 1683.

5

UNE VIE AU SECRET

Le 30 mars 1670, jour des Rameaux, le roi, la reine, Monsieur et Madame assistent à la bénédiction des palmes, puis entendent la messe en la chapelle du château de Saint-Germain ; l'après-midi, ils suivent une prédication du père Mascaron, un oratorien fort apprécié du roi qui affirmait que son éloquence était « une des rares choses qui ne vieillissent pas ». C'est le début de la semaine sainte, traditionnellement ponctuée de cérémonies solennelles dont la plus spectaculaire et la plus émouvante est sans conteste le toucher des écrouelles. Le samedi saint, en vertu de l'onction du sacre qui le fait lieutenant de Dieu sur terre, Louis XIV touche les malades qui se présentent par centaines à lui. Le roi qui s'est confessé communie solennellement le jour de Pâques. Mais, pour Louis, en cette année 1670, les préparatifs festifs et religieux s'effacent devant sa préoccupation du moment, dont il ne laisse pourtant rien paraître. Le public ignore qu'il attend avec anxiété la nouvelle de la naissance de l'enfant d'Athénaïs.

Le lendemain, 31 mars, la marquise de Montespan ressent les premières douleurs de l'accouchement. Elle part s'isoler dans une pièce retirée du château de Saint-Germain. Louis, prévenu, donne ses ordres pour que soit suivi le dispositif qu'il a soigneusement imaginé. Si chacun à la Cour sait que la marquise est enceinte, si la plupart des dames d'honneur de la reine murmurent depuis des mois, une poignée de personnes seulement est dans la confidence. Non seulement il ne faut pas que quiconque sache qu'Athénaïs est en train d'accoucher, mais plus encore celle-ci doit se montrer le lendemain matin comme à l'accoutumée et prendre ses fonctions auprès de la reine sans rien laisser paraître[1].

On ignore quel médecin a été appelé et s'il a été conduit à travers les couloirs les yeux bandés comme ce fut le cas pour Clément, célèbre accoucheur, convié l'année précédente pour la naissance du premier bâtard. La dame de compagnie d'Athénaïs, Claude des Œillets, est probablement là. Le roi a demandé à son ami, Antonin Nompar de Caumont, marquis de Puyguilhem, futur duc de Lauzun, d'être auprès de la marquise. De cinq ans l'aîné du roi, il est colonel général des dragons depuis 1666. Formé dans le régiment de cavalerie de son oncle, le maréchal de Gramont, et à l'Académie militaire, il passe pour être chanceux dans les batailles. Il a été héroïque devant Lille l'année précédente. Il est surtout et depuis longtemps le confident des amours du roi. Le ministre de la Guerre, Louvois, est aussi dans le secret.

1. C'est la quatrième grossesse pour Françoise de Montespan et l'accouchement se passe pour le mieux, mais on doit convenir que sa résistance est exceptionnelle puisqu'elle se rend le lendemain chez la reine comme si de rien n'était.

Il est chargé de l'intendance, de payer les nourrices et, plus généralement, de pourvoir à l'entretien des enfants adultérins de la marquise, comme Colbert l'a été pour ceux de Louise de La Vallière.

La dernière personne à être dans la confidence est Françoise Scarron.

Proposition insolite

La seconde grossesse d'Athénaïs au début de l'été 1668 a modifié son statut aux yeux du roi. Il ne s'agit plus d'une passade, mais d'une liaison durable. Athénaïs est certes l'amante du roi mais c'est aussi la mère de ses enfants. Or Louis possède une fibre paternelle qui se développe et se renforce au fil du temps, d'autant que la famille Mortemart est l'une des plus considérables du royaume de France. Il se montre soucieux de créer les conditions dans lesquelles ses enfants seront « bien élevés » et « bien cachés », selon les mots de Madame de Caylus. Mademoiselle des Œillets, fille d'une comédienne, n'a pas une ascendance suffisamment honorable pour continuer à s'occuper de l'enfant né l'année précédente, ni veiller sur ce qui risque bien – et l'avenir le confirme – de devenir une pouponnière royale. Il faut donc trouver une personne discrète, compétente et apte à s'occuper d'enfants en bas âge, puisqu'il est impensable de multiplier les intermédiaires. Cette personne de talent devra prêter une attention toute particulière à leur nourriture et à leur confort, à une époque où, sans distinction ni de classe ni de rang, la moitié des nouveau-nés meurt avant d'atteindre l'âge de raison.

Athénaïs pense alors à Françoise Scarron qu'elle ne voit plus que par intermittence depuis deux ans, mais qu'elle apprécie toujours autant. Elle a de nombreuses raisons de songer à elle. D'abord, parce qu'elle reste son amie. Ensuite, parce que son état de veuve la rend disponible pour une mission de ce genre. De plus, Bonne d'Heudicourt lui a vanté les mérites de celle qui s'occupe parfois de sa fille, comme elle a pris l'habitude de décharger aussi Madame de Montchevreuil du soin de sa progéniture – quatre fils et quatre filles – quand cette dernière est indisposée. Toutes deux ne peuvent que louer son dévouement, son talent avec les petits, sa patience à les instruire, l'attention qu'elle prête à leur santé, la rigueur dont elle les entoure. Depuis qu'elle la connaît, Athénaïs a remarqué son courage et sa solidité, son ingéniosité. À cela s'ajoute le fait que la veuve Scarron est déjà pensionnée par le roi, donc redevable au souverain de ses revenus, ce qui crée chez elle une dette morale dont elle est forcément désireuse de s'acquitter. Elle ne peut refuser.

Plusieurs sources prétendent pourtant que la future Madame de Maintenon hésite, ne voulant pas se charger de bâtards, fruits d'un double adultère. Elle fait la fine bouche, histoire de donner une leçon à la pécheresse. Certes, il faut bien *a posteriori* justifier qu'une femme d'une moralité irréprochable ait été complice d'un péché, fût-il royal. Mais si on réalise ce à quoi elle s'engage, un temps de réflexion s'impose légitimement. Outre le fait que Françoise tient à sa réputation, son existence sera chamboulée. La mission qu'on entend lui confier n'est pas une sinécure ; c'est un fardeau, une mission délicate qui peut compromettre la notoriété qu'elle s'est patiemment construite, si elle venait à être éventée.

Ne craint-elle pas de voir sa pension supprimée en cas d'échec ? Mais surtout, elle lui imposera un rythme de vie particulièrement contraignant et fatigant, puisqu'elle ajoute une seconde existence à celle qu'elle mène depuis cinq ans. Une double vie : tantôt garde d'enfant la nuit, salonnière le jour, tantôt éducatrice le jour, mondaine la nuit. Avec la nécessité de tenir sa langue, de ne rien dire, faire ou laisser penser qui puisse donner du soupçon. Et de ne s'entourer que de peu de personnel afin d'éviter toutes fuites à l'extérieur. En résumé, faire le maximum soi-même, ce qui est nettement plus que le travail habituel des gouvernantes.

Tout cela, Françoise en a clairement conscience et c'est en toute connaissance de cause qu'elle s'engage envers le souverain lui-même. Confiante dans ses capacités, elle éprouve quelque orgueil à s'occuper des enfants d'un roi. Quelle belle revanche sur les années misérables de sa propre enfance lorsqu'en sabots elle s'en allait mendier dans les couvents de La Rochelle ! Quant au secret qui entoure la vie des bâtards – personne ne doit savoir ni qui ils sont ni où ils habitent –, il renforce l'importance de son rôle. Françoise a maintenant un but dans l'existence. Elle est suffisamment intelligente et suffisamment aguerrie dans l'art de la dissimulation pour s'acquitter sans anicroche de sa tâche.

Son biographe, l'archevêque Languet de Gergy, affirme : « Madame de Montespan s'ouvrit à elle et lui fit la proposition de prendre soin de l'enfant qui aurait un roi pour père. La jeune veuve, qui sentait ce qu'elle était née, refusa de se charger de l'éducation d'un enfant de Madame de Montespan ; on la pressa cependant de telle sorte qu'elle répondit enfin qu'elle ne se chargerait pas d'un tel soin à moins que le roi n'eût la bonté de le lui ordonner lui-même. Le roi le fit ; une entrevue fut ménagée à cet effet ; il commanda, et Madame Scarron crut ne pouvoir refuser ce bon office à l'ordre de son maître et à l'honneur de son amie[1]. » Les Dames de Saint-Cyr cherchèrent en vain une trace de la « commission ordonnée par le roi », mais l'accord fut uniquement verbal. Il donna lieu à une entrevue entre Françoise, Athénaïs et Louis au début de l'année 1669. Françoise revint ensuite plusieurs fois à la Cour s'entretenir avec la marquise de Montespan, prétextant une visite à son amie Bonne d'Heudicourt, pour fixer les modalités pratiques de l'installation de l'enfant qui allait naître.

Minuit le 30 avril

En cette dernière nuit du mois de mars, Madame de Montespan accouche en grand secret dans une pièce retirée du château de Saint-Germain d'un garçon. Minuit sonne. Louis-Auguste a juste le temps de poindre le bout de son nez que déjà on étouffe ses cris, on l'entortille dans un linge sans prendre le temps de l'emmailloter et on le remet à un petit homme dissimulé sous une large cape. Cet homme est le duc de Lauzun. « Il le prit sous son manteau et le cacha, l'emporta dans le carrosse qui l'attendait au petit parc de Saint-Germain. Il mourait de peur qu'il ne criât », rapporte la Grande Mademoiselle mise plus tard dans la confidence par Lauzun lui-même. Mais le bébé ne révèle à quiconque sa présence.

1. Jean-Joseph Languet de Gergy, *op. cit.*, p. 125.

Lauzun traverse le château et le parc sans qu'il pousse un seul cri. À l'endroit prévu, attend une voiture dans laquelle une femme masquée se dissimule, chaudement emmitouflée dans des couvertures. Cette femme est Françoise Scarron qui, prévenue de l'imminence de l'accouchement, est venue attendre discrètement à l'orée du bois depuis la fin de l'après-midi. Le cocher a aperçu l'homme noir qui vient de surgir des bois et la prévient. « Prenez bien soin de Louis-Auguste », sont les seuls mots qu'elle entend chuchotés à mi-voix. Elle reçoit le nourrisson des mains de Lauzun, referme la portière, serre le petit être sur sa poitrine et fait partir le carrosse vers une destination connue d'elle seule.

À cet instant précis, le destin de la petite-fille d'Agrippa d'Aubigné bascule.

Françoise secouée dans la voiture qui avance difficilement dans les ténèbres, faisant de ses bras un berceau pour Louis-Auguste, songe à la tâche qui l'attend. Elle amène son petit protégé dans une maison située hors de Paris. Une nourrice, Madame Barré, qu'elle a elle-même pris soin de choisir, y est installée, qui attend l'arrivée du nourrisson. Le bébé et son accompagnatrice parviennent à bon port. Madame Barré se met immédiatement à sa tâche en donnant le sein au nouveau-né, tandis que Françoise s'installe dans une nouvelle vie trépidante.

Elle prend l'habitude de circuler entre les maisons car elle va également voir la petite fille placée à Paris, prenant le relais de Mademoiselle des Œillets. Elle habite rue des Tournelles dans le Marais et garde ses habitudes mondaines chez les d'Albret et les Richelieu si bien qu'elle est amenée à parcourir la capitale dans tous les sens à pied ou en carrosse. Ces incessants va-et-vient s'amplifient durant les années suivantes avec la naissance d'autres enfants placés chez diverses nourrices. « Je faisais tout moi-même, précise-t-elle aux demoiselles de Saint-Cyr lorsqu'elle les entretient de sa vie passée, les nourrices ne mettant la main à rien, de peur d'être fatiguées et que leur lait ne fût pas bon, et j'allais souvent à pied, de nourrice en nourrice, déguisée, portant sous mon bras du linge, de la viande. Je passais quelquefois la nuit entière chez un de ces enfants qui était malade, dans une petite maison hors de Paris. Je rentrais le matin par une petite porte de derrière et, après m'être habillée, je montais en carrosse par celle de devant pour m'en aller à l'hôtel d'Albret ou de Richelieu, afin que ma société ordinaire ne s'aperçût de rien et ne soupçonnât pas seulement que j'eusse un secret à garder[1]. »

Françoise partage son temps entre la rue des Boulangers, où est placée la fillette née en 1669, la maison qui abrite le petit Louis-Auguste et sa nourrice, et son propre logis, sans oublier ses pratiques de dévotion, ses après-midi et soirées mondaines. Elle aménage si bien son temps que personne, durant deux années, ne soupçonne la présence des bâtards. Un véritable exploit ! Les nourrices elles-mêmes ignorent l'identité des enfants. L'une d'elles est persuadée que si Louis-Auguste est quelqu'un de « bien considérable », étant donné l'attention dont il est entouré, ce ne peut-être au mieux que le « bâtard d'un président à mortier » du parlement de Paris. Elle est à cent lieues de penser qu'il est le fils du roi.

1. *Recueil des instructions que Madame de Maintenon a données aux demoiselles de Saint-Cyr*, Paris, J. Dumoulin, 1908, p. 227.

Double vie

Françoise s'est bien organisée. Avec l'accord de la marquise de Montespan et de Bonne d'Heudicourt, elle prend souvent avec elle Louise, la fille de Bonne[1]. La petite, née en 1668, a deux ans de plus que Louis-Auguste. Elle prit cette enfant, écrit le duc de Saint-Simon, « pour faire jouer les siens et l'éleva avec eux dans les ténèbres et le secret qui les couvrait alors ». Louise lui sert d'alibi lorsqu'elle doit expliquer à ses amis la fatigue qui se lit sur son visage, ses traits tirés et ses absences répétées. Elle donne le prétexte d'une maladie de la petite, alors qu'elle veille un nourrisson à une extrémité de la capitale. Et s'il vient des étrangers, Louise est soit la sœur des petits, soit leur cousine. Ce jeu l'amuse follement si bien que la fillette n'oublie pas de demander à sa gouvernante tous les matins quel sera son rôle dans la journée : « Madame, qui suis-je aujourd'hui ? »

Si la fillette aime entrer dans le jeu de rôle, surtout en grandissant, tel n'est pas le cas de sa mère dont l'indiscrétion faillit faire capoter tout ce dispositif. Bonne s'épancha dans des lettres au marquis de Béthune, son amant, et au marquis de Rochefort, Henri-Louis d'Aloigny, qui ne lui faisait la cour que par curiosité. Le marquis François-Gaston de Béthune était marié à Louise-Marie de La Grange d'Arquien, sœur de la reine de Pologne, et fut longtemps ambassadeur dans ce pays. Sa femme,

1. Louise Sublet d'Heudicourt, née en 1668, morte en 1707, épouse Jean-François de Cordebœuf-Beauverger-Montgon le 10 avril 1688. Elle a une fille, Marie Michelle, et un fils, Philibert-Gilbert, comte de Montgon.

amoureuse de lui, était jalouse et avait de quoi l'être car la correspondance échangée avec Bonne était des plus galante. S'il ne s'était agi que de lettres d'amour, le roi aurait fermé les yeux malgré les cris du maréchal d'Albret qui ne tolérait pas les incartades de sa protégée. Qu'avait-elle écrit ? Selon Madame de Sévigné, « tous les maux qu'on peut s'imaginer sur le maréchal d'Albret et sur Madame Scarron. Il n'y a point de mauvais offices qu'elle n'ait tâché de rendre à l'un et à l'autre ». Elle disait pis que pendre du maréchal d'Albret, le généreux cousin qui l'avait recueillie avec sa sœur chez lui, et de Françoise Scarron, laissant entendre qu'ils avaient été très intimes. Et, surtout, elle révélait le secret des bâtards et de leur gouvernante.

Françoise ne pouvait pas laisser circuler de telles médisances. Déçu, le maréchal d'Albret ferma sa porte à sa cousine. Le roi fut outré par ces bavardages qui pouvaient compromettre le dispositif entourant les bâtards. Pour mettre fin à l'agitation causée par ces ragots fondés surtout sur la jalousie de Bonne, vexée de n'avoir pu devenir maîtresse royale, elle fut instamment priée d'aller s'enfermer dans son château d'Heudicourt. Ce qu'elle fit, « avec un désespoir inconcevable, ayant perdu toutes ses amies, convaincue de toutes les trahisons du monde », ajoute la marquise de Sévigné le 9 février 1671, laissant sa fillette aux bons soins de Françoise. Cette disgrâce rapprocha encore les deux Françoise qui durent s'entendre pour convaincre le roi d'élever la voix ; elle valut à la veuve Scarron son premier entretien, seule, en tête à tête avec le roi.

Il est clair que, malgré tous les efforts de Françoise, le secret des bâtards est difficile à garder, d'autant qu'un an et demi après la naissance de Louis-Auguste, à l'automne 1671, Athénaïs est de nouveau enceinte. Louis-César naît le 20 juin 1672. Trois mois après, en septembre 1672, Françoise attend déjà un nouvel enfant, Louise-Françoise, qui naîtra en juin 1673. Moins d'un an plus tard, Athénaïs se retrouve encore grosse d'une fille qui naît le 18 novembre 1674. En quatre ans, la pouponnière accueille trois autres bébés. Il faut trouver d'autres nourrices. À la Noël 1674, Françoise est donc entourée de quatre enfants, âgés de quatre ans et demi, deux ans et demi, un an et demi et un mois. Cette vie exténuante l'a beaucoup amaigrie. Elle prétend que le fond de timidité qui reste chez elle la fait devenir incarnat à la moindre remarque. Aussi a-t-elle recours aux médecins qui la saignent régulièrement. Au bout de quatre années d'une vie trépidante, sa santé commence à être défaillante. Il est temps d'organiser autrement la vie des bâtards et de leur gouvernante.

Il est d'autant plus difficile de tenir le secret qu'il est dès l'origine une affaire d'État, objet de la longue rivalité entre Louvois et Colbert. Colbert envoie des espions dans la capitale pour trouver l'adresse des nourrissons et fait surveiller les allées et venues de Françoise. Un beau jour, elle tombe dans l'une de ces maisons nez à nez avec un inconnu, qu'elle soupçonne immédiatement d'être un homme de Colbert. Elle a alors la présence d'esprit de cacher le bébé qu'elle vient voir dans un linge comme un sac sale et de le mettre dans les jupes de sa servante. L'homme ne s'aperçoit de rien.

Il est aussi impossible que la présence de plus en plus fréquente de Françoise à la Cour n'ait pas éveillé les soupçons de ses amis. En avril 1671, elle est de la promenade avec le roi à Saint-Germain. Nul doute pour personne qu'elle a changé de statut et que la seule protection du maréchal d'Albret ne peut justifier les avantages qu'elle commence à obtenir pour sa famille. On la sait proche de Madame de Montespan et c'est par son intermédiaire ou celui de Louvois qu'elle cherche à aider les siens, réparant ainsi les tristesses et les affronts de son enfance.

Soutien de famille

Le frère qui lui reste, Charles, son aîné de dix-huit mois, fait l'objet de toutes ses attentions. Il est prodigue et très dissipé. Le duc de Saint-Simon le décrit comme « fou à enfermer », mais « plaisant avec de l'esprit et des saillies inattendues ». Le comte d'Aubigné est entré, en 1655, comme enseigne dans le régiment du cardinal Mazarin et a poursuivi de manière épisodique une carrière militaire qu'il faut bien qualifier de poussive. Françoise met immédiatement sa nouvelle position au service de l'avancement de son frère. Par l'intermédiaire du ministre de la Guerre, elle lui obtient une commission de cent hommes d'infanterie du régiment de Picardie, puis, en août 1671, celle d'une compagnie de chevau-légers pour laquelle elle lui prodigue des conseils avisés : ne dépenser son argent que pour équiper son régiment, s'appliquer à remplir scrupuleusement les devoirs de sa charge, montrer l'exemple d'un comportement moral parfaitement droit. Ce soutien trouvera toujours un écho mitigé chez Charles, qui tient de son père un caractère léger et indiscipliné. Elle tente de l'infléchir en lui rappelant sans cesse leur enfance malheureuse, l'affection qu'elle lui porte et les efforts qu'elle réalise pour lui assurer un avenir meilleur. Peine perdue, Charles sans se monter ingrat, sera toujours, à l'instar de son père, un mauvais sujet. Peu amène avec les populations qu'il rançonne là où il se trouve avec son régiment, il reste un militaire « vieux style », comme on en faisait encore à l'époque de son grand-père Agrippa d'Aubigné, le talent en moins. Les temps ont bien changé. Avec Louis XIV, les armées sont priées de ne plus rançonner les habitants, de se tenir correctement, de se plier à une discipline stricte et de servir l'État, non leur intérêt personnel. Charles mécontente Louvois qui, par égard pour la gouvernante des bâtards, se retient de le sanctionner. Mais il s'en faut de peu chaque fois... Sa carrière finalement assez brillante doit tout à la position de Françoise et à ses efforts inlassables pour protéger les siens.

Françoise s'emploie aussi à favoriser son cousin et quasi-frère, Philippe de Villette, avec qui elle a passé ses huit premières années enchantées à Mursay. Philippe, âgé de quarante ans, marié depuis dix ans, est père de trois enfants. Françoise envoie à son épouse, Marie-Anne Hippolyte de Châteauneuf, des cadeaux, des vêtements à la mode, des rubans. Ses lettres sont empreintes d'une grande affection. Si sa femme est catholique, Philippe reste farouchement attaché au protestantisme, difficulté majeure pour celui qui souhaite faire carrière. Françoise peine à lui obtenir un emploi digne de ses capacités. À Pâques 1671, elle écrit à son cousin que « quoi qu'on vous dise de ma faveur, il s'en faut beaucoup que je gouverne l'État », pour s'excuser de ne pas parler au ministre en charge des Affaires étrangères, Colbert, de l'ambassade de la Moscovie qu'il pense qu'elle peut lui obtenir. Il est difficile dans l'immédiat de faire quelque chose pour lui qui est toujours huguenot. D'ailleurs, le seul ministre avec qui elle est en contact direct est Louvois, l'ennemi juré de Colbert. Mais elle prend bien garde à rester floue sur ce qui l'amène « souvent » à Saint-Germain : des « affaires », dit-elle. Philippe de Villette est un gentilhomme talentueux, plein de ressources. Il parvient de lui-même grâce au soutien du fils de Colbert, le marquis de Seignelay, secrétaire d'État à la Marine, à trouver un emploi sur ses vaisseaux. Il est nommé le 12 mars 1672 capitaine en second sur *Le Fort*, vaisseau que commande le marquis de Blénac[1]. Bien qu'il se montre un valeureux militaire, se distinguant pendant toute la guerre de Hollande, il progresse peu durant une quinzaine d'années. Il doit attendre 1685, lorsqu'il finit *in extremis* par se convertir au catholicisme, pour voir sa carrière prendre une tout autre ampleur.

Dans le courant de l'année 1671, le maréchal d'Albret quitte Paris pour rejoindre son gouvernement de Guyenne que vient de lui donner le roi. Une page se tourne. Le salon d'Albret se ferme. Cette même année, Madame de Richelieu devient gouvernante des filles de la reine après le décès de Julie de Montausier, belle promotion qui l'éloigne aussi de son hôtel de la place Royale. Françoise se replie alors dans les salons de Madame de Coulanges, de Madame de Sévigné et de Madame de La Fayette. Elle change de compagnie mais maintient le rythme de sa vie mondaine. Tout le monde sait qu'elle rend visite à la Cour à quelques-unes de ses amies qui y vivent, comme Madame de Montespan, dont on murmure de plus en plus fort qu'elle a la faveur

1. Jean-Louis de Courbon, seigneur de Romegoux, marquis de Blénac, mort en 1713.

du roi. Françoise est appréciée aussi pour cela. Contrairement à elle, Madame de Sévigné ne fréquente pas les châteaux royaux. Françoise raconte des anecdotes et transmet quelques nouvelles d'importance. C'est une source précieuse d'informations pour la marquise de Sévigné. Le 13 janvier 1672, celle-ci explique à sa fille qu'elle soupe tous les soirs avec Madame Scarron. Elle loue son esprit aimable et merveilleusement droit. C'est un plaisir de l'entendre raisonner sur les « horribles agitations d'un certain pays qu'elle connaît bien, les désespoirs qu'avait cette d'Heudicourt dans le temps que sa place paraissait si miraculeuse, les rages continuelles de Lauzun, les noirs chagrins et les tristes ennuis des dames de Saint-Germain. Et peut-être que la plus enviée n'en est pas toujours exempte. C'est une plaisante chose que de l'entendre causer sur tout cela. Ces discours nous mènent quelquefois bien loin, de moralité en moralité, tantôt chrétienne, tantôt politique. » Personne ne sait quel est son rôle exact tout en se doutant un peu de quelque chose. Être la gouvernante des enfants adultérins est certes un « honneur », mais ce privilège est « un peu singulier », comme le dit Françoise qui mène une double vie fatigante et remplie d'imprévus.

6

UNE BELLE AMITIÉ

Alors que la faveur de l'incomparable Athénaïs s'installe pour longtemps, ses liens avec Madame Scarron se resserrent. Celle que, dans ses lettres, la marquise de Sévigné se met à désigner sous le nom de Quanto ou Quantova – terme espagnol qui se rapporte aux échecs ou plus simplement la traduction de « combien durera l'amour du roi ? » – poursuit durant les années qui vont de 1669 à 1675 une ascension sentimentale et sensuelle qui la place au sommet des préférences royales et dont ses grossesses répétées sont le témoignage. Françoise vient régulièrement rendre compte de son travail à la marquise dont la situation se consolide de jour en jour. Louise de La Vallière, officiellement toujours favorite en titre, est, en privé, de plus en plus écartée et délaissée par son royal amant. Rien ne transparaît au-dehors dans la mesure où le roi exige leur présence à toutes deux, souvent côte à côte. Mais les « dames de la faveur », comme les désigne le marquis de Saint-Maurice, ambassadeur du duc Charles-Emmanuel II de Savoie en France entre 1667 et 1673, sont à couteaux tirés. Louise, qui aime et aimera toujours le roi, pleure toutes les larmes de son corps. Son attachement est tel qu'elle accepterait de le partager et aimerait que « la faveur soit égale ». Mais Athénaïs adopte un comportement méprisant envers la pauvre Louise. En février 1669, alors qu'Athénaïs donne naissance à son premier enfant, Louis légitime le dernier fils de Louise en le titrant comte de Vermandois. Il s'agit apparemment d'une insigne faveur, en réalité les observateurs notent que le roi se montre de plus en plus froid à l'égard de sa première favorite.

Seule en scène

En privé, cette rivalité donne lieu à des scènes si cruelles et si contraires à l'image de parfait gentilhomme que souhaite laisser de lui le souverain qu'on est en droit de se demander si elles sont véridiques. Poussé par la marquise de Montespan, le roi traversant la chambre de Louise, ne se serait pas arrêté alors qu'elle l'en priait, lui jetant sur les genoux un petit chien : « Tenez, Madame, voilà votre compagnie. Cela vous suffira. » Il se serait empressé de passer chez sa nouvelle maîtresse. La cruauté des amants témoigne de la passion qui les enflamme et d'un mépris pour celle qui est délaissée. En 1670, Louise suit néanmoins la Cour, qui inspecte les villes de Flandres prises l'année précédente, dans le carrosse royal, aux côtés de la reine, de Monsieur, de Madame, de la Grande Mademoiselle, de Mesdames de Béthune[1] et de Montespan. Mais

1. Anne Marie de Beauvilliers, comtesse de Béthune, épouse du neveu de Sully, est dame d'atours de la reine Marie-Thérèse.

à la fin la coupe déborde. Le mercredi des Cendres de l'année 1671, Louise se réfugie au couvent de Chaillot, chez les religieuses de Sainte-Marie, en laissant une lettre d'explication. Touché dans son orgueil face à cette rebuffade, Louis XIV envoie Lauzun la prier de revenir. Sans succès. Le maréchal de Bellefonds, courtisan intègre et mesuré dans ses actes et ses propos, n'est pas plus heureux. Seul Colbert parvient à la ramener en l'assurant que le roi acceptera qu'elle se fasse religieuse, ce qui n'adviendra que trois ans plus tard, en avril 1674.

La Cour est un microcosme en proie aux rivalités de toutes sortes et aux mesquineries les plus basses. Au début de la faveur d'Athénaïs, Françoise Scarron apparaît comme une auxiliaire de première importance dans la lutte quotidiennement renouvelée pour demeurer au sommet. Madame de Montespan est tenue de briller sans cesse. Tous les jours, elle doit se montrer aimable envers la reine. Tous les jours, elle doit se montrer désirable à son royal amant. L'étroite connivence entre la maîtresse et la gouvernante est alors précieuse. Les deux femmes opposent un front commun envers quiconque menace le fragile équilibre. Lauzun l'apprend à ses dépens au cours d'une anecdote incroyable, rapportée par Bussy-Rabutin dans son *Histoire amoureuse des Gaules*. Si l'histoire est authentique, elle montre à quel point le « petit Lauzun » est un arriviste. L'anecdote paraît bien véridique si l'on se rappelle que deux ans plus tard, il accepte de se marier avec la Grande Mademoiselle, événement tout aussi incroyable, qui dévoile un caractère opportuniste et aventurier.

Sous le lit

En 1669, le duc de Mazarin souhaite se défaire de sa charge de grand maître de l'artillerie. Lauzun prie le roi de la lui donner. Le roi la lui promet, mais le jour où la nouvelle doit être officiellement annoncée, Lauzun, impatient et vantard, en parle au premier valet de chambre de Sa Majesté, qui court prévenir Louvois qui… avertit immédiatement le roi. Louis est furieux de constater que le secret est éventé. Ni une ni deux, il congédie Lauzun venu l'attendre à la sortie du Conseil des ministres. Celui-ci, désespéré, s'en va voir Athénaïs, fait son siège pour lui demander de parler pour lui au roi. Indifférente et ne souhaitant pas importuner son amant, elle répond évasivement. Elle le berne durant quelques jours. N'y tenant plus, Lauzun obtient, grâce à la complicité de la femme de chambre de la marquise, de se mettre sous le lit où elle a l'habitude d'attendre le roi en fin d'après-midi. Aplati sous la couche royale, il guette la conversation des amants : la marquise parlera-t-elle, oui ou non, de sa promotion comme elle le lui a promis ? On jugera du comique, de l'inconfort ou de l'indécence de la situation. Tandis que le roi et sa maîtresse sont absorbés par ce que l'on devine aisément, le petit homme coincé sous le lit se pince pour n'éternuer ni ne respirer trop fort… Le temps lui paraît éternité. Enfin le roi satisfait quitte le lit et la pièce sans qu'Athénaïs ait soufflé mot de la demande de Lauzun.

Pourtant, entre deux étreintes, les amants ont discuté de l'affaire : de l'obstination que Louvois a mise à s'opposer à cette promotion, de la colère du roi et de sa résolution à écarter Lauzun. Le roi part, la marquise se met à sa toilette pour se préparer à se rendre à la répétition d'un ballet. Lauzun parvient à s'extraire de sa cachette et à quitter la pièce sans se faire remarquer. Il a le temps de se réajuster et, comme si de rien n'était, se met à attendre à la porte que la belle sorte. La marquise apparaît quelques minutes plus tard et tombe nez à nez avec le petit homme qui renouvelle sa demande. Il la presse : A-t-elle parlé au roi ? Pour se débarrasser de l'importun, elle l'assure : « Mais oui, évidemment ! » Alors, il se penche vers elle et lui dit tous bas qu'elle n'est qu'une menteuse et qu'une coquine. Il la traite de « grosse pute » et lui répète mot pour mot sa conversation avec le roi. Choquée, Madame de Montespan l'est assurément. Comment ose-t-on lui parler en ces termes ? Interloquée, elle l'est encore plus. Comment Lauzun a-t-il pu connaître les détails de sa conversation avec Louis ? Elle pâlit, vacille, trouve la force d'arpenter le couloir pour se rendre à la répétition et s'effondre en arrivant, évanouie, dans les bras du roi. Louis exigeant des explications, Lauzun lui tourne le dos et casse son épée, prétendant qu'il est hors de question qu'il serve à l'avenir un tel roi. Dans un geste non moins théâtral, le roi casse à son tour sa canne pour éviter, dit-il, de frapper un gentilhomme.

Complots de femmes

Habile homme, Lauzun n'est pas longtemps en disgrâce. L'année suivante, il se pique d'épouser la Grande Mademoiselle, la propre cousine du roi, quadragénaire explosive, qui s'est amourachée de lui. Manque de chance pour Lauzun, après avoir donné son accord, Louis se ravise sous la pression de la reine, de son frère et de toute sa famille. Il est inconvenant de faire entrer dans la maison royale un tel énergumène, même sympathique et amusant, serinent en chœur les Bourbons. Et encore, ils sont loin de connaître l'épisode de la chambre du roi et la manière grossière dont il s'est comporté à l'égard de la marquise. Tous pensent que Lauzun est, selon le mot du marquis Charles-Auguste de La Fare, capitaine des gardes du corps de Monsieur, « le plus insolent petit homme qu'on ait vu depuis un siècle ». Le mémorialiste ajoute que la volte-face royale viendrait, en grande partie, de l'insistance que Madame de Montespan – qui n'a pas oublié sa frayeur passée – a mise dans le refus. Elle y aurait été largement poussée par Françoise Scarron qui aurait abondé dans son sens.

Alors qu'elle s'active auprès des deux premiers enfants nés des amours avec le roi, Françoise est si intime avec leur mère qu'elle peut la persuader que le mariage de Lauzun avec la Grande Mademoiselle serait une catastrophe. L'homme a acquis un crédit tel qu'il pourrait mettre en péril la faveur de la marquise. Pourquoi ? Est-ce parce que Athénaïs a été sa maîtresse avant d'être celle du roi ? De méchantes langues le disent… Le fait semble peu probable. Il suffit de considérer la position où un tel mariage le placerait et d'envisager sa capacité de nuisance à l'égard de ses ennemis. Or l'attitude désinvolte de la marquise a prouvé qu'elle n'était pas encline à le soutenir, sans doute parce qu'il était présent lors de la naissance de Louis-Auguste, qu'il en sait long sur les passions du roi. Toujours est-il que les deux amies conspirent pour faire tomber Lauzun, revanche féminine sur un homme, grand séducteur devant l'Éternel, goujat et indélicat avec les femmes. Il faut imaginer les deux Françoise s'entretenant à demi-mot, s'amusant à contrefaire le petit homme et riant déjà de sa disgrâce. Pour Lauzun, plus dure sera la chute. Car la cabale feutrée des deux amies contre le marquis aboutit un an plus tard à son emprisonnement.

Pour le moment, Lauzun fait contre mauvaise fortune bon cœur. Grand seigneur, il ne laisse rien transparaître de sa déception, refuse que Louis XIV le fasse maréchal. Au début de l'année 1671, le roi lui donne un brevet pour lui permettre d'entrer dans sa chambre comme les premiers gentilshommes et l'emmène avec lui dans les Flandres. Mais, le 25 novembre suivant, il est cette fois arrêté pour de bon et conduit à Pignerol, la célèbre forteresse nichée au cœur du Piémont, sur les contreforts des Alpes, entre Briançon et Turin, où le monarque garde au secret les comploteurs. Il y retrouve Nicolas Fouquet et le Masque de fer. Madame de Montespan ne s'est donc pas privée de rapporter au roi toutes les médisances que Lauzun colportait sur elle. L'académicien Jean Regnault de Segrais, qui connaît bien Françoise Scarron, une amie de longue date, raconte, comme le marquis de La Fare, que la gouvernante attisait la haine de la marquise. Il était indispensable de l'écarter, insinuait-elle, et pourquoi pas de le faire enfermer pour l'empêcher de répandre « les indignités dont il accablait tous les jours » la favorite. « Vous ne pouvez endurer ces calomnies, Madame, serinait Françoise. Vous devez vous prémunir contre cet intrigant », insistait-elle. Segrais, gentilhomme ordinaire de la Grande Mademoiselle pendant vingt-quatre ans, jugeait Lauzun affreusement antipathique et le haïssait également. Il avait une autre raison de lui en vouloir : la cousine de Louis XIV venait de le chasser parce qu'il lui avait ouvertement déconseillé, lui aussi, de l'épouser. Elle n'avait pas supporté cette admonestation. Lauzun s'était fait trop d'ennemis. Son ambition était extravagante. Il fut victime de la vengeance de la marquise de Montespan qu'il dénigrait auprès du roi, vengeance attisée par la veuve Scarron.

Athénaïs a donc trouvé en Françoise une amie, mais aussi une confidente sûre et, qui plus est, de bon conseil. Les deux femmes font front pour défendre leur dignité face à des comportements masculins peu amènes à l'égard de leur sexe. La marquise ne supporte pas qu'un gentilhomme qu'elle trouve médiocre puisse répandre des calomnies contre elle-même, elle qui représente de façon glorieuse les Mortemart. Et puis, toutes les femmes ayant un peu d'esprit sont persuadées, à la suite de Marie Mancini, que la « malice » des hommes provoque beaucoup d'animosité contre le beau sexe[1]. La « galanterie de Cour » a des effets pervers, car il est facile de salir les réputations. Lauzun traîne derrière lui des scandales et la marquise de Sévigné ne manque pas de rapporter, le 23 décembre 1671, qu'on a trouvé, après son arrestation, « mille belles merveilles dans ses cassettes », des « portraits sans compter, des nudités, une sans tête, une autre les yeux crevés ; des cheveux grands et petits, des étiquettes pour éviter la confusion ; à l'un : grison d'une telle ; à l'autre : mousson de la mère ; à l'autre : blondin pris en bon lieu, ainsi mille gentillesses ». Fétichiste, Lauzun aime à collectionner et

1. Marie Mancini, *Mémoires*, Paris, « Le Temps retrouvé », 1987, p. 96.

à classer méticuleusement les souvenirs de ses tableaux de chasse ! L'homme est infréquentable : il faut le faire savoir. Comme Louis XIV intervient dans les vies privées, il est bon de peser sur ses décisions et d'orienter son jugement. Le roi vient de briser les projets de mariage de la Grande Mademoiselle et de Lauzun. Il n'a pas manqué d'intervenir dans d'autres déboires conjugaux. Ceux qui sont survenus entre Hortense Mancini, l'une des nièces de feu le cardinal Mazarin, et son époux, le duc de La Meilleraye, un original qui prenait plaisir à torturer moralement sa femme, sont légendaires. Le duc se rendit si invivable qu'Hortense s'enfuit un beau matin de l'année 1668 et courut se réfugier à Rome chez sa sœur. Le mari plaida contre elle au Parlement. La querelle était si embrouillée que, de guerre lasse, le souverain jura, mais un peu tard, qu'il ne s'en mêlerait plus.

Une seconde mère

Pour le moment, en cette année 1672, les deux Françoise, fortes de leur amitié, s'épaulent avec talent. Athénaïs a aussi trouvé en Françoise une seconde mère pour ses enfants envers lesquels elle semble bien indifférente. Durant l'hiver, Françoise bouleversée vient trouver la marquise, la suppliant d'envoyer un médecin auprès de son premier enfant qui est à l'agonie. Elle revient quelques jours plus tard pour annoncer en pleurs la nouvelle de la mort du bébé. « Nous vous en ferons d'autres », lui assène sèchement Athénaïs en guise de condoléances, visiblement agacée par l'excès de sensiblerie de son amie. La passion qu'elle développe pour son travail de gouvernante, le soin et l'exactitude à remplir les devoirs de sa charge irritent la favorite, incapable d'offrir autant d'affection à ses petits bâtards. La peine sensible que fait paraître Françoise émeut à ce point Louis XIV qu'il aurait, selon Madame de Caylus, prononcé alors ces paroles prémonitoires : « Elle sait bien aimer ; il y aurait du plaisir à être aimé d'elle. » Le roi est d'autant plus affecté qu'il est en train de perdre sa fille légitime âgée de cinq ans. Ce double décès commence à lui ouvrir les yeux sur une gouvernante à qui il ne s'est pas intéressé jusque-là.

Athénaïs n'est guère démonstrative dans ses sentiments. Sa sécheresse de cœur est indéniable. Mais n'est-ce pas le commun des femmes de sa condition qui ne vivent pas avec les bébés qu'elles mettent au monde, les confiant à des nourrices ? À cette raison prosaïque s'en ajoute une autre d'ordre psychologique. Ce premier enfant du péché a provoqué un séisme chez la marquise, qui a pris conscience brutalement de sa condition de maîtresse. Comme toutes les autres, elle a donné naissance à un bâtard. Comme toutes les autres, elle subit le poids de sa médiocre condition de femme : porter et mettre au monde des enfants au péril de sa propre vie. Les compensations sont-elles à la hauteur des dangers physiques et spirituels encourus ? Athénaïs, qui caresse l'espoir de vivre de manière émancipée, est ramenée aux contingences du corps et à la servitude d'être née femme. Le pauvre bébé est victime des ressentiments et de la culpabilité de sa mère. Sa grossesse et sa naissance furent d'ailleurs des périodes de doute pour elle : la marquise perdit provisoirement sa beauté ; son teint se ternit ; son allant se dissipa ; elle était trop exposée à la Cour pour n'être pas terrifiée à l'idée que quelqu'un puisse remarquer son état et soupçonner son péché. Athénais est taraudé par le remords. Ses scrupules de conscience ne sont pas feints. Depuis qu'elle est petite, elle a intériorisé la foi fervente de sa mère. Elle se montre bonne catholique et, bien qu'elle n'en fasse jamais état, apporte son soutien à des monastères, crée discrètement des hôpitaux et pratique la charité comme les grandes dames de son époque. Elle jeûne strictement aux temps prescrits par l'Église et, à une amie qui s'étonne que dans sa position de maîtresse royale elle se contraigne autant, elle réplique : « Parce qu'on fait mal en une chose, faut-il le faire en toutes ? »

Petit à petit, Athénaïs se raisonne et son mépris envers ses bâtards se change en véritable affection maternelle d'autant qu'ils représentent ce qui la relie indéfectiblement au roi. Après son aîné, elle se fait une raison et se montre plutôt fière de donner des enfants au roi dont elle a pu reconnaître la fibre paternelle. Bien que ses rapports avec eux demeurent complexes, ses enfants sont sa fierté.

Athénaïs a donc besoin du soutien de Françoise, la seule femme de son entourage immédiat qui arrive intellectuellement à sa hauteur. De fait, se construit alors ce que Madame de Sévigné appelle lorsqu'elle est mise au courant « cette belle amitié entre Quantova et son amie ». Quantova désigne, dans le langage codé qu'emploie l'épistolière, Madame de Montespan et l'« amie » désigne Françoise Scarron.

Publicité

En cette même année 1672, Athénaïs est à nouveau enceinte. Cette troisième grossesse ne passe pas inaperçue. Après la mort de la petite fille, n'ayant plus à s'occuper que d'un seul enfant, Louis-Auguste, Françoise Scarron renoue avec ses habitudes mondaines : elle dîne régulièrement chez Madame de Sévigné. Mais les circonstances l'éloignent une nouvelle fois de ses habitudes retrouvées. Louis XIV prépare la guerre de Hollande. Il ne veut pas laisser sa maîtresse accoucher au château de Saint-Germain hors de sa présence. On craint toujours les frasques du marquis de Montespan qui, bien qu'officiellement séparé de sa femme, pourrait causer du scandale[1]. Il charge alors Louvois de trouver un asile accueillant. C'est le château du Génitoy qui est choisi. Situé à côté de Bussy-Saint-Georges, à quelques lieues de Nanteuil dans la plaine de la Brie, à l'est de Paris, il appartient à Jacques Sanguin de Livry, premier maître d'hôtel du roi.

Le château, qui vient d'être construit, est simple mais moderne et confortable. Il se compose d'un corps de logis flanqué de deux pavillons. En avril, Madame Scarron est priée d'y conduire le petit Louis-Auguste. L'enfant, qui a deux ans, et sa gouvernante y retrouvent Madame de

1. Le parlement de Paris prononça la séparation de biens et de corps des époux le 11 juillet 1670, ce qui les autorisait à vivre séparément, mais ce qui n'était pas un divorce, interdit. La demande en séparation faite par Madame de Montespan était motivée par la dissipation de biens, le mauvais ménage et les sévices sur sa personne. Une enquête fut diligentée qui aboutit à l'arrêt suivant : « Ladite dame de Montespan est et demeurera séparée de biens et d'habitation d'avec son mari, auquel nous avons fait défenses de la plus hanter, ni fréquenter. » Une convention fixa les termes financiers : la dot de soixante mille livres ne sera remise qu'à la mort du mari à leurs enfants. La marquise abandonne à son époux la pension alimentaire qu'il est condamné à lui verser pour servir à l'éducation de leurs enfants.

Montespan. D'avril à juin, les deux femmes séjournent ensemble dans cette belle maison, dans l'attente de l'accouchement, s'occupant de Louis-Auguste et passant leur temps à s'entretenir, à échanger des idées et, surtout, à rire. Le printemps est frais ; on se chauffe au coin du feu ; on devise agréablement emmitouflé dans des vêtements de laine.

Le 27 avril à dix heures du matin, le roi part de Saint-Germain pour l'armée. Il a avancé son départ d'une journée pour faire le détour et s'arrêter à Génitoy. Il est parti sans que personne l'ait su, ce qui a évité aussi les larmes de ses proches, rapporte la *Gazette.* En ce temps, on a l'œil facilement humide ; les hommes n'éprouvent pas de honte à pleurer ; sensibilité et émotions s'expriment de façon spectaculaire. Quant à la guerre, ce n'est pas encore une guerre en dentelles. Malgré les précautions prises pour l'éloigner des champs de bataille, le risque reste réel pour un roi qui ne se ménage pas et demeure chef des armées. Aussi, Louis ne saurait aller au combat sans embrasser sa maîtresse, la mère de ses enfants. Il s'arrête à Génitoy, « deux heures » selon Madame de Sévigné, qui ajoute que le roi vit ce jour-là pour la première fois le petit Louis-Auguste. Louis tient sur ses genoux le bel enfant, aux boucles blondes, félicite sa gouvernante. Toujours pressé, Louis ne s'attarde pas. Le roi dort le soir à Nanteuil, puis le lendemain à Soissons à l'évêché, puis, quelques jours plus tard, retrouve son armée à Rocroi et s'élance à la conquête de la Hollande. Il ne faut pas s'étonner de ce que l'entrevue ait été rendue publique. La *Gazette* signale l'arrêt du roi à Génitoy, parce que la liaison adultère n'a plus de raison de demeurer cachée. Quatre ans après le début de la faveur de Madame de Montespan, il n'est plus question de faire l'hypocrite.

Le 20 juin, le jour même où les Hollandais ouvrent leurs digues pour stopper l'avance des Français, naît un deuxième garçon, Louis-César, titré comte de Vexin. En juillet 1672, Louis-Auguste, son frère et leur gouvernante reviennent à Paris. Louvois voulant réunir tous les enfants ensemble choisit une maison au milieu d'un grand parc, à la limite du faubourg Saint-Germain et de la rue de Vaugirard[1]. Tout le monde s'y installe. C'est une riante campagne arborée, cachée au milieu de la verdure, ceinte d'une discrète clôture, au milieu des champs, des jachères et des cultures maraîchères. Les maisons alentour sont des couvents attirés par le calme du village de Vaugirard : hôpital des Petites-Maisons, carmes déchaussés avec leur belle église Saint-Joseph, cisterciennes de l'Abbaye-aux-Bois, bénédictines du Cherche-Midi et tant d'autres.

Servir un héros

Au début du mois d'août le roi est de retour à Saint-Germain. Françoise se consacre exclusivement à sa tâche, pouponnant Louis-César et s'occupant de Louis-Auguste dont la santé est précaire. Elle ne sort plus le soir si bien que Madame de Sévigné s'interroge. Que cette vie de recluse est étonnante ! Elle ajoute qu'aucun « mortel »

1. La maison est située sur l'emplacement d'un quadrilatère qui s'étend entre l'actuel boulevard du Montparnasse et la rue de Vaugirard, à la hauteur d'une impasse depuis dénommée « allée Maintenon ».

sans exception n'a « commerce avec elle ». Est-ce à dire qu'un « demi-dieu comme est le roi » pourrait lui rendre visite ? En effet, le roi s'arrête régulièrement à Vaugirard de retour de la chasse pour embrasser ses enfants. Il s'attend à y trouver leur gouvernante qui, fidèle à son poste, n'a plus aucun loisir. Françoise peut ainsi écrire en septembre à son frère que c'est une gloire de servir un héros « et un héros que nous voyons de près ».

En février 1673, Madame de Sévigné se plaint encore de l'absence de l'agréable salonnière. Françoise Scarron « ne paraît point, j'en suis fâchée ; je n'ai rien cette année de tout ce que j'aime », ajoute-t-elle. Il faut attendre la fin du mois de mars pour qu'elle reçoive à nouveau son invitée : « Nous avons enfin retrouvé Madame Scarron… Elle donne à ses anciens amis le peu de temps qu'elle a. » Françoise se cache moins, laissant même ses hôtes la raccompagner jusqu'à la porte de sa maison. Le 20 mars, Madame de Coulanges écrivant à Madame de Sévigné parle d'un « certain homme » qui trouve Françoise aimable et de « si bonne compagnie qu'il souffre impatiemment son absence ». Ce même jour, le roi s'étant fait apporter l'état des pensions, raye la mention livres derrière les deux mille livres annuellement versées à Françoise pour le remplacer par écus, ce qui triple le montant de l'allocation allouée.

Il faut dire que Françoise ne ménage pas sa peine ni ses efforts. Le petit Louis-Auguste est un enfant charmant, blond, bouclé, mais il n'arrive pas à marcher. Les médecins de l'époque attribuent à une poussée dentaire une déformation osseuse qui l'empêche de se déplacer autrement qu'avec des cannes. S'informant de tous côtés, Françoise entend parler d'un médecin anversois réputé dans ce genre de maladie. Elle n'hésite pas à entreprendre le voyage jusqu'à Anvers pour le consulter. La marquise de Surgère, puisque c'est le nom d'emprunt qu'elle s'est choisi, part avec le garçonnet qu'elle fait passer pour son fils. Hélas ! Le remède est pire que le mal, puisque le petit bonhomme, ayant souffert avec patience toutes les thérapies infligées par le charlatan, en revient avec une jambe définitivement plus longue que l'autre.

Le retour à Paris est de brève durée, car ces dames sont à nouveau priées d'accompagner le roi à la guerre. Athénaïs est enceinte des œuvres du roi pour la quatrième fois. Tandis que Louis XIV amène son armée – trente mille soldats d'après la Grande Mademoiselle – assiéger Maastricht, ville située à l'ouest de Bruxelles à cent lieues de Paris, qui tombe en quinze jours[1], la reine demeure à l'abri dans la citadelle de Tournai fortifiée en 1669 par Vauban. Madame de Montespan ne prend pas son service auprès d'elle et ne la voit que deux jours avant son départ. La raison en est simple : c'est dans la forteresse de Tournai, le 1er juin, que naît Louise-Françoise, titrée Mademoiselle de Nantes. La reine eut beaucoup de vapeurs à Tournai. Elle fut souffrante durant tout le voyage et dans « un fort grand chagrin » d'après la Grande Mademoiselle[2]. Il n'est pas difficile de comprendre qu'elle était à nouveau peinée de voir le triomphe de la maîtresse de son époux. Le roi demanda à la reine de partir pour Amiens. Sur la route, ces dames s'arrêtèrent à Orchies pour déjeuner. Marie-Thérèse aperçut alors la

1. La tranchée est ouverte le 17 juin, la place tombe le 2 juillet.
2. *Mémoires de Mlle de Montpensier*, A. Chéruel, Paris, Charpentier, 1859, t. IV, chap. XXI, p. 333.

calèche du roi avec Madame de Montespan à l'intérieur escortée par quatre gardes, que le roi lui avait envoyés de l'armée, et qu'il faisait conduire tout droit à Rethel où il se trouvait déjà. La faveur du roi pour la belle marquise attriste profondément Marie-Thérèse à qui elle donne des malaises répétés.

Au printemps suivant, alors qu'il est en Franche-Comté, le roi préfère encore dîner avec son état-major à l'armée plutôt qu'avec son épouse qui l'accompagne avec sa suite. Il se rend directement chez Madame de Montespan lorsqu'il rentre au camp arrière. De la Franche-Comté, il remonte ensuite jusqu'à Nancy où il arrive le 31 juillet, puis, à partir du 24 août, fait un tour en Alsace par Ribeauvillé, Colmar, Brisach, repasse à Nancy le 8 septembre, arrive à Laon le 30 septembre. Il ne revient à Saint-Germain que dans la deuxième quinzaine d'octobre.

La favorite

À la fin de cette année 1673 ont lieu plusieurs changements notables. Athénaïs apparaît comme la seule favorite. Le roi l'installe très confortablement au château de Saint-Germain et se préoccupe de son bien-être. Il fait construire sur les terrasses de son appartement une volière, une fontaine et un minuscule jardin d'agrément. Depuis les camps militaires, il ne cesse d'écrire à Colbert à son sujet. « Madame de Montespan, prétend-il le 9 juin 1674, ne veut absolument pas que je lui donne des pierreries ; mais afin qu'elle n'en manque pas, je désire que vous fassiez travailler à une petite cassette bien propre, pour mettre dedans ce que je vous dirai ci-après. » Suit une liste de colliers et de pendants d'oreilles en perles, en diamants et en pierres de toutes les couleurs « pour pouvoir en changer ». L'habileté d'Athénaïs est redoutable : elle fait mine de refuser les cadeaux afin d'en recevoir de plus somptueux et affiche un désintéressement vertueux.

Le maintien de Louise de La Vallière dans la faveur n'est plus qu'une fiction destinée surtout à protéger Françoise des fureurs de son mari et à calmer ses crises de conscience, car la belle marquise éprouve toujours des scrupules. Louise de La Vallière s'est depuis longtemps résolue à devenir religieuse. Elle suit désormais le roi dans ses voyages avec un air de dévotion appuyée qui marque son dessein de changer de vie. Elle se prépare à devenir sœur Louise de la Miséricorde. Au début de l'année 1674, Françoise est chargée par Athénaïs de tenter de retenir Louise à la Cour ou d'obtenir qu'elle se retire dans une maison pieuse mais sans prendre le voile. Athénaïs analyse la fuite au couvent de sa rivale comme un reproche à son égard. Elle aimerait que Louise s'efface discrètement, sans éclat et sans bruit. Elle sait que le double adultère est condamné par la religion et elle se sent une pauvre pécheresse, malgré sa position. Le roi, moins étouffé de scrupules, cherche des moyens pour faire légitimer ses enfants et les faire paraître officiellement à la Cour.

Dans la perspective de se retrouver seule favorite déclarée face à la reine, dont elle est toujours dame d'honneur, Athénaïs dresse autour d'elle un rempart de protection tout en se débarrassant de rivales potentielles. Le 27 novembre 1673, Madame de Sévigné note qu'il n'y a plus de « filles de la reine » depuis hier, et ajoute qu'on ne sait pourquoi. La raison en est pourtant évidente : Athénaïs s'ingénie à écarter toutes celles qui pourraient lui faire de l'ombre. N'ayant aucune illusion sur la fidélité de son amant, notamment durant ses fréquentes grossesses, elle vient d'obtenir que soient dissoutes les filles de la reine, trop tendres et trop jolies. Les jeunes femmes sont remplacées par des dames d'honneur, censées être plus âgées et plus sages, telles la princesse de Soubise née Anne de Rohan-Chabot, la duchesse de Chevreuse fille aînée de Colbert, ou encore Marie-Françoise de Blancas devenue par son mariage princesse d'Harcourt[1]. On décide que Madame de Richelieu paraîtra derrière la reine avec trois ou quatre dames à toutes les cérémonies afin que la reine ne soit pas seule. Finalement, on fixe à douze le nombre des dames qui servent par quartier et par semaine. Madame de Montespan est du nombre. Cette fonction écran est prorogée, afin de lui donner une raison d'être à la Cour, alors qu'elle devient maîtresse déclarée avec le départ de Louise de La Vallière pour le couvent.

Quant aux anciennes filles d'honneur de la reine, elles sont éparpillées entre les diverses dames du palais. Mademoiselle de Coëtlogon est avec Madame de Richelieu, Mademoiselle de La Mothe-Houdancourt avec la maréchale de Rochefort, Mademoiselle de La Marck avec Madame de Crussol, fille unique de la duchesse de Montausier[2]. Madame de Ludres et Mademoiselle de

---

1 « La maison de Marie-Thérèse d'Autriche », Nicolas Besongne, *L'État de la France*, Paris, A. Besongne, 2 vol., 1674.

2. Julie-Françoise d'Uzès, la fille de la comtesse de Crussol devenue duchesse d'Uzès, épouse le duc d'Antin, fils de Madame de Montespan, le 21 août 1686.

Dampierre vont orner la suite de la duchesse d'Orléans. D'autres se marient ou retournent chez leurs parents. Cette stratégie est efficace un temps seulement, le vivier des belles est réduit mais ne disparaît pas. Ainsi Madame de Soubise ou Madame de Ludres s'empresseront-elles de tomber dans les bras du roi lorsque l'occasion se présentera.

La fin de l'année 1673 marque encore un changement majeur pour les deux Françoise car le roi a l'intention de légitimer ses bâtards pour les faire venir auprès de lui. C'est le procureur au parlement de Paris qui propose la solution au problème du double adultère. Puisque Athénaïs est mariée, ses enfants sont réputés être de son époux, non de son amant. Le roi n'aurait pu indiquer dans l'acte que leur mère était mariée, puisqu'il n'aurait pas pu reconnaître les enfants d'un autre. Aussi, on décide de ne « point nommer la mère ». Le 20 décembre, la légitimation est enregistrée au Parlement. Louis-Auguste devient duc du Maine, Louis-César comte de Vexin, Louise-Françoise Mademoiselle de Nantes. Le procédé, qui consiste à légitimer un enfant sans citer le nom de la mère, vient d'être employé pour le bâtard issu du double adultère du duc de Longueville et de la maréchale de La Ferté[1]. « La tendresse que la nature nous donne pour nos enfants, et beaucoup d'autres raisons qui augmentent en nous ces sentiments,

1. Le procureur Achille de Harlay suggéra le procédé qui venait d'être employé, le 7 septembre 1672, pour Charles-Louis d'Orléans, chevalier de Longueville, né le 17 décembre 1670. Madeleine d'Angennes, épouse de Henri de la Ferté-Seneterre, maréchal-duc, venait d'avoir un enfant de Charles-Paris d'Orléans, comte de Saint-Pol, lui-même bâtard d'Anne-Geneviève de Bourbon-Condé, duchesse de Longueville, et du duc de La Rochefoucauld.

nous obligent de reconnaître Louis-Auguste, Louis-César et Louise-Françoise et de leur donner des marques publiques de cette reconnaissance pour assurer leur état », proclame solennellement Louis XIV.

À l'annonce de la légitimation des bâtards, tout le monde est persuadé que Françoise Scarron va venir vivre à la Cour avec les trois enfants. Celle-ci a retrouvé ses habitudes mondaines et Madame de Sévigné, toujours elle, note avec plaisir le 11 décembre qu'un dîner chez Monsieur de Marcillac, fils du mémorialiste La Rochefoucauld, a réuni Monsieur de Vivonne et Madame de Thianges, frère et sœur de la favorite, Monsieur de La Rochefoucauld ainsi que la veuve Scarron. Le dîner rassemblait des amis de longue date, ayant tous leurs entrées à la Cour et venant du Poitou. Un autre signe renforce cette conviction : le retour en grâce de Bonne d'Heudicourt qui a été autorisée, à la fin du mois de novembre, à « présenter ses devoirs » au souverain. Elle n'est pas restée car elle est enceinte, mais sa fille a passé « de son propre chef » huit ou dix jours auprès du roi, « toujours pendue au cou du roi », assure Madame de Sévigné, qui ajoute que « cette petite avait adouci les esprits par sa jolie présence : c'est la plus belle vocation pour plaire que vous ayez jamais vue. Elle a cinq ans ; elle sait mieux la Cour que les vieux courtisans ». La petite Heudicourt a appris de sa gouvernante, Françoise Scarron, comment il fallait agir pour réussir. Nul doute que Françoise saura louvoyer dans ce monde difficile. Y perdra-t-elle son âme ? Bussy-Rabutin assure le contraire à sa cousine, connaissant « la générosité de Madame Scarron, son honnêteté et sa vertu », il est « persuadé que la corruption de la Cour ne la gâtera jamais[1] ». Bientôt en effet, Françoise Scarron accompagnera ses protégés à Saint-Germain. Les deux amies se verront tous les jours, vivront ensemble comme si elles étaient en famille et élèveront conjointement les petits bâtards.

1. Madame de Sévigné, *Correspondance, éditée par Roger Duchêne*, Paris, Gallimard, 1972-1978, t. I, p. 639.

7

GUERRE OUVERTE

Arrivées plus unies que jamais à Saint-Germain, les deux amies ne vont pas supporter les contraintes mondaines. Dans ce huis-clos permanent, où les rivalités s'exacerbent, où les médisances vont bon train, où chacun tente de paraître sous son meilleur jour, leur belle amitié vole en éclats. Françoise Scarron en a toujours rendu responsable Athénaïs qui aurait été, selon elle, incapable d'amitié alors qu'elle ne saurait s'en passer. La vie n'a pour elle de sens que vivifiée par les affections de son entourage. Elle dit vrai car sa carrière est soutenue par un réseau de relations, tandis que la belle marquise n'a besoin de personne pour s'imposer. Si Athénaïs prend soin de s'entourer d'un personnel dévoué et de quelques nièces qui forment autour d'elle comme une seconde cour, si elle est souvent accompagnée par sa sœur la marquise de Thianges, c'est d'abord qu'elle n'aime pas la solitude. C'est ensuite qu'elle exprime par là l'ampleur de sa magnificence. En comparaison, Françoise Scarron présente une image bien modeste. Comment trouver sa place face à une femme qui illustre magistralement ce que « bien né » veut dire ?

En faisant venir à la Cour la gouvernante de ses bâtards, le roi n'a d'abord qu'une seule crainte : voir les deux Françoise trop unies opposer un front féminin à sa volonté royale. Il imagine qu'elles complotent derrière son dos, osant peut-être brocarder quelques-uns de ses défauts et se moquer de tel ou tel courtisan de ses amis. Il a vu ce dont elles étaient capables lorsqu'elles étaient associées. Aussi s'ingénie-t-il à refroidir leur solidarité. Dans les premiers temps, il interdit même à sa maîtresse de rester avec la gouvernante le soir après son départ. Il fait tout son possible pour éloigner les deux femmes l'une de l'autre. Il y parvient au-delà de toutes ses espérances.

Début des hostilités

L'installation au château de Saint-Germain est une chose inouïe. Madame Scarron est logée dans le gigantesque et fastueux appartement de la favorite. Une vingtaine de pièces occupent toute la galerie orientale et sud, au-dessous de l'appartement de la reine et de celui des Enfants de France. Par une audace géographique surprenante, Louis installe sa famille adultérine juste au-dessous de sa famille légitime. C'est sans nul doute plus commode pour lui dans la gestion de son temps, car il passe d'un appartement à l'autre sans avoir à traverser son palais. Cette disposition marque également les degrés de son cœur : ses enfants légitimés sont situés dans le même espace du château que ses enfants légitimes même si, dans l'ordre des honneurs, ils viennent après eux.

Les rapports de Françoise Scarron avec la marquise de Montespan et le roi deviennent réguliers et fréquents. C'est alors qu'en un trimestre à peine les relations entre les deux amies se détériorent au point de donner lieu à des démêlés publics, des querelles interminables et une vie très tourmentée pour toutes les deux, particulièrement pour Françoise qui s'en ouvre abondamment dans sa correspondance à son confesseur l'abbé Gobelin. Ces démêlés, qui ont pour cause l'éducation des enfants, traduisent une double rivalité entre les deux femmes : pour l'affection des enfants et pour l'estime du roi. La préférence des enfants va à leur gouvernante, ce qui irrite et désole leur mère ; celle du roi reste à sa maîtresse malgré les failles qui surgissent.

Dans l'espace clos de la Cour, à Saint-Germain puis à Versailles que le roi est en train de faire aménager, la belle amitié se transforme en aversion, puis en haine. Les observateurs ne comprennent pas bien ce revirement. L'archévêque Languet de Gergy annonce dans la biographie qu'il consacre à Françoise Scarron que la jalousie n'entrait pas encore dans cette conduite, mais que c'était une antipathie et de la « bizarrerie », c'est-à-dire un sentiment instinctif de méfiance. Dès que Françoise est installée avec les bâtards dans ses appartements, Athénaïs commence à se méfier d'elle, car elle n'offre plus le visage riant de la compagne enjouée. Certes, elle reste à sa place, en retrait, mais se permet de juger sa maîtresse en prononçant des mots désapprobateurs ou tirant une mine déconfite lorsque les ordres donnés sont contraires à ses principes éducatifs. Madame de Montespan est furieuse de la préférence de ses enfants pour leur gouvernante, d'autant que le roi observe les deux femmes et commence à s'intéresser aux sentiments de l'une et de l'autre. Quant à Françoise Scarron, désormais mise constamment sous le nez du roi, elle doit louvoyer entre ses deux employeurs et tenter de plaire aux deux en même temps. Sa situation et son avenir matériel en dépendent, car ses seules ressources proviennent de son emploi. Qu'elle le perde, elle devra trouver des moyens d'existence. Mais que peut-elle espérer à bientôt quarante ans comme autre perspective qu'un couvent ?

Le sujet de la discorde n'est pas une quelconque faveur du roi pour Madame Scarron, mais l'éducation des enfants que leur mère s'est mise à aimer de façon démonstrative. Athénaïs veut compenser sa longue absence. Elle veut leur faire oublier que ses obligations nombreuses et sa liaison avec le roi l'ont rendue indisponible pour eux. Elle ne sait comment se rattraper et se comporte en mère permissive, d'autant que leur mauvaise santé à tous les trois arracherait le cœur de la plus froide des femmes. Françoise Scarron, elle, se considère un peu comme leur mère adoptive au point de se reprocher l'affection naturelle qu'elle leur porte. « C'est toujours quelque chose de terrible de voir souffrir ce que l'on aime. Je sens avec beaucoup de douleur que je n'aime pas moins cet enfant-ci que je n'aimois l'autre, et cette foiblesse me met de mauvaise humeur, que j'en ai pleuré tant que la messe a duré ; rien n'est si sot que d'aimer avec cet excès un enfant qui n'est point à moi, dont je ne disposerai jamais et qui ne me donnera dans la suite que des déplaisirs qui me tueront et qui déplairont aux gens à qui il est », avoue-t-elle à l'abbé Gobelin le 24 juillet. Son attachement pour les bâtards est une surprise pour elle comme pour leur véritable mère. L'intrusion des sentiments maternels change le cours de leur existence à toutes les deux. Athénaïs se montre maintenant fière de sa progéniture, témoignage de ses liens privilégiés avec Louis, tandis que Françoise Scarron découvre que c'est par les enfants qu'elle montera dans l'estime du roi.

Si elle éprouve déjà un tendre sentiment à l'égard du premier bâtard mort l'année précédente, elle aime particulièrement le duc du Maine, son « Mignon », enfant attachant par sa précocité intellectuelle et l'attendrissement qu'il suscite en raison de ses infirmités physiques. Il souffre de déficience osseuse. Il n'arrive pas à se tenir debout et, quand il parvient enfin à marcher, il doit s'aider d'une canne. Les observateurs ont décrit ce mal sans le nommer, aggravé par une poussée dentaire tardive qui lui aurait donné des convulsions, l'a laissé exténué et a perturbé sa croissance. Heureusement, son esprit n'est pas touché : sa vivacité est extrême. Ses bons mots, les jolies phrases qu'il prononce à un âge tendre font l'admiration de tous. Ses talents naturels, hérités des Mortemart, joints à l'éducation donnée par Madame Scarron en font un enfant exceptionnel, ce dont toute sa famille a conscience. Cette précocité, alliée à beaucoup de grâce, séduit Louis. À son père, il aurait dit un jour : « Sire, je ne serai jamais qu'un ignorant, mon précepteur me donne congé toutes les fois que vous remportez une victoire. » Quel charmeur ! On ne sait si Monsieur Le Ragois, propre neveu de l'abbé Gobelin, qui fut le précepteur du petit duc par la protection de sa gouvernante, poussait la louange jusqu'à ce stade. Toujours est-il que ce compliment, pour flagorneur qu'il soit, dut amuser et toucher ce père qui rendait son affection au centuple. Au fur et à mesure qu'il apprend à le connaître, Louis s'attache à lui et se met à l'aimer, peut-être même autant que son fils légitime le Grand Dauphin, l'unique rejeton de la dynastie qui ne soit pas décédé en bas âge.

Françoise aimerait que ces bonnes prédispositions, et celles que montreront aussi son frère et ses sœurs, ne soient pas gâtées par l'esprit mondain. Elle réprouve les manières de la favorite qui n'a pas de principes éducatifs bien fixés et n'a jamais élevé d'enfants. Novice en la matière, accaparée par ses fonctions, trop préoccupée par elle-même pour donner de son temps et envieuse du savoir-faire de la gouvernante, la marquise de Montespan préconise exactement l'inverse des principes mis en place jusque-là. Autant la vie à Vaugirard était « réglée », autant celle dans les châteaux royaux est « dissipée », selon les propres mots de Françoise. N'ayant pas beaucoup vu ses enfants jusqu'à présent, Athénaïs profite de leur présence auprès d'elle pour réparer le fait d'avoir été – mais il n'aurait pu en être autrement – une mère lointaine. Elle les gâte excessivement, leur laisse tout faire, leur passe tous leurs caprices, les couche à pas d'heure, tout en les soumettant à d'horribles tortures sous prétexte de les soigner. Elle montre alors un excès d'amour à leur égard, amour maladroit qui laisse les petits désorientés. Le duc du Maine a désormais cinq ans, le comte de Vexin un peu plus de deux, Mademoiselle de Nantes un an et Mademoiselle de Blois s'apprête à venir au monde, puisqu'elle naît en novembre 1674.

Disputes incessantes

Les scènes se succèdent alors au sujet des enfants, sans que le public en connaisse les détails. La « petite famille », comme l'appelle dans ses lettres Madame Scarron, est bien malmenée entre les traitements médicaux destinés à redresser leurs corps tourmentés, les maladies infantiles et les excès de gâteries de leur mère. L'animosité entre les deux femmes atteint un degré tel que Françoise se consume de chagrin, « sèche à vue d'œil », perd le sommeil et souffre de « vapeurs très mélancoliques ». Elle s'inquiète fort justement de l'avenir des enfants, ainsi que de son propre avenir puisqu'elle sent bien l'hostilité de leur mère à son égard. Elle craint de se faire renvoyer. Ses inquiétudes se doublent en septembre d'une crise de paludisme qui la contraint à aller se soigner à Paris. Elle quitte durant quelques jours Versailles où la Cour passe l'été 1674. Y reviendra-t-elle ? C'est la question qu'elle se pose durant son absence, lorsque, alitée dans un logement parisien, elle se remet lentement de fortes fièvres.

Elle retourne finalement le plus vite qu'elle peut au château de Saint-Germain car elle n'arrive pas à s'arracher à sa petite famille. « Le petit duc aura de la peine à vivre, étant abandonné aux médecins comme il l'est », pronostique heureusement à tort Françoise. En octobre encore, elle décrit l'état d'esprit dans lequel elle se trouve : « Je suis accablée de mélancolie. On tue ces pauvres enfants à mes yeux sans que je puisse l'empêcher ; la tendresse que j'ai pour eux me rend insupportable à ceux à qui ils sont, et l'impossibilité de cacher ce que je pense me fait haïr des gens avec qui je passe ma vie, et auxquels je voudrois ne pas déplaire quand ils ne seroient pas ce qu'ils sont… Je suis résolue quelques fois à ne pas tant mettre de vivacité à ce que je fais, et à laisser ces enfants à la conduite de leur mère. » Elle ne le peut car tout l'hiver ils sont malades : rhumes, épisodes de fièvre, vomissements pour le comte de Vexin qui se promène en se tenant le ventre tellement il souffre, fistule longue à cicatriser à la fesse pour le duc du Maine. Son cœur de « mère » – c'est elle qui l'écrit – en est profondément affecté. Elle s'active pour tenir dans ses bras celui qui a de la fièvre, câliner celui qui s'inquiète, rassurer le nourrisson qui ne peut s'endormir… Le roi, entrant un jour à l'improviste dans la chambre des enfants, qui tient plus de l'hôpital que de la nursery, s'attendrit devant le charmant spectacle. Puis, sans un mot, il repart sur la pointe des pieds.

On fait défiler au chevet des enfants toute la faculté de médecine. Tous les Diafoirus de la terre sont incapables de leur apporter le moindre soulagement. On fait venir un médecin anglais, Talbot, dont les prescriptions mettent le duc du Maine dans d'étranges agitations[1]. Le paroxysme est atteint à Noël 1674, car les trois enfants sont souffrants en même temps : le duc du Maine a de la fièvre, le comte de Vexin encore et toujours des vomissements, Mademoiselle de Nantes vient de retomber malade. Françoise se partage entre eux, les servant « comme une femme de chambre ». Un nouveau médecin, Sanguin, parvient à les remettre provisoirement sur pied, avant qu'ils n'attrapent les maux de l'été : coups de chaleur, maux d'estomac, cortège des parasitoses et autres infections estivales. Cet état de langueur est le lot de leur petite enfance.

1. Le chevalier Talbot est ce qu'on appelle un « empirique » qui ne jure que par les mélanges de plantes médicinales. Talbot (ou Tabor) est introduit à la Cour par Hortense Mancini, duchesse de Mazarin. Grâce à son remède universel (une macération de quinquina dans du vin de Bourgogne), il parvient à guérir de nombreuses personnalités souffrant de malaria, tel le Grand Dauphin, atteint en 1680. Voir François Lebrun, « Médecins et empiriques à la Cour de Louis XIV », *Histoire, Économie et Société*, 1984, n°3-4, p. 557-566.

Cette présence constante auprès de la petite famille et ce dévouement, qui va au-delà de ce que l'on attend d'une gouvernante, plongent Athénaïs dans une rage profonde, d'autant qu'elle est bien obligée de se rendre à l'évidence : sa rivale rencontre un grand succès auprès des petits. Aussi les discussions entre les deux femmes tournent-elles le plus souvent à l'aigre. Les conversations quotidiennes sont fort vives. Athénaïs accable chaque jour Françoise de reproches. Elle se plaint au roi de l'attitude de la gouvernante qui serait irrespectueuse à son égard et autoritaire dans sa manière d'éduquer les petits. Elle conteste ses capacités éducatives, lui reproche de ne pas respecter ses volontés et de cultiver une trop grande proximité avec des enfants qui ne sont pas les siens. Elle persuade le roi que la gouvernante est une personne bizarre dont il doit se méfier. Ces médisances ajoutées aux disputes quotidiennes retentissent sur le moral de Françoise qui souffre de cette situation conflictuelle et craint pour sa place. Elle pleure beaucoup, ne sachant quel parti adopter. N'ayant aucune vocation religieuse, elle ne peut renoncer à vivre dans le monde. Elle n'ose pas parler directement au roi, parce qu'elle sait qu'Athénaïs ne le lui pardonnerait jamais. Et de toute façon, elle doit tant à Madame de Montespan qu'elle se fait un devoir de rester son affidée. Aucune solution n'est envisageable dans ce jeu qui tient du harcèlement moral.

Durant toute l'année 1674, l'attitude du roi et d'Athénaïs est ambiguë car ils ne peuvent se passer d'elle, mais lui battent froid. Françoise Scarron menace de rendre son tablier, menace feinte parce qu'elle a besoin de sa pension, mais menace prise au sérieux par le roi et par sa maîtresse. Le 6 août, elle confie à l'abbé Gobelin qu'elle est en disgrâce, le roi et Madame de Montespan faisant front contre elle. Devant la froideur de ses interlocuteurs, Françoise cherche à crever l'abcès. Elle a le courage d'en parler franchement à la marquise. Leur conversation, nourrie au feu du ressentiment, alterne le chaud et le froid. Si Françoise lui dit qu'elle regrette d'être en si mauvais termes avec elle et garde la nostalgie de leur ancienne amitié, elle lui reproche néanmoins de l'avoir brouillée avec le roi. Ce à quoi la marquise lui rétorque qu'elle n'est pour rien dans l'antipathie de Louis qui agit comme bon lui semble sans être influencé par personne. Aucune des deux femmes ne hausse le ton. Elles se séparent rapidement. Françoise se retire pour assister à la messe, puis au dîner royal, comme si de rien n'était.

L'épisode a secoué Madame de Montespan qui se rend compte qu'elle a été trop loin dans l'expression du mépris que lui inspire désormais Françoise. Gênée, elle s'empresse de rendre compte au roi de sa conversation. Louis ne souhaite pourtant pas laisser partir Françoise, car le fonctionnement de sa maison lui convient en l'état. Mais les démêlés entre sa maîtresse et la gouvernante de ses enfants le lassent. Il arbitre le duel de loin, en espérant que les anciennes amies parviendront à faire la paix ou qu'une solution acceptable pour elles deux sera trouvée. Pour le moment, les deux amants décident d'amadouer la gouvernante. Louvois est chargé de servir d'émissaire. Le soir même, il a une longue conversation avec Françoise Scarron. Elle promet de faire des efforts pour se raccommoder avec Madame de Montespan et accepte l'entrevue que Louvois lui propose dès le lendemain. Dans la matinée, les deux anciennes amies se retrouvent pour se parler, résolues toutes deux à le faire avec beaucoup de douceur. Ce qui est fait. Elles se séparent sans s'être disputées et en se jurant de trouver un accommodement.

Hésitations

Françoise songe sérieusement à partir, tandis qu'Athénaïs cherche un moyen de se débarrasser d'elle. Mais Françoise hésite à quitter ses mignons et la question centrale reste celle de ses revenus. Elle ne deviendra pas religieuse, même si elle fait hypocritement miroiter la perspective à son confesseur ; elle ne veut pas se marier pour rester libre ; elle doit donc organiser une vie de veuve honorable, dans un lieu qui ne la fasse pas déchoir brutalement puisqu'elle a acquis des habitudes de luxe. De part et d'autre, on cherche une porte de sortie. Une solution paraît trouvée au début de l'été 1674. La marquise de Montespan et la duchesse de Richelieu lui proposent de s'unir au duc de Villars-Brancas, qui est aussi pair de France. C'est une union brillante qui lui est proposée. Le duc vient de perdre sa femme, Madeleine Girard de Villetaneuse. Mais il est vieux et passe pour un voluptueux[1]. Françoise oppose un refus catégorique. Se marier avec ce « malhonnête homme et fort gueux » serait, selon elle,

1. Louis-François de Brancas, duc de Villars, né en 1610, a soixante-quatre ans en 1674. Il meurt cinq ans plus tard, en 1679. Ses parents sont Georges de Brancas, gouverneur du Havre, et Joséphine de Brancas, sœur de Gabrielle d'Estrées. Il fut marié trois fois : en 1649 à Madeleine-Claire de Lenoncourt, en 1662 à Madeleine Girard, et, enfin, en 1678 à Louise-Catherine-Angélique Fauterau de Minières. *Histoire héroïque et universelle de la noblesse de Provence*, Avignon, François Seguin, 1776, t. I, p. 191.

« une source de déplaisirs et d'embarras qu'il seroit imprudent de s'attirer ; j'en ai déjà assez dans une condition singulière et enviée de tout le monde, sans en aller chercher dans un état – c'est-à-dire le mariage – qui fait le malheur des trois quarts du genre humain », écrit-elle le 24 juillet 1674. La perspective de devenir duchesse ne l'emporte pas. Françoise aime trop son indépendance. Prendre rang devant la marquise n'est pas son ambition. L'année passée, les visites du roi à Vaugirard lui ont fait entrevoir d'autres perspectives que l'attitude actuelle du souverain ne lui fait pas oublier complètement.

De fait, Françoise garde les pieds sur terre. À tous les établissements du monde, elle préfère une compensation financière[1] susceptible de lui permettre d'acquérir une propriété foncière procurant des revenus agricoles. Elle négocie par l'intermédiaire de Madame de Richelieu qui en parle à Athénaïs. Trop heureuse de trouver une issue à leur différend, celle-ci en glisse un mot au roi qui promet cent mille francs[2]. Mais c'est trop peu pour acheter une terre. Elle souhaiterait plus, mais la « mauvaise humeur où l'on est » pour elle n'est pas de bon augure. En fait, c'est le petit duc du Maine qui débloque la situation du haut de

1. Compensation qu'on qualifierait aujourd'hui d'« indemnité de licenciement ».

2. Au XVIIe siècle, la monnaie de compte se divise en livres, sous et deniers. Les unités de règlement servant à nommer les pièces de monnaie sont nombreuses : le louis en argent, l'écu en or, le franc en or, le liard en cuivre… Le franc, créé en 1340, vaut exactement une livre, soit 0,38 gramme d'or sous Louis XIV. Cent mille francs équivaudrait donc à plus d'un million d'euros actuels. La construction du domaine de Versailles (jardins, bâtiments, décoration, mobilier), de 1664 à 1715, a coûté cent millions de livres, soit une année de budget de l'armée, ce qui équivaut à un milliard d'euros. C'est à peu près le coût de la construction de la Bibliothèque François Mitterrand.

ses cinq ans. Un trait d'esprit du mignon lui obtient cent mille francs de plus. Louis, père fort tendre, badinant avec son fils, lui dit qu'il est bien raisonnable : « Comment ne le serois-je pas ? répond l'enfant. Je suis élevé par la raison même. » Le roi charge alors son fils d'apporter la bonne nouvelle à Françoise : « Allez, allez lui dire que vous lui donnez cent mille francs pour vos dragées. »

Forte de cette seconde gratification, et de quelques émoluments supplémentaires, Françoise charge son ami le marquis de Montchevreuil de chercher un domaine à proximité de Paris qui lui assure un revenu décent et une maison agréable où elle pourra s'installer durablement. Elle achète la terre de Maintenon. Le château appartient à François d'Angennes, marquis de Maintenon, cousin de Madame de Rambouillet, qui, criblé de dettes, vient de le vendre à Odet de Rians, son beau-frère, qui le revend à Françoise Scarron. Le domaine est situé sur la route de Chartres, au confluent de l'Eure et de la Voise, à une demi-journée des châteaux royaux. Elle débourse deux cent quarante mille livres, avec l'espérance que la terre rapporte dix mille livres par an. Le château en briques et pierres lui rappelle Mursay avec ses hautes tours, ses douves et l'eau d'une rivière qui traverse le domaine. Sa récente fortune y passe complètement. Pour les travaux d'aménagement d'un domaine mal entretenu, elle attendra une nouvelle rentrée de fonds. Ayant assuré ses arrières, elle est désormais maîtresse de son destin. Elle a le loisir de quitter la Cour à la moindre anicroche, comme de supporter d'y vivre, remplie de l'orgueil d'être devenue propriétaire et consolée de la pauvreté de son enfance. Elle peut maintenant patienter et souffrir les paroles blessantes d'Athénaïs qui se moque ouvertement de feu son époux Scarron, petit diable bossu, et de la bassesse des d'Aubigné, toute petite noblesse poitevine. Et si elle ne se résout pas à quitter les enfants, c'est que le roi ne lui commande pas explicitement de le faire.

Ainsi la rivalité entre les deux Françoise change progressivement d'objet : de l'amour des enfants elle se déplace à l'estime du souverain. Madame de Caylus insiste sur ce que toute l'histoire a dit après elle : le roi n'aimait pas Françoise. En fait, il ne la connaissait que par ouï-dire et s'en faisait une image de précieuse antipathique. Il savait qu'elle condamnait le scandale du double adultère, car elle aurait eu l'audace de lui demander avec aplomb, un jour, à une revue de mousquetaires : « Que feriez-vous, sire, si on vous disait qu'un de ces jeunes gens vit publiquement avec la femme d'un autre, comme si elle était la sienne ? » On ignore la réponse du roi, si même il a répondu.

La question était osée. Françoise a du cran. Elle pique la curiosité du roi par son impertinence, mais sait où s'arrêter. Elle n'accuse ni ne juge personne nominalement. Elle s'en tient au stade des généralités. Elle ne recommence pas. Louis l'appelle « votre bel esprit » en parlant d'elle à sa favorite. Mais finalement, il est séduit d'une manière originale. Il est séduit par le caractère « maternel » de Françoise qui va l'amener à s'intéresser à elle et à étudier son tempérament. Ce qui lui plaît justement, ce sont ses différences avec Athénaïs, différences qu'elle cultive soigneusement. Si elles partagent les agréments de l'esprit et de la conversation, Françoise se tient toujours modeste, toujours maîtresse d'elle-même, toujours raisonnable. Alors que l'impérieuse maîtresse en titre s'abandonne à des colères sans nom et à des crises de fureur.

Athénaïs se laisse gouverner par une « humeur » qui est plus forte que l'envie de plaire au roi. Nul désir d'arriver chez elle qui est « née », nulle stratégie pour dominer car elle se sent naturellement supérieure. Si elle houspille son ancienne amie, c'est par un excès de morgue. Elle sait bien que celle-ci ne se départira pas de son attitude de soumission. Elle profite de la situation pour se venger de l'amour que portent ses enfants à leur gouvernante et, plus tard, aussi le roi. Athénaïs n'est jamais aussi féroce que lorsqu'elle devine la bienveillance de Louis pour une autre. Athénaïs n'est pas encore jalouse d'une rivale potentielle, mais conçoit une véritable antipathie, qui tourne à la haine, envers celle qui se dresse tel un vivant reproche à son péché. Les grands yeux de Françoise semblent accuser tous les jours sa liaison adultère et Madame de Montespan a souvent à dire à Françoise d'un ton exaspéré : « Au nom de Dieu, ne jetez pas vos grands yeux sur moi ! »

La faute d'Athénaïs, si faute il y a, est de n'avoir jamais accepté d'être la maîtresse royale. Sincèrement attachée aux enseignements catholiques, elle adopte une attitude impérieuse inversement proportionnelle à la culpabilité qu'elle ressent sans se l'avouer. Le mieux aurait été de n'être pas entré en conflit avec Françoise. Le roi n'aurait jamais cherché à en savoir plus sur elle... Pour le moment, intrigué et ému de l'attachement qu'elle montre aux bâtards, il raille encore son arrivisme. Quand, le 6 février 1675, il l'appelle devant tous les courtisans « Madame de Maintenon », c'est aussi par ironie, pour se moquer d'elle et de cette volonté de parvenue d'acheter une terre. C'est une manière de rappeler son âpreté à négocier et son talent pour les finances, vertus bourgeoises alors qu'elle devient châtelaine. Mais le roi sait que la revanche sociale qui taraude Françoise Scarron est facilitée par ses fonctions à la Cour et qu'il en est l'artisan. Il l'encourage puisqu'il ne trouve rien de mieux que de lui donner de l'argent après chacune de ses disputes avec Athénaïs, comme s'il n'y avait aucun autre moyen de la retenir en ce lieu où elle se fait maltraiter, comme s'il fallait monnayer son silence. Cependant ce jour du 6 février 1675, que Françoise se rappelle toute sa vie avec contentement, marque un tournant. Car, à partir du moment où Françoise Scarron devient Madame de Maintenon, il lui est impossible de partir. Ce changement de nom la fait basculer dans l'univers prestigieux des courtisans à cent lieues de celui que lui avait offert celui de Scarron.

Scandales

Forte de cette nouvelle identité, Françoise redouble de fermeté et de bravoure, tandis que la haine de Madame de Montespan ne faiblit pas. Le jour des Cendres, le 27 février 1675, Françoise souffle à l'abbé Gobelin à demi-mot qu'il se passe ici des choses terribles entre elles deux. Par hasard, le roi passant à proximité de la pièce où elles se tiennent, entend des éclats de voix. La querelle est violente. Le roi entre inopinément et demande ce qui se passe. Interdite, encore tremblante de colère, Madame de Montespan ne réagit pas, tandis que Françoise ne se démontant pas, saisit l'occasion au vol. Qu'elle est loin la petite Bignette qui tremblait dans un salon parisien ! Elle prend la parole avec un grand sang-froid. « Si Votre

Majesté veut passer dans cette chambre j'aurai l'honneur de le lui apprendre », dit-elle respectueusement. Sans mot dire, le roi y va, Madame de Maintenon le suit, Madame de Montespan reste seule. Françoise dit tout au roi de ses anciens ressentiments et des efforts qu'elle poursuit pour faire la paix. Mais elle avoue son impuissance devant « l'injustice et la dureté » de son ancienne amie. Le roi justifie sa maîtresse, refusant de la comparer à une sans-cœur. « Ne vous êtes-vous jamais aperçue que ses beaux yeux se remplissent de larmes lorsqu'on lui raconte quelque action généreuse et touchante ? » fait-il remarquer pour l'excuser. Louis n'a nulle envie de se défaire d'une maîtresse qu'il aime sincèrement au point, contre toute attente, de la défendre.

On en serait peut-être resté là de la rivalité entre les deux anciennes amies si Dieu ne s'en était mêlé en la personne d'un confesseur zélé, un certain Lécuyer de la paroisse Notre-Dame de Versailles. À la veille de faire ses Pâques, Athénaïs s'adresse à ce vicaire qu'une de ses femmes de chambre lui a recommandé. Au lieu de l'absolution qu'elle croit recevoir, le prêtre refuse de l'entendre. « Est-ce là Madame de Montespan qui scandalise toute la France ? Allez, allez, Madame, cessez vos scandales, et puis vous viendrez vous jeter aux pieds des ministres de Jésus-Christ », lui assène le prêtre avant même qu'elle ait prononcé un seul mot de contrition. Ces paroles foudroyantes, dites sans ménagement, jettent la marquise dans un état de fureur second. Énervée et échauffée par le refus du ministre, elle ne réfléchit pas. Elle court immédiatement se plaindre au roi. Le curé de la paroisse est convoqué. Il soutient son vicaire et Bossuet, consulté par Louis, soutient le curé, bel exemple de solidarité cléricale. Bossuet, qui ne manque pas d'à-propos, saute même sur l'occasion pour ramener le roi dans le droit chemin. Il l'exhorte à se séparer purement et simplement de sa maîtresse pour être admis aux sacrements. Louis comprend qu'il risque également de ne pas trouver pour lui-même de confesseur indulgent.

Pâques approche. Il y a urgence. Il ne se peut que le roi ne communie pas, ni ne touche les écrouelles. Le moment est propice à une trêve dans les amours adultérines. Bossuet est alors le prélat le plus considérable et le plus considéré du royaume. Ses prêches l'ont rendu célèbre, il est entré à l'Académie française. Depuis 1670, ses fonctions de précepteur du Dauphin le font vivre à la Cour où ses talents littéraires et son grand esprit font merveille. Il est en train de préparer la duchesse de La Vallière à prononcer ses vœux définitifs chez les carmélites et de rédiger le texte du sermon très remarqué qu'il prononce à cette occasion, quelques semaines plus tard, le 4 juin. Il souffle un vent de dévotion sur les maîtresses royales. Malgré sa colère, son orgueil blessé et l'affront qu'elle prétend avoir subi, Athénaïs se soumet à l'autorité religieuse. Le roi, superstitieux et inquiet, redoute d'aller brûler en enfer. Bossuet se fait pressant. « Cependant, sire, il le faut ou il n'y a point de salut à espérer », lui explique-t-il fermement. Pour rien au monde, le roi ne voudrait se mettre à dos son clergé à propos d'une affaire intime et familiale, qui au fond ne regarde que lui et sa conscience. Il accepte également la séparation et prend sur lui d'annoncer sa décision à Athénaïs. Mais les amants se quittent en s'aimant toujours. Le roi célèbre Pâques avec plus de ferveur que jamais. La veille, le 13 avril 1675, il a fait ses dévotions en l'église paroissiale de Versailles puis a touché un grand nombre de malades « avec les cérémonies accoutumées », précise la *Gazette*. Un mois plus tard, le 11 mai, il part seul à la guerre. On comprend qu'il entend suivre son armée réconcilié avec l'Église et en paix avec sa conscience. Bossuet continue à lui écrire pour soutenir sa résolution. Le roi communie aussi à la Pentecôte.

Par le plus pur des hasards, la séparation avec le roi intervient sept ans après le début de leur liaison… Sept années réputées fatidiques dans la vie d'un couple, le roi se laisse faire par peur de l'enfer et peut-être aussi parce qu'il aspire à une pause, fatigué des querelles incessantes, des sautes d'humeur et des histoires embrouillées de la belle marquise. La politique internationale absorbe son attention, car la guerre de Hollande, commencée en 1672, n'est toujours pas achevée et s'est largement internationalisée. L'année 1675 voit le meilleur, la victoire du maréchal de Turenne sur les Impériaux à Turckheim en janvier, et le pire, sa mort à Salzbach en juillet. L'Alsace est évacuée. Le roi, préoccupé, passe la majeure partie du printemps et de l'été sur le théâtre des opérations militaires, autour de Maastricht et de Charleroi. Parti à la mi-mai, il n'est de retour à Versailles que le 21 juillet pour apprendre la nouvelle du décès de Turenne. Ce n'est que le 26 août qu'il emmène la reine et le Dauphin se reposer à Fontainebleau, lieu réputé délicieux à la belle saison, mais pour en revenir dès le 7 septembre. Ce rythme trépidant le fatigue. Au début du mois d'octobre, il tombe malade au point de devoir annuler les séances du Conseil[1].

1. A. d'Aquin, *Journal de la santé du roi*, Paris, Auguste Durand, 1862, p. 125-126.

La trêve

Dans sa position d'ancienne maîtresse, toujours favorite déclarée, mère de quatre enfants légitimés, il est important pour Athénaïs de se rapprocher de Françoise et d'enterrer la hache de guerre. Le roi parti au front, la marquise se replie dans la maison de Vaugirard, avec Madame de Maintenon et les enfants. Elle y reçoit Bossuet impuissant à calmer sa fureur. Le prélat continue néanmoins patiemment son œuvre de conversion de la belle marquise, qui s'adoucit ou se résout à s'adoucir. Pour la distraire, Françoise l'emmène à Maintenon quelques jours avec les petits pour lui montrer le début des travaux d'aménagement de son domaine. On croirait que les deux femmes se sont réconciliées. Il n'y a plus de disputes entre elles. La marquise finit par se réfugier à Clagny que Louis vient de faire construire pour elle[1]. Le château est situé juste au bout du parc de Versailles. Le roi avait d'abord fait bâtir une petite maison dont Athénaïs se vexa, disant qu'il était tout juste bon pour une fille d'opéra. Athénaïs ne se considérait pas comme une vulgaire maîtresse, mais comme une sorte de reine en second. La bâtisse fut démolie et à la place on éleva une maison magnifique, en fait un véritable palais avec un escalier d'honneur, cinq perrons, une grande galerie, une orangerie pavée de marbre, le tout d'après des plans de Jules-Hardouin Mansart et orné d'un jardin dessiné par André Le Nôtre. De l'armée, au printemps 1675, le souverain dicte à Jean-Baptiste Colbert ses ordres pour

1. Louis Bonassieux, *Le Château de Clagny*, Paris, A. Picard, 1881.

l'achèvement des travaux et la commande d'orangers, soucis d'un homme toujours amoureux, tandis qu'Athénaïs se promène au milieu des ouvriers, triomphante au dire de Madame de Sévigné qui lui a rendu visite. L'habile jardinier a réalisé un bois d'orangers, plantés dans des pots ornés de fleurs, qui fait l'admiration de l'épistolière[1]. Les senteurs de la floraison sont délicieusement envoûtantes. Le regard se perd dans une débauche florale. C'est dans cette retraite relative qu'Athénaïs passe l'été 1675, un été de canicule éprouvant.

Coup du sort ou destin divin ? La situation s'est renversée en quelques semaines. Celle qui menaçait de quitter la Cour depuis un an, y reste, tandis que la favorite s'éclipse malgré elle. Les deux femmes se rapprochent. La veuve Scarron jubile dans son for intérieur. N'écrit-elle pas à l'abbé Gobelin que cette sainte séparation des deux amants est un peu son œuvre tant elle a morigéné Athénaïs ? Et les querelles incessantes des deux anciennes amies n'avaient-elles pas aussi pour objet, outre l'éducation des bâtards, le moralisme étroit de la petite-fille d'Agrippa d'Aubigné ? Intransigeante comme son grand-père, elle n'hésitait pas un seul instant, quand l'occasion se présentait, à reprendre la belle marquise sur sa conduite adultère. Certes, elle restait très générale dans ses propos, insistant sur le renoncement aux sens nécessaire pour faire son salut, mais le mal était fait.

1. Lettre du 7 août 1675. Le château est de nos jours entièrement démoli.

La séparation

Les contemporains, pour leur part, sont dubitatifs. Le 11 mai, le roi part à la guerre, non sans avoir salué Athénaïs dans un cabinet vitré, où ils sont vus des pieds à la tête par la princesse d'Harcourt, Mesdames de Richelieu, de Rochefort et d'Albret, le capitaine des gardes du corps, le premier gentilhomme, de Marcillac[1]. Les conversations ont été « longues et tristes », écrit Mademoiselle de Scudéry à Bussy-Rabutin. Ce dernier doute encore de leur séparation au retour du souverain, lorsqu'il souligne que, lorsqu'ils se voient à Clagny en présence de gens et qu'ils paraissent tristes, c'est qu'ils affectent peut-être ce chagrin pour tromper le public. Peut-être sont-ils toujours amants, peut-être donnent-ils le change pour faire croire à une rupture. Selon lui, on ne remporte la victoire sur l'amour qu'en fuyant. La fuite ici a consisté à mettre une allée entre le roi et sa favorite, et il eût été à désirer que Clagny soit à « quarante lieues de Versailles », selon le souhait du sévère prédicateur Bourdaloue qui doutait aussi de la persévérance du souverain[2].

1. La princesse d'Harcourt, Mesdames de Rochefort et d'Albret sont dames du palais de la reine et Madame de Richelieu est sa dame d'honneur. Le capitaine des gardes de Louis XIV est alors Henri-Louis d'Aloigny, marquis de Rochefort ; Marcillac, fils de La Rochefoucauld, est grand maître de la garde-robe, charge créée spécialement pour lui par le roi.

2. Anecdote rapportée par l'évêque de Sens, Languet de Gergy, biographe de Madame de Maintenton. À la fin du Carême, Bourdaloue prit congé du roi qui lui annonça : « Vous serez content de moi, j'ai renvoyé Madame de Montespan à Clagny. – Sire, aurait répondu Bourdaloue, Dieu serait bien plus content si Clagny était à quarante lieues de Versailles. »

Bossuet, plus réaliste, avait averti le roi que ce qu'il entreprenait n'était pas « l'ouvrage d'un jour » et que « plus l'ouvrage est long et difficile plus il faut y travailler »[1]. Le roi semble donc bien y travailler durant une année. Mais est-ce la réalité ?

Bussy-Rabutin, qui ne croit ni en Dieu ni en diable, voit le roi avec ses lunettes de libertin. C'est mal connaître Louis, dont la crainte de mourir en état de péché mortel domine la conduite. S'il ne renonce pas à butiner ici ou là, ces liaisons passagères ne constituent pas une habitude. Car c'est bien l'habitude et la publicité qui procurent à ses amours avec Athénaïs ce caractère sulfureux dénoncé par l'Église. Le roi et sa favorite donnent un très mauvais exemple. Les amants sont intimement persuadés qu'ils sont en état de péché et vivent douloureusement leur situation. Madame de Montespan, en dépit de sa rage, ne peut convaincre rapidement Louis de renoncer à cette pause des sens. Toute chrétienne qu'elle est, elle a du mal à abandonner sa position. Elle n'accepte pas l'hypocrisie des prélats qui ont fermé les yeux pendant cinq longues années et se réveillent tout à coup en tonitruant. Souveraine du cœur et des sens, elle est la femme choisie par Louis et non celle imposée par la politique. Et quand on est roi de droit divin, on a quelque autorité en la matière. Elle espère que le temps effacera cette belle résolution. Sa colère dépasse largement l'humiliation subie, elle rend visible ses tendres sentiments. Après sept ans de vie commune, la belle marquise est amoureuse du roi.

1. Pierre Clément, *Madame de Montespan et Louis XIV*, Paris, Didier, 1868, p. 229.

La reine, en revanche, croit à une rupture définitive et elle rend visite à la « recluse » dans son château le 14 juin. Elle monte dans sa chambre et y reste une demi-heure, se préoccupant de la santé des petits bâtards, puis les deux femmes se rendent à Trianon. On les aperçoit encore ensemble à Paris, chez les carmélites, au couvent de la rue Saint-Jacques. Ce monastère, dont la fondation remonte seulement à 1603, a été richement doté par les reines successives et abrite des grands noms de la noblesse française. C'est là que Louise de La Vallière vient de se retirer[1]. La reine veut-elle inciter Athénaïs à imiter l'ancienne favorite ? Fort de ce bon exemple, Madame de Richelieu demande ensuite à la reine de permettre à Athénaïs de revenir à Versailles, ce qu'elle fait. La reine l'emmène une deuxième fois chez les carmélites où elle voit encore Louise de la Miséricorde, l'ancienne maîtresse qu'elle a supplantée. Mais Athénaïs a d'autres intentions que d'y faire une pieuse retraite puisqu'elle s'emploie aussitôt à y semer de la gaieté. Elle y organise une loterie pour distraire les religieuses, y prépare elle-même quelques mets succulents, dont une sauce qui régala, paraît-il, tout le monastère. Elle passe le temps comme elle peut, en donnant des signes d'une conduite amendée et sage, ne fréquentant plus que des religieux et des religieuses, mais sans renoncer aux amusements. Elle cache son chagrin et sa tristesse.

Aussi lorsque le roi revient de la guerre à la fin du mois de juillet, il s'empresse de rassurer son épouse et son fils sur ses intentions : « Soyez persuadés que je n'ai pas changé les résolutions que j'avais en partant. Fiez-vous à

1. Elle a vingt-quatre ans et y passe les trente-six dernières années de sa vie, jusqu'à sa mort en 1710.

ma parole et instruisez les curieux de mes sentiments », sont les paroles du roi que rapporte Madame de Sévigné à sa fille le 24 juillet. Effectivement, lorsque Louis rend visite à son ancienne maîtresse, c'est accompagné, en tout bien tout honneur. Durant une année, leur séparation semble réelle. Le roi ne voit plus la belle marquise qu'en présence de témoins. Madame de Maintenon est souvent là en tiers, jouant le rôle de chaperon après avoir été un sévère censeur. Athénaïs enrage d'être prise comme bouc émissaire, car elle devine que le roi n'a jamais été fidèle et qu'il a profité de ses grossesses répétées pour voir en cachette d'autres femmes. Elle sait que leur séparation le jette dans d'autres bras. Si le Carême de la marquise dure bien une année, le roi, lui, ne fait ni jeûne ni abstinence bien longtemps.

8

GUERRE FROIDE

Après la pluie, le beau temps. Aux violents orages, succèdent des moments plus calmes. Madame de Montespan vit retirée au milieu de la Cour et ne voit plus le roi que de loin, ou en présence de témoins, pendant plus d'une année. Sa présence plus discrète reste néanmoins éclatante. Centre de tous les regards, elle n'a jamais paru ni plus belle, ni plus somptueuse. Elle a trente-cinq ans, sept grossesses derrière elle – deux enfants légitimes et cinq illégitimes – et, paraît-il, toujours une beauté à se damner. Les années qui suivent la séparation de Pâques 1675 font alterner le chaud et le froid dans la relation des deux amants, comme dans celle des deux anciennes amies. Quelque chose s'est brisé, qui reste pour le moment imperceptible. Inexorablement, le roi s'éloigne. Madame de Montespan s'accroche. Madame de Maintenon tente sa chance.

Durant l'année 1675, les deux Françoise adoptent un *modus vivendi* convenable. La guerre ouverte cède la place à la guerre froide : les deux femmes évitent les sujets qui fâchent. Comme le dit Madame de Sévigné,

« c'est une aigreur, c'est une antipathie, c'est du blanc, c'est du noir ». La coexistence est néanmoins pacifique. Alors que le petit duc du Maine ne parvient toujours pas à marcher seul, un nouveau remède est tenté : une cure thermale dans les Pyrénées. Mais comme il n'est pas question que sa mère s'éloigne et renonce à ses obligations auprès de la reine et de ses autres enfants, c'est sa gouvernante qui l'accompagne. Madame de Maintenon emmène son petit protégé aux eaux de Barèges. Elle part le 28 avril 1675 pour les Pyrénées et devient pour Madame de Sévigné « celle qui voyage », dont la principale caractéristique est qu'elle n'aime pas obéir. Si elle accepte volontiers de se soumettre aux ordres du roi, elle rechigne à converser avec son ancienne amie à qui elle ne prend pas même la peine d'écrire ni pour l'informer du déroulement du voyage, ni pour lui rendre compte de l'état de santé de son fils. Françoise joue là à un jeu dangereux. Non pas pour la raison avancée par les courtisans. Ceux-ci, en effet, ne croient pas que le roi tolérera cette attitude hautaine très longtemps encore. Ils murmurent tout bas, et à demi-mot, que Françoise Scarron risque d'être renvoyée. Non, le véritable danger pour elle concerne ses relations avec le roi. Françoise sent maintenant qu'elle pourrait occuper une place plus importante auprès de lui. La séparation des deux amants est une formidable occasion à saisir. Mais il lui faut s'imposer sans susciter la jalousie d'Athénaïs, sans compromettre sa réputation vertueuse et sans bousculer les certitudes royales.

Les Pyrénées

Elle accepte de partir alors qu'elle sent bien que l'éloignement comporte de risques, principalement l'oubli. Madame de Montespan écartée, Madame de Maintenon éloignée, une autre femme pourrait prendre une place convoitée et effacer le duo que forment toujours les deux Françoise. Mais l'état de l'enfant, continuellement fiévreux, impose de ne pas différer le voyage. Le duc du Maine, âgé de cinq ans, suit volontiers sa gouvernante sur les routes, malgré sa santé chancelante. Il est, écrit-elle, d'une « très délicieuse compagnie ; il a besoin de soins continuels ». Les jours se succèdent alternant fièvre et moments de répit. Le convoi se compose de deux carrosses qui marchent trois heures le matin et trois heures l'après-midi, puis s'arrêtent dans les auberges où l'on trouve le dîner prêt. Quand Louis-Auguste est en état de supporter le transport, on repart dès le lendemain. Sinon, on patiente une journée. Dans le second carrosse se trouve l'aumônier qui dit la messe tous les matins avant le départ. Le temps est doux, sec et beau. À ce rythme, on est à Poitiers le 12 mai. On traverse ensuite les terres d'enfance de Madame de Maintenon sous le soleil. Le 20 mai, on passe par Pons, la ville natale de son grand-père, Agrippa d'Aubigné. Le maréchal et la maréchale d'Albret, fidèles amis de Françoise, les rejoignent. On avance lentement car tout le monde a la fièvre à tour de rôle : Nanon Balbien, la femme de chambre de Françoise, les valets, les deux servantes, et même l'aumônier. Ce retour vers sa jeunesse ravit Françoise, définitivement consolée des humiliations, parce qu'elle a pris, comme elle l'écrit, « la clef des champs » et se sent libre.

Si elle ressent ce voyage comme une libération, c'est aussi parce qu'elle n'en rend compte qu'au souverain. Elle est maîtresse de tout. Elle chemine en compagnie de son petit roi, Louis-Auguste, qu'elle a pour elle toute seule et qu'elle montre au peuple. Elle est partout reçue avec déférence. Elle est dans le secret des dieux. Le temps est magnifique. Elle se croit reine.

La troupe est accueillie à Blaye, petite cité sur l'estuaire de la Gironde, par le gouverneur, le duc de Saint-Simon, père du célèbre mémorialiste. Les jurats de Bordeaux ont envoyé une galère richement décorée. Les voyageurs atteignent Bordeaux par la Gironde, entourés de mille embarcations venues les saluer, au son des violons et des trompettes, et sous les hourras d'une foule en liesse qui scande : « Vive le roi ! » Voilà qui change des humeurs des Bordelais qui un mois auparavant s'étaient remués au point que le maréchal d'Albret avait dû pratiquer une politique de rigueur. L'arrivée de l'enfant soulève un vent d'enthousiasme réjouissant. Le maréchal d'Albret conduit le duc du Maine devant les jurats qui y vont chacun de leur compliment, tandis que Françoise s'efface. L'enfant, spontanément et avec beaucoup d'à-propos, décide de leur répondre, soulevant une vague d'exaltation et s'échauffant passablement, si bien qu'à la fin de la journée, Françoise lui demande s'il n'aimerait pas mieux être un enfant comme un autre et n'être pas fatigué. À quoi, il répond que non et qu'il ne céderait sa place pour rien au monde. Il a raison : on lui a fait un triomphe. Le souverain en personne n'aurait pas été mieux reçu : partout des clameurs et des honneurs.

Le garçonnet fait tant par son charme, son aisance malgré sa timidité et son intelligence qu'il séduit tous ces importants notables.

Le frêle enfant s'efforce d'être gracieux et aimable. Pourtant, il se montre en grandissant parfois sourcilleux et cassant, attitude qui prend de l'ampleur. Françoise lui répète souvent qu'il n'est pas aussi poli que son père, qu'il se montre trop pointilleux vis-à-vis de ses interlocuteurs. Le petit Maine perçoit avec l'intuition qui le caractérise les raisons de ce manque de confiance en lui qui finit par le rendre hautain avec les autres et qui le distingue de son père : « C'est qu'il est sûr de son rang et je ne le suis pas du mien », déclare-t-il à sa gouvernante. Mais lors de cette première tournée publique, personne ne se pose de questions et tous l'accueillent triomphalement.

Le 20 juin, le convoi arrive enfin à Barèges, après deux mois de voyage. Françoise note avec humour qu'elle a mis moins de temps à traverser l'océan Atlantique et à rallier l'Amérique dans sa jeunesse ! Il faut dire que la route qui monte jusqu'à la vallée située à la frontière espagnole, près du village de Betpouey, entre le pic du Midi et le pic d'Espade, n'en est pas vraiment une : quelques pierres tracent un chemin qui s'égare dans les bois, puis dans les hautes terres aux maigres herbes. Il faut avancer à pied, en prenant garde à ne pas trébucher dans les branchages, sous les sapins, puis dans les herbes folles, enfin sur les alpages. À deux mille mètres d'altitude, la petite troupe franchit le col du Tourmalet, s'éloignant des sentiers coutumiers des bergers, des pèlerins et des colporteurs, parce que le chemin habituel en contrebas, dans la vallée des Gaves, est impraticable, inondé par une crue. La descente jusqu'à la station se fait par un sentier si escarpé qu'il est appelé les « échelles de Barèges ». Françoise est en chaise à porteurs et c'est bien souvent à dos d'homme que Louis-Auguste est porté.

À Barèges, le petit duc prend des bains quand il n'a pas la fièvre. Les eaux chaudes et sulfureuses de la vallée de Bourg sur les rives du Bastan sont connues pour leurs vertus de cicatrisation et de reconstruction osseuse depuis les temps les plus reculés. Les bergers ont coutume d'y mener leurs bêtes estropiées et malades pour les soigner ou leurs moutons simplement pour les revigorer. Le temps est frais. La montagne est un endroit de solitude où la compagnie est clairsemée. Madame de Maintenon loge avec l'enfant dans une maison isolée et pauvre, la maison Maruquette, la seule au toit recouvert d'ardoise, appartenant à un notable de la vallée. La mode des « eaux de Barèges », telle est l'appellation que leur donne Françoise, n'est pas encore faite, le séjour du petit duc va la lancer. Après lui des personnages importants viennent s'y faire soigner. Le premier est le ministre de la Guerre, Louvois, qui y guérit si parfaitement une fracture de la jambe qu'il suggère au roi d'y faire construire des bâtiments militaires pour le soin des soldats invalides.

Un bassin de pierres sous la terre et quelques cabanes forment alors toute la station. Françoise accompagne son protégé chaque matin pendant près de trois mois dans une grotte d'où sortent des vapeurs suffocantes et des eaux saumâtres. Des valets y plongent le jeune garçon, enveloppé dans de grosses couvertures, pour soigner un pied déformé, conséquence probable d'une poliomyélite paralysante, une scoliose et une fistule anale d'origine tuberculeuse. Elle attend patiemment les signes d'un début de guérison qui tardent à venir. Le reste du temps, elle a tout loisir de méditer et d'écrire, chaudement emmitouflée, car elle grelotte comme s'il gelait en plein été. Françoise est frileuse, la montagne est glacée et l'été particulièrement frais au point qu'on a cru n'en pas voir du tout. Un peu partout les vendanges sont très tardives, signe de températures anormalement basses. Françoise guette les moindres rayons de soleil pour sortir hors de la chaumière qui leur sert de maison afin de se réchauffer. Mais les nuits et les matinées sont trop fraîches à son goût et les effets de la cure sont longs à venir. Louis-Auguste reste le plus clair de son temps allongé, somnolent ou reposant son pauvre corps après les soins curatifs. La tristesse la surprend plus d'une fois quand elle songe qu'elle est perdue et isolée dans cette montagne âpre et hostile. Pourtant, la solitude a du bon, surtout parce qu'elle n'entend plus parler des autres ni de Madame de Montespan. « Dieu soit loué ! » soupire-t-elle.

Avantage Maintenon

Durant ce voyage, elle écrit directement au roi qui ne manque pas de lui répondre. Cette correspondance rapproche beaucoup le souverain de Françoise. Ses appréhensions s'évanouissent quelque peu. La lecture des lettres écrites par la gouvernante, dont les talents épistoliers ne sont plus à démontrer, contribue à l'amadouer. Les progrès réalisés par son fils aussi, car vers la fin de l'été le petit duc se met enfin à marcher. Bien que ce ne soit pas « vigoureusement », ses premiers pas sont une magnifique victoire sur l'adversité. Du coup, Françoise, ragaillardie, oublie le froid et les mauvaises conditions de logement. Elle sait que son retour sera triomphant. Elle est radieuse. Ces cinq mois passés loin de la Cour, dans des conditions précaires, dans un pays rude, ont été fructueux. Madame de Montespan est, pense-t-elle, définitivement compromise dans le cœur du roi, éclipsée par le succès de la cure. Partie hésitante de la Cour, Françoise y retourne confiante dans l'avenir.

Le chemin du retour passe d'abord par Bagnères-de-Bigorre, où les soins se poursuivent jusqu'en octobre sous la direction du docteur Guttère dans une station thermale plus accueillante. Connue depuis l'Antiquité, puisque la ville s'appelait alors Vicus Aquensis et que les Romains appréciaient ses eaux chaudes coulant du mont Olivet, la cité regorge dès cette époque d'établissements thermaux. Le petit duc finit d'y soigner son mal et repart avec entrain car il peut désormais marcher. On s'arrête à Bordeaux où Françoise revoit le maréchal d'Albret, puis à Niort, sa ville natale. C'est un véritable adieu à son enfance : elle va embrasser sœur Céleste chez les ursulines, retourne à Mursay où Philippe, son cher cousin, a succédé à ses parents dans la gestion du domaine familial. Elle a le plaisir de repasser par le pont-levis qui marque l'entrée de la propriété et d'arpenter les pièces où elle a joué il y a presque quarante ans. Rien n'a changé tant ces châteaux de province semblent insensibles au temps qui passe. La chaleur de la famille Villette réconforte Françoise qui se rappelle, avec émotion, la générosité, toute sévère, de son oncle et de sa tante. Son cousin, son épouse et leurs enfants l'accueillent avec joie et lui font les honneurs de leur intérieur.

Elle dîne à Surimeau en l'absence de son propriétaire qui a arraché ce château de la succession paternelle. Elle demeure ensuite une dizaine de jours dans la ville de Richelieu, rattachée à la sénéchaussée de Saumur, chez le duc et la duchesse de Richelieu, ses autres amis. Ce voyage au pays de son enfance, s'il est l'occasion de remonter le fil de ses souvenirs, lui permet de renouer avec l'histoire généalogique de sa Maison, dont elle est bien décidée à prouver l'ancienneté et l'illustration. À Chinon, elle retrouve dans l'église le tombeau d'un de ses ancêtres : Savary d'Aubigné qui a servi, malheureusement du mauvais côté, car c'étaient les Anglais durant la guerre de Cent Ans. Peu importe, Françoise veut pouvoir tenir tête à Athénaïs lorsqu'elle se moque de sa naissance. Entre Blois et Orléans, elle retrouve Madame de Montespan accompagnée par ses deux sœurs, l'abbesse de Fontevrault, dont le monastère s'élève à proximité dans le Saumurois, et Madame de Thianges.

Pressée, la troupe déboule à Saint-Germain avec un jour d'avance sur le calendrier prévu, le 5 novembre. Le roi a l'heureuse surprise de voir entrer dans son bureau son fils… sur ses deux pieds et non dans les bras d'un valet. Madame de Maintenon lui donne sagement la main. Tous deux font une profonde révérence, avant d'entendre les compliments du roi sur les progrès réalisés. Françoise jubile. Le ministre Louvois vient personnellement la féliciter. Devant cette réussite qui tient du miracle, les courtisans s'attendent à une grande faveur. Ils se pressent autour de la gouvernante. Obséquieusement « les uns lui baisaient la main, d'autres la robe », rapporte la marquise de Sévigné. Mais cette faveur dont tout le monde parle, bien malin qui pourrait dire de quoi elle serait faite. Serait-ce de l'amour, une passion platonique, de l'admiration, de la reconnaissance ? Pour la première fois, dans la rivalité qui les oppose, Françoise Scarron a pris l'avantage. Personne ne semble à ce moment se soucier de Madame de Montespan. Mais dans la vie des hommes, ce n'est pas toujours ce qui semble le plus probable qui arrive. La suite donne raison à ceux qui pensent, comme Ésope, qu'on ne peut rien changer à son destin, même s'il se fait un peu attendre.

Coexistence pacifique

Après ce retour triomphal, l'hiver 1675 s'étire en longueur. Madame de Montespan rumine son chagrin. Elle verse parfois des larmes en pensant au roi et à son amour perdu. Elle espère encore quelque revirement en sa faveur. Elle souffre plus que jamais de se voir déposséder de ses enfants, d'autant que, durant l'absence de leur gouvernante, en juin, le comte de Vexin est tombé gravement malade des yeux au point de préférer passer ses journées dans l'obscurité. Athénaïs a montré une grande abnégation lors de la maladie de son fils. Elle, qui ne peut dormir qu'avec de la lumière, s'est astreinte à coucher dans sa chambre, volets et rideaux tirés, de sorte qu'elle n'a pas pu dormir pendant six nuits d'affilée. Elle a fait dire des neuvaines pour le rétablissement de la santé de Louis-César, soutenue par quelques amies venues la voir dans son obscurité. La reine en personne s'est déplacée pour visiter le petit malade. Cette tendresse maternelle a fait plaisir au roi. Un échange de lettres entre les deux anciens amants a alors débuté, lointain prélude à un rapprochement. Cette correspondance n'a malheureusement pas survécu aux aléas et au feu dans lequel Louis XIV l'a probablement jetée au soir de son existence tandis qu'il brûlait l'ensemble de ses papiers personnels. Mais tout atteste que les anciens amants s'écrivaient souvent et beaucoup, et qu'ils continuèrent à s'écrire toujours au sujet de leurs enfants[1].

Athénaïs se met dès lors à espérer convaincre le roi de revenir sur sa décision de rester séparé d'elle. C'est pourquoi, quand Madame de Maintenon rentre triomphante de Barèges, Madame de Montespan est, de son côté, remplie d'espoir, mais d'un espoir incertain. Malgré le succès d'estime qu'elle vient d'obtenir, Françoise n'est pas favorite. Personne n'imagine qu'elle puisse remplacer Athénaïs. Elle fête ses quarante ans, ce qui n'est plus tout jeune. Elle profite simplement des bons sentiments du roi à son égard pour mieux s'installer à Maintenon. Le roi lui adresse son paysagiste André Le Nôtre afin qu'il aménage ses jardins. Elle imagine ce que pourrait être son existence dans cette propriété si elle devait quitter la Cour, scandée par les œuvres charitables, des temps de prière et de saines lectures. Mais est-elle capable de mener cette vie de retraite, loin de la Cour, c'est-à-dire du monde, de l'agitation, de la vie réelle ? Non. Elle le fait cependant miroiter à l'abbé Gobelin, parce qu'elle a pris goût aux mondanités et que, tenant à sa réputation

1. Au chapitre XXVI de son *Siècle de Louis XIV*, Voltaire atteste, de source sûre, la chose suivante : « Madame de Montespan écrivait avec une légèreté et une grâce particulière. On voit par là combien est ridicule ce conte que j'ai entendu encore renouveler qu'elle était obligée de faire écrire ses lettres au roi par Madame Scarron, et que c'est là ce qui en fit sa rivale, et sa rivale heureuse. »

de probité absolue, elle ne voudrait pas qu'il s'en aperçoive. Françoise ne conçoit sa destinée que près du soleil.

Athénaïs n'a pas encore repris les sens du roi, qui savoure cette pause après sept années passées auprès d'une femme superbe certes, mais autoritaire et capricieuse. Louis ne regrette qu'une chose : les moments passés auprès de la belle marquise étaient plus distrayants que ceux que sa fidélité retrouvée lui imposent auprès de la reine. Pourtant, il n'est pas vraiment sage, multipliant les aventures, mais aucune de ses nouvelles maîtresses ne peut se targuer de devenir favorite. Les deux anciennes amies s'entendent donc pour continuer à s'occuper ensemble des enfants et faire front contre les nouvelles venues qui pourraient s'avérer dangereuses. Elles s'unissent à nouveau pour s'aider à reprendre, puis à consolider leur place respective.

Madame de Maintenon prétend alors qu'elle est « à merveille » avec Madame de Montespan. Et il est vrai que durant le printemps 1676, les deux femmes ne se chamaillent plus. Elles renouent le fil d'un dialogue interrompu. La grande affaire qui les occupe toutes deux est l'établissement du frère de Françoise, Charles d'Aubigné, pour lequel Athénaïs est consultée. Le bon sens de ses conseils doivent amadouer un frère indiscipliné et extérieurement si négligé qu'on se demande comment il trouvera, à quarante-deux ans, à se marier. Rien ne se fait non plus sans l'aval du ministre de la Guerre, Louvois, sous les ordres duquel il sert. On a trouvé une jeune fille riche et très jolie. On n'attend plus que l'arrivée du fiancé pour sceller l'affaire. Mais celui-ci se comporte en homme qui rêve plus d'une galanterie que d'un mariage, tandis que sa sœur n'est pas prête à lui verser le douaire que la demoiselle réclame. L'alliance ne se conclut pas. En apparence, la situation des deux Françoise est donc redevenue celle des années d'amitié. La veuve Scarron hésite à quitter la Cour, ce que ne lui demandent plus ni Athénaïs ni Louis, et donc ne fait rien ni pour partir ni pour rester.

Le roi, lui, reprend le chemin de la guerre, guerre qui n'en finit pas et qui dure encore deux ans, malgré les négociations en coulisse. Madame de Montespan se partage entre la Cour, son château de Clagny et des déplacements. Elle effectue un voyage pour aller prendre les eaux à Bourbon-l'Archambault et s'y déplace comme si elle était la reine de France. Située au cœur du bocage bourbonnais en Auvergne, au croisement de routes stratégiques, la cité antique a connu un spectaculaire développement grâce à ses sources d'eau chaude réputées pour soigner les inflammations. Madame de Montespan suit la mode de son temps et toute l'aristocratie qui se précipite dans une station relancée sous Louis XIII par le médecin Charles Delorme. Adepte de l'hydrothérapie, homme talentueux et désintéressé, il fut le médecin des rois Henri IV et Louis XIII, ainsi que celui de Gaston d'Orléans. Ami de Richelieu, mais brouillé avec Mazarin, il se retira à Bourbon-l'Archambault. Trois puits sont aménagés dans les sous-sols du Logis du Roy, place des Capucins. Ils permettent d'extraire l'eau bienfaisante au milieu du nouveau quartier thermal qui se lotit pour recevoir les curistes[1]. Le duché du Bourbonnais et le vieux château des sires de Bourbon qui domine le vallon sont

1. *Bourbon-l'Archambault*, Association des Amis du vieux Bourbon, 2002, p. 330-331.

propriétés du Grand Condé en personne, à qui ils ont été donnés en usufruit en reconnaissance de ses états de services, particulièrement de sa victoire à Rocroi sur les Espagnols en 1642.

Personne n'est étonné de voir arriver la favorite royale dans un équipage impressionnant de magnificence et de luxe. Elle voyage dans une calèche tirée par six chevaux, accompagnée par sa nièce, Mademoiselle de Thianges. Derrière elle, chemine un carrosse identique avec six femmes de chambre, puis deux fourgons, six mules et douze hommes à cheval. Elle est passée par Moulins où l'intendant a affrété pour elle, sur l'Allier, un bateau peint et doré, tendu de damas rouge et décoré de banderoles fleurdelysées. Sa cure thermale achevée, elle s'arrête chez sa sœur à Fontevrault en remontant vers Paris au début du mois de juin. Durant ce temps, Françoise Scarron s'occupe des enfants. Leur mère absente, ce sont comme des vacances. Du moins Françoise avoue que cela lui donne un peu de repos et qu'elle s'en porte mieux. Elle dirige la petite famille à son gré, selon ses souhaits, et s'épanouit au milieu des enfants.

En cette année 1676, Athénaïs ne fait pas d'ombre à Françoise qui savoure de son côté des petits triomphes. Les navires français réalisent des exploits en Méditerranée. L'amiral Duquesne a maintenu la flotte française voile au vent face à la flotte anglo-hollandaise commandée par l'amiral Ruyter au large des îles Stromboli et de Messine. Le 8 janvier, la bataille des îles Lipari est gagnée par les Français. Son cher cousin, Philippe de Villette, commande un vaisseau de 3e classe, *L'Assuré*, posté en avant-garde. Son propre fils, Philippe de Mursay, douze ans à peine, sert sous ses ordres, criant à tue-tête : « Voilà les coquins qui fuient », ainsi que deux neveux Sainte-Hermine. Elle apprend cette nouvelle de la bouche du roi en personne qui lui offre la primeur de l'information. Le 22 avril, lors d'une nouvelle confrontation, l'amiral Ruyter est tué au combat et son petit-cousin, Philippe de Mursay, le « petit héros », est légèrement blessé. La plus belle action est à venir. Le 2 juin, l'amiral Duquesne et le maréchal-duc de Vivonne, le frère de Madame de Montespan, triomphent devant Palerme. Les Villette se distinguent à nouveau par leur courage. Philippe de Mursay est invité à venir conter ses exploits au château de Saint-Germain. Délicieusement naïf et enthousiaste, il fait rire ses auditeurs en avouant qu'au milieu de l'assaut, sous le feu de la mitraille, il songeait à sa nourrice et à la fierté qu'elle aurait éprouvée si elle avait assisté au combat.

Retrouvailles

Au bout d'une année, le roi commence à ressentir les effets de la séparation d'avec Athénaïs, qu'il aperçoit au loin, croise plus belle que jamais lorsqu'il rend visite à ses enfants ou lors des soupers royaux. Pourtant, il tient bon sa résolution. Les dévotions pascales se passent au mieux. La *Gazette* signale que le roi a « assisté à tous les offices de la semaine sainte », a communié et a touché mille cinq cents malades. Il faut dire que les courtisans ont fermement été invités à suivre les commandements de l'Église, puisque c'est le sévère abbé Bourdaloue qui a prêché le Carême.

Louis part ensuite du 16 avril au 8 juillet pour les Flandres. Il revient avec la ferme intention de renouer avec sa favorite. C'est au retour de la guerre, à la mi-juillet 1676, que sa passion pour Athénaïs se rallume, lors de l'une de leurs entrevues. Insensiblement, le roi attire son ancienne maîtresse vers une fenêtre. Ils se parlent tout bas assez longtemps, les yeux mouillés de larmes. À l'issue de ce conciliabule, ils font une profonde révérence aux dames présentes dans la salle et passent dans une autre chambre. L'emportant sur toutes les résolutions du monde, leur amour reprend. La gaieté revient à la Cour où se succèdent fêtes et réjouissances. Le retour de flamme illumine la favorite dont la magnificence n'a d'égale que la splendeur. Madame de Sévigné la décrit, le 29 juillet 1676, si richement parée qu'elle ferait de l'ombre aux déesses : « C'est chose surprenante que sa beauté. » L'année où les amants se sont tenus éloignés l'un de l'autre semble avoir mûri la belle Athénaïs au sommet de sa gloire. Ses retrouvailles sensuelles avec le roi lui procurent un éclat jamais atteint. Somptueusement parée, embellie des plus beaux bijoux, des perles énormes au cou, des pendeloques de diamants aux oreilles, toute vêtue d'or, elle est prête à tenir tête aux plus sévères censeurs. Elle savoure son triomphe. Il faut dire qu'elle est habituellement « toute couverte de diamants » au point qu'on ne peut « soutenir l'éclat d'une si brillante divinité ». Le 16 novembre 1676, elle apparaît en « robe d'or sur or, rebrodée d'or et par-dessus un or frisé, rebrodée d'un or mêlé avec un certain or, qui fait la plus divine étoffe qui ait jamais été imaginée », rapporte Madame de Sévigné. C'est Louis qui lui fait dessiner ses bijoux et qui les lui offre. Elle accumule des colliers de perles, des paires de pendants d'oreilles, des attaches de diamants, en pierres de toutes les couleurs pour pouvoir en changer.

Ce regain d'éclat est dû au regain d'amour du roi. Mais le roi est changeant comme le temps. Cette magnificence et ce bonheur retrouvé cachent bien des interrogations pour le futur. Le retour de flamme n'est qu'un feu de paille qui s'accompagne de violents accès de colère lorsque Athénaïs s'aperçoit que Louis n'est pas toujours aussi prévenant qu'elle le souhaiterait. La rupture de 1675 a rendu le roi libre de butiner de droite et de gauche et, comme le décrit admirablement Madame de Sévigné, du côté du roi, « on regarde, on observe, on s'imagine ». Madame de Montespan éprouve de plus en plus les « chagrins naturels » que causent les infidélités d'un amant. Pour la rescapée de l'amour qu'est la belle Athénaïs, ces passades sont plus dangereuses qu'au temps de sa prime splendeur.

En 1669, Louis avait remarqué Anne de Rohan-Chabot, princesse de Soubise, qui refusa alors de sauter le pas. En 1673, lors de la quatrième grossesse d'Athénaïs, encouragée par son époux, François de Rohan, prince de Soubise, elle s'est au contraire laissé aisément séduire. Quoique mariée, dame du palais de la reine et mettant au monde une abondante progéniture légitime, elle devient une maîtresse épisodique mais régulière. Avec sa chevelure rousse, ses beaux yeux en amande, son teint de lait et sa parfaite éducation, elle a de quoi séduire Louis. D'autant qu'elle s'astreint à un régime basses calories à base de fruits, légumes et viandes bouillies, qui lui permet de garder une ligne de sylphide, contrairement à Madame de Montespan que les grossesses engraissent.

Louis, inversement aux goûts de son temps, préfère les femmes minces. Toutes celles qui l'ont attiré, même sans avoir été ses maîtresses, avaient cette caractéristique de ne pas ressembler aux plantureuses madones des peintures de Rubens : Marie Mancini son premier amour, Henriette d'Angleterre, sa belle-sœur, de qui il fut très proche, Mademoiselle de La Vallière, sa première favorite, et jusqu'à la petite duchesse de Bourgogne – elle épousera son petit-fils en 1697 –, qui l'amusera tant par son charme et qui est toute en longueur. Plaire au roi est un véritable travail. Pour la princesse de Soubise, c'est une obsession. La princesse accompagne donc occasionnellement la vie sensuelle du souverain au gré de ses humeurs et de ses disponibilités. On prétend, sans doute avec raison, que son fils, né le 26 juin 1674, Armand Gaston Maximilien de Rohan, futur évêque de Strasbourg, est, en réalité, un bâtard royal. Le mari fut, paraît-il, enchanté par cette naissance, car il obtint un important dédommagement financier pour prix de son silence et de sa discrétion. Louis lui alloua une très forte somme d'argent « en reconnaissance d'importants services », c'est tout dire.

Anne connut un regain de faveur lors de l'éloignement de Françoise en 1675. Mais après avoir retrouvé son ancien amour, le roi ne prêta plus attention à la princesse. Il ne la regarda même plus du tout après qu'elle eut perdu toutes ses dents de devant quelques mois plus tard, après un accouchement. Elle aimait le roi plus par calcul que par amour. L'apercevant à une table de jeu dans un salon à Versailles un soir de septembre 1676, Athénaïs est prise d'une peur soudaine. Il passe comme un nuage devant ses yeux. Mais la vision de Madame de

Soubise n'est qu'un éclair. Athénaïs n'a aucune raison d'avoir de craintes. Penchant sa tête vers le roi, elle la pose sur son épaule en signe d'accord parfait.

Les deux amants se sont retrouvés. En octobre 1676, la belle marquise est à nouveau enceinte. Elle prend ses « robes battantes » ; elle est moins disponible pour le roi. Depuis deux ans déjà, Louis a remarqué une autre beauté, Madame de Ludres, qui est également devenue sa maîtresse par intermittence. Durant l'hiver, les rendez-vous galants succèdent les uns aux autres. Athénaïs n'apprend leur liaison qu'au début de l'année 1677 en plein milieu de sa grossesse. Marie-Élisabeth de Ludres a l'âge de sa rivale. Elle est chanoinesse de Lorraine[1], arrivée à Paris en 1666 pour devenir fille d'honneur de la duchesse d'Orléans. À la mort de Madame, elle passe au service de la reine, puis à celui de la nouvelle épouse de Philippe, la princesse Palatine. Elle est regardée comme un objet de curiosité avec son fort accent germanique et son zézaiement comique mais charmant. D'aucuns jugent sa beauté frelatée car elle aurait des dartres sur tout le corps. Ce sont des racontars lancés par Athénaïs pour la perdre aux yeux des courtisans, car dans la guerre psychologique qu'elle mène pour retenir le roi, l'opinion du public a son importance. Il y a la réalité, les apparences, les stratégies déployées, les rumeurs qui facilitent ou, au contraire, retardent les chutes. L'illusion

1. Dans les Vosges, l'abbaye de Remiremont, ancienne abbaye bénédictine devenue abbaye séculière au XIIIe siècle, est peuplée de dames chanoinesses ou dames nobles. Seule l'abbesse prononce des vœux définitifs, les autres sont autorisées à quitter le chapitre pour se marier. Les Vosges comptent quatre chapitres nobles : les Dames de Remiremont, les Demoiselles d'Épinal, les Chambrières de Poussay et les Lavandières de Bouxières-aux-Chênes.

obscurcit la vérité. La Cour bruit de l'écho des non-dits. Athénaïs est magnifique parce qu'elle se présente telle et que son nom l'oblige à soutenir un rang qu'elle croit supérieur à tous les autres. Qu'elle soit ou ait été la maîtresse déclarée du roi n'ajoute rien à son prestige. Elle n'a pas attendu de devenir la favorite pour être sublime. Elle est sublime parce que c'est elle. Elle possède l'intelligence de se moquer du qu'en dira-t-on et son esprit « à la Mortemart » préfère se railler des autres avant que de l'être à son tour. Son combat pour garder Louis est surtout motivé par son orgueil. Elle ne veut pas déchoir.

Madame de Ludres, elle, oublie la discrétion car elle a trop à gagner de sa position. Elle se vante mal à propos de sa liaison avec le roi. Elle en retire un quart d'heure de célébrité, un moment de gloire fugace, lorsque les duchesses se lèvent sur son passage et que tous les courtisans semblent à ses pieds. Le roi s'irrite de perdre ainsi le contrôle de l'opinion publique. Marie-Élisabeth lui est moins chère que l'image qu'il veut donner de lui. Elle a oublié que c'était lui qui menait le jeu parce qu'il est roi, de surcroît roi absolu et de droit divin. Il s'en écarte. L'année suivante, elle part, s'en va vivre dans divers couvents parisiens, avant de regagner sa Lorraine natale pensionnée par le souverain. Son règne fut éphémère car une fois de plus Athénaïs, qui avait envie de l'étrangler paraît-il, parvint à se rétablir.

Amitié renouée

Le printemps s'écoule dans l'attente. Les deux Françoise séjournent ensemble à Maintenon, avec les enfants, car le roi est reparti à la guerre dès la fin du mois de février pour faire les sièges de Valenciennes et de Cambrai, puis inspecter les fortifications de Dunkerque, de Calais et de Lille. Il a donné l'ordre à Colbert de mettre à disposition de sa maîtresse près de cent mille livres pour ses dépenses courantes. Athénaïs, dévorée de chagrin à l'annonce de l'infidélité de son amant, a besoin d'une oreille compatissante que Françoise accepte bien volontiers de lui fournir. Les jours succèdent aux jours. On s'occupe des enfants, en attendant la naissance du prochain. Le 4 mai 1677, Athénaïs accouche d'une fille, Françoise-Marie, titrée Mademoiselle de Blois. La marquise fait ses couches chez son amie, au château de Maintenon. La fraîcheur de la campagne n'a pas rebuté la marquise qui a préféré un endroit calme, discret et éloigné de l'agitation mondaine. La propriété est une maison rendue confortable par les travaux qu'y a effectués Françoise. Deux demoiselles qu'elle héberge par charité y habitent à l'année, faisant vivre la maison où elle réside assez peu. Comme les autres naissances, celle-ci est tenue secrète. Françoise Scarron n'en souffle même pas un mot à son frère dans ses lettres, alors qu'elle s'est déroulée non seulement chez elle mais encore sous ses yeux, en sa présence.

L'annonce de la grossesse d'Athénaïs n'a pas causé au roi la joie et la satisfaction que lui avaient procurées les précédentes. Le jour de la naissance de sa fille, celui-ci est en train d'inspecter les fortifications de Lille. Il n'a pas été dans l'attente anxieuse de l'arrivée du bébé, comme celle inopinée à Saint-Germain du duc du Maine ou celle très attendue du comte de Vexin à Génitoy. Pourtant, cette naissance est l'occasion d'un renouveau de tendresse entre les deux amants. Louis aime ses enfants. Une nouvelle fois, un échange nourri de lettres entre le roi et Athénaïs les rapproche. Louis rentre de la guerre plus amoureux que jamais. Il est aussi victorieux sur le terrain militaire. À la fin du mois d'avril, en effet, il pénètre à Cambrai après en avoir fait le siège et fait célébrer un *Te Deum* dans la cathédrale. Le même jour, son frère, Philippe, entre à Saint-Omer.

Madame de Montespan s'est arrangée pour être présente à l'arrivée de Louis le 31 mai. Elle l'a précédé d'une journée. « Quel solide établissement », s'exclame alors Madame de Sévigné qui est restée pendant une heure dans la chambre de la belle marquise et a constaté le regain de faveur royale. Madame de Montespan, sa sœur Thianges à ses côtés, se repose au lit, parée et coiffée, en vue d'affronter une longue soirée, tout en médisant sur la pauvre Ludres : « Représentez-vous tout ce qu'un orgueil peu généreux peut faire dire dans le triomphe. » Le roi s'empresse auprès de sa maîtresse comme au début de leur liaison, sans contrainte et sans retenue. La passion est à son zénith. L'enthousiasme est débordant. « Il ne s'est jamais vu d'amour reprendre terre comme celui-là », s'extasie encore le 30 juillet 1677 l'épistolière.

Contrairement aux autres bâtards, le nouveau-né n'est pas confié à Madame de Maintenon. Aucune des deux Françoise ne le souhaite. La confiance est définitivement brisée de part et d'autre, bien qu'elles aient recommencé à vivre pacifiquement et paisiblement côte à côte. Les deux femmes ont chacune trop à perdre avec ce nouvel enfant. Françoise Scarron peut désormais vivre en toute indépendance ; elle ne souhaite pas se lier plus qu'elle ne l'est déjà. Le duc du Maine, âgé de sept ans, sera bientôt enlevé à ses soins et seul son état de santé médiocre le maintient sous la direction de sa gouvernante ; le comte de Vexin suivra rapidement. Françoise de Montespan souhaite, quant à elle, rester proche de sa fille. Elle veut éviter qu'une tierce personne, par sa trop grande implication, ne fasse écran entre elle et ses enfants, jetant sur elle le soupçon de l'indifférence maternelle.

En même temps, Athénaïs entend profiter pleinement de son amant et seule. Aussi s'évertue-t-elle à éloigner la gouvernante avant le retour du roi de la guerre. Une nouvelle cure est décidée pour Louis-Auguste. Mais Françoise insiste pour que le duc du Maine voie son père avant de partir pour Barèges. C'est elle qui gagne. Et, c'est après avoir revu Louis que Françoise et le garçonnet entament leur périple, le 8 juin 1677. Mais autant le premier voyage a été un succès miraculeux, autant le second est moins spectaculaire.

Françoise avec son petit protégé reprend la route du sud, qui passe par Poitiers et par Cognac où son frère vient d'obtenir le poste de gouverneur. On emmène le médecin Fagon[1], le précepteur Le Ragois, un aumônier, six valets de chambre, trois femmes pour elle et toutes sortes d'officiers. Le duc et elle ont deux lits qui les suivent. Ils dorment dans la même chambre. Mais avant

1. Guy-Cressent Fagon, né la même année que le roi en 1638, a fait ses études à la faculté de médecine de Paris et enseigne la botanique au Jardin des plantes. Ses travaux portent sur la circulation sanguine. Protégé par Madame de Maintenon, il fut médecin du duc du Maine, puis premier médecin de la Dauphine, devint, en 1693, premier médecin du roi à la suite de la disgrâce de Daquin protégé par Madame de Montespan. C'était un homme dont l'autorité n'était guère discutée et qui terrorisait ses confrères.

d'arriver à Amboise, Louis-Auguste présente des poussées de fièvre qui redoublent sur place. La cure n'a aucun effet. Le médecin Fagon s'avoue pessimiste. Les accès fébriles sont tels que le pronostic vital est engagé. Le petit duc a développé une fistule dans la région anale qui entraîne des accès de fièvre dès qu'elle se referme, le pus infecté ne pouvant alors sortir. On pense qu'il est sur le point de mourir. C'est l'abattement. Françoise Scarron est désespérée. Ses lettres résonnent de ses cris de détresse. Puis, après quelques jours, alors que tout espoir semble perdu, Louis-Auguste se rétablit, car les bains et les douches ont fini par ramollir les chairs et par percer la fistule. La fièvre retombe aussitôt. Afin de ne pas soumettre son organisme à une contrainte trop épuisante, on le redescend à Bagnères plus tôt que prévu. Il y termine sa cure sous la surveillance et selon les prescriptions conjuguées de Fagon et du docteur Guttère qui, en quête de publicité, espère retenir le plus qu'il le peut le royal patient.

Lors de ce second séjour, la correspondance avec Madame de Montespan est abondante. Le petit duc, qui a deux ans de plus qu'au précédent voyage, est parti avec son précepteur, Monsieur Le Ragois, qui s'emploie à instruire son pupille quand les forces de l'enfant le lui permettent. Le précepteur a décidé de profiter également des bienfaits d'une cure et prend les eaux de concert avec son élève. Dans leurs bagages, on a mis des livres et des devoirs à faire. Après l'alerte des premiers jours, le quotidien reprend son cours habituel et monotone. En trois mois, Louis-Auguste a lu les vies d'Alexandre, de César et de Pompée. Il a écrit de belles pages à sa mère où il l'appelle « Belle Madame », l'assure de l'aimer « passionnément », lui demande de toujours se « souvenir de votre petit mignon » et d'insister auprès du roi pour qu'il ne l'oublie pas non plus. Il lui réclame des présents qui témoignent de son amour maternel. Il y a longtemps qu'il a envie d'avoir une petite pendule semblable à celle qu'elle possède. Il demande à sa mère de lui en envoyer une dans un petit paquet. Offert par elle, ce cadeau n'aurait pas de prix et lui causerait un plaisir extrême. Quelques jours plus tard, le garçon reçoit l'exacte pendulette qu'il convoitait et s'empresse de venir remercier sa mère en l'assurant qu'il est heureux de lire l'écriture tracée de sa « belle main et tout pleine de caresses ». Pendant son séjour, Françoise lui fait rédiger des lettres qu'elle a l'intention de faire arranger par le dramaturge et historiographe du roi, Jean Racine en personne. À son retour, elle les fait imprimer dans un recueil intitulé *Œuvres diverses d'un auteur de sept ans* qu'elle offre à Athénaïs de la part de son fils pour les étrennes du nouvel an 1678.

Le duc du Maine écrit aussi à son père : « Je ne suis si tendre aux marques de votre amitié, que je ne puis souffrir que vous en donniez à d'autres… n'ayant rien de plus précieux au monde que de plaire à Votre Majesté. » Malgré la précocité de l'enfant, on soupçonne de voir derrière ces belles lettres la plume de Françoise Scarron et aussi ses souhaits personnels. Ne sont-ce pas des lettres d'amour ? Si Louis-Auguste est instrumentalisé par sa gouvernante, personne n'y voit aucun mal, car celle-ci a soin de son confort. C'est lors du séjour à Barèges que le jeune duc obtient de sa mère de passer définitivement de la robe aux culottes. Petit homme désormais, il donne le prétexte de ce que les jupes l'entravent pour marcher. On le lui accorde d'autant plus volontiers que les soins lui sont extrêmement pénibles. La douleur lui arrache souvent des cris désespérés. L'eau est fraîche ; il tremble de froid ; ses plaies sont à vif ; les bains durent longtemps ; les douches sont puissantes. Il se plaint. Il se détend avec des jeux d'enfants simples. Les déguisements lui sont une belle distraction. Plus d'une fois, il emprunte les « hardes » de sa gouvernante pour se déguiser en fille et s'amuser comme il peut. Les domestiques fabriquent des moulins à eau et Monsieur Le Ragois en profite pour l'instruire sur la circulation des liquides. Malgré tout, la troupe finit par s'ennuyer ferme et tout le monde ne songe qu'à repartir. Le retour se fait en septembre, par Tarbes, Vic, Aire-sur-l'Adour, Roquefort, Captioux, Langon et Bordeaux. Puis Blaye, Jonsac et Cognac où Charles d'Aubigné attend sa sœur.

En dépit du ton alerte des lettres échangées en août, le séjour n'est pas une entière réussite. On murmure dans l'entourage royal que le petit duc, qui n'a pas montré le bout de son nez depuis son retour, boite plus en revenant qu'en partant. Ces bruits ne sont que des racontars, car à Noël Louis-Auguste arrive à marcher quasi normalement. En ce 25 décembre, son père se permet même un « petit signe de tête » en direction de son fils au sortir de la chapelle du château de Saint-Germain où la Cour passe les fêtes. Madame de Maintenon devrait en être heureuse. En fait, la monotonie a repris le dessus.

Lassitudes

Durant le séjour à Barèges, elle a eu le chagrin d'apprendre la mort de Madame d'Albret, un an après celle du duc d'Albret son époux. Françoise perd une amie. Elle est préoccupée aussi par ses affaires familiales et l'hypothétique mariage de son frère. Un nouveau projet est envisagé auquel Madame de Montespan consentirait volontiers. Mais des histoires d'argent le compromettent, car le futur époux est trop gourmand financièrement. Soudain, Charles d'Aubigné annonce à sa sœur qu'il se marie. Le 23 février 1678, il épouse la très jeune Geneviève Piètre, fille d'un médecin, conseiller du roi. Les raisons de ce mariage échappent complètement aux deux amies, scandalisées, car il n'est même pas certain que la fiancée ait beaucoup de biens. Françoise Scarron ne se remettra jamais de devoir supporter une belle-sœur aux antipodes de ce qu'elle espérait pour son frère. Elle qui cherche à s'élever est tirée vers le bas par ce frère qui la fait tomber en simple bourgeoisie. Elle qui connaît désormais bien les usages mondains est outrée de constater la mauvaise éducation de Geneviève. Fille unique d'un couple de bourgeois, adorée par ses parents, elle est, au dire de Françoise, une petite personne mal éduquée, pimbêche, qui se prend pour le centre de l'univers, se croit une pure beauté. Elle est parfaitement ridicule. Elle s'attend à être habillée des plus somptueuses robes, couverte d'or et d'argent comme les princesses des contes. Elle pense que ses moindres caprices seront exécutés sur-le-champ par des valets et des servantes. Elle escompte que son mari lui donne une femme de chambre. Son incivilité est insupportable, ses prétentions et son langage peu châtié risquent d'en faire la risée de la bonne société. Madame de Maintenon, qui la trouve ordinaire et tout à fait ridicule, craint que son frère ne se lasse rapidement de sa jeune épouse, ni belle, ni charmante, ni racée.

Athénaïs, forte du regain d'amour de Louis, découvre au milieu de l'automne qu'elle est enceinte. Elle enfile ses robes battantes, sait que le roi se fera moins pressant auprès d'elle et en prend son parti. Elle est conviée à suivre la reine qui accompagne son époux en Lorraine d'où il compte aller assiéger Gand par surprise. En plein hiver, le 7 février 1678, ils partent sur les routes enneigées. « Je suis inconsolable, Belle Madame, de vous avoir vue partir aujourd'hui », lui écrit son fils aîné. Et dans quelles conditions ! Les chemins sont boueux et sales. Les voitures s'embourbent. Le roi semble néanmoins attentionné, car c'est aux côtés de la Belle Madame qu'il passe le plus clair de son temps. Athénaïs tombe malade. Elle a plusieurs accès de fièvre dont Louis s'inquiète. Vaillante, elle suit le convoi sans mot dire. Elle finit par se rétablir pour continuer le trajet dans le carrosse de la reine qui l'accueille aimablement. Après être passé par Provins, Sézanne, Vitry-le-François, Bar-le-Duc, Toul, Metz et Verdun, Louis se sépare pour marcher vers Gand où il arrive le 4 mars à 9 heures du matin. Ces dames rallient Lille où elles sont logées à l'archevêché. Athénaïs fait là un dernier effort en allant à Oudenarde afin d'avoir Louis pour elle seule. Gand est pris le 9 mars, puis c'est au tour d'Ypres, investi le 25 mars. Le roi retrouve la reine à Lille le 26 mars et rentre à Saint-Germain le jeudi saint, 7 avril. Le reste de l'année est sédentaire pour le souverain qui reçoit de nombreuses délégations étrangères en vue de mettre fin à la guerre. En effet, las des hostilités, les Provinces-Unies négocient la paix qui est signée en août à Nimègue.

Le voyage a donc été particulièrement éprouvant pour Athénaïs dont la grossesse approche de son terme. Elle a emmené sa fille de quatre ans, Mademoiselle de Nantes, qui a dormi parfois à même le sol sur de la simple paille. Elle rentre épuisée d'avoir dû s'occuper de la petite tout en étant enceinte et souffrante. Deux mois plus tard, le 6 juin à Versailles, elle accouche d'un fils, Louis-Alexandre. Elle vient, à trente-sept ans, de mettre au monde son neuvième et dernier enfant. En 1681, il est légitimé avec sa sœur Françoise-Marie, née l'année précèdente, et titré comte de Toulouse. Ce qu'Athénaïs ne dit à personne, c'est que le roi s'est définitivement lassé d'elle. Il ne lui aurait même plus touché le « petit doigt » depuis des mois, c'est-à-dire depuis novembre ou décembre 1677. Longtemps après, l'abbé de Choisy en aurait reçu la confidence de Madame de Miramion, une sainte dévote parisienne, à laquelle Athénaïs se serait confiée[1].

Athénaïs cache sa disgrâce le plus longtemps possible. Elle agit avec ostentation pour maintenir son rang de favorite. Elle obtient ainsi du roi qu'il fasse « la dépense » pour armer en son nom un navire, *Le Hardi*, basé à Rochefort, c'est-à-dire le réparer, l'approvisionner en munitions et en vivres, puis recruter des marins originaires de sa province natale. C'est aussi sous son patronage qu'est fondé, en 1681, à Saint-Germain l'Hôpital royal général[2]. Marie-Thérèse avait fondé en 1670

---

1. Abbé de Choisy, *Mémoires pour servir à l'histoire de Louis XIV*, Paris, Librairie des bibliophiles, 1888, p. 136. L'abbé précise que « la bonne dévote, à ce qu'elle m'a dit, se serait bien passée de la confidence ». Voir Dirk Van der Cruysse, *L'Abbé de Choisy. Androgyne et mandarin*, Paris, Fayard, 1995.

2. Cf. François Boulet, *Leçon d'histoire de France : Saint-Germain-en-Laye*, Paris, Les Presses franciliennes, 2006, p. 92-96 ; et Paule Savare, « L'apothicairerie royale de Saint-Germain-en-Laye », *Histoire de la pharmacie*, année 1945, vol. 33, n° 115, p. 30-31. L'hôpital, fermé en 1802, devient la demeure-atelier du peintre Maurice Denis en 1914.

l'hôpital de la Charité comprenant soixante-deux lits, mais les secours étaient insuffisants. La ville s'était transformée grâce à la présence de la Cour et attirait un nombre important de mendiants et de gens pauvres, que le roi souhaitait voir disparaître. Il pria son ancienne maîtresse de concevoir le projet qu'il scella par lettres patentes en 1696. Madame de Montespan acheta des terrains rue Fourqueux où furent construits les bâtiments : cuisine, buanderie, dortoir de vingt-cinq lits pour les hommes et un autre de vingt-neuf lits pour les femmes, une chambre pour les sœurs, une autre pour le chapelain. La chapelle fut le dernier bâtiment à sortir de terre, dix-sept ans plus tard. Sa première pierre fut posée, le 12 juin 1698, en présence du duc du Maine et du maréchal de Noailles, premier capitaine des gardes du corps du roi dont le magnifique hôtel, bâti par Jules-Hardouin Mansart, s'élevait non loin de là. Athénaïs souhaita également installer un couvent d'ursulines, pour l'instruction des jeunes filles pauvres ou riches « en la crainte de Dieu et aux ouvrages de leur sexe », pour lequel le roi offrit l'hôtel des Fermes. Il transféra les services financiers ailleurs. C'est dire l'ascendant qu'elle conserve sur Louis qui s'ingénie aussi à ne rien laisser transparaître de ses nouvelles aversions et de ses nouvelles habitudes.

Passe d'armes

Madame de Montespan se garde bien de mettre Françoise Scarron dans la confidence de sa disgrâce. Elle la jalouse en secret car elle voit, comme tous les courtisans, que le roi n'a plus les préventions qu'il avait contre elle et qu'un sentiment tendre, d'estime et d'admiration est né entre eux. Devoir accoucher encore alors que le roi ne l'aime plus représente pour elle une humiliation terrible. Car pourquoi supporter les douleurs de l'enfantement, les risques encourus, si c'est en vain ? Elle reporte son désespoir et sa rage sur celle qui se trouve à ses côtés. À la veille de mettre au monde le comte de Toulouse, au tout début du mois de juin 1678, elle s'en prend violemment à Françoise, la rendant responsable de l'attitude variable du roi. Françoise, réplique qu'elle n'y est pour rien. Elle lui avait même conseillé de ne plus accoucher, en d'autres termes elle lui avait crûment dit de refuser toutes relations charnelles avec le roi. Cette passe d'armes entre les deux femmes, qui survient après des mois d'entente cordiale, marque un tournant. Pressentiment chez Athénaïs : son intuition lui révèle que la femme qui est susceptible de la supplanter dans le cœur du roi est la veuve Scarron, si incroyable que cela puisse paraître. Ce qu'elle sentait confusément jusque-là lui saute aux yeux. C'est par cette femme qu'elle a appréciée, qu'elle a distinguée, qu'elle a choisie pour la seconder dans son travail de mère, dont elle a contribué à faire la carrière qu'elle risque d'être remplacée. Athénaïs a, de ses propres mains, bâti le piège qui se referme lentement sur elle. À moins que, dans un sursaut, elle parvienne à redresser la situation, comme elle y est parvenue à plusieurs reprises dans le passé.

De son côté, Françoise Scarron est plongée dans un grand trouble. Depuis près de dix ans, elle s'emploie à séparer le roi et sa favorite. Telle est la mission secrète qu'elle s'est fixée en acceptant de devenir la gouvernante des petits bâtards. Or le divorce des amants rend caduques ses efforts et lui ouvre de nouvelles perspectives. Si Athénaïs s'effaçait pour laisser place à Françoise Scarron ? Ses pensées sont ambiguës. Elle éprouve une attirance pour Louis, pour le roi, pour l'homme qui la regarde et qui commence à rechercher sa compagnie. Elle veut être sa maîtresse tout en le redoutant, sans doute parce qu'elle n'est plus toute jeune et a des attraits moindres que ceux des jeunes beautés qu'il peut attirer à lui. Elle redoute un ménage à trois : elle, le roi et une amante plus jeune. Elle sait que l'adultère est un péché et se veut irréprochable. Elle espère tant qu'il va se mettre à l'aimer, tout en craignant cette éventualité. Cette perspective est tout à la fois excitante et angoissante pour une femme qui se veut vertueuse. Son caractère timoré en amour lui impose de ne pas céder, alors que son ambition y trouve un but ultime et magnifique. Elle résiste à ses sentiments et ce faisant elle résiste au roi. Elle n'a pas été malheureuse à Barèges seulement parce que Louis-Auguste était souffrant, elle fut triste et angoissée de s'être éloignée de la Cour. Elle a subi de violentes crises de migraines, tandis que le roi était auprès de maîtresses dans la fleur de l'âge. Elle n'entend pas être son amante, tandis que des jeunettes défileront dans son lit. Louis se venge de la résistance passive de Françoise en s'étourdissant avec d'autres. Leur « couple » est hypothétique : la favorite vient d'accoucher et le roi semble redoubler de prévenances à son égard, la reine est en pleine santé, des myriades de jeunes femmes passent devant les yeux du roi, Françoise n'est qu'une gouvernante de petite noblesse et, de surcroît, d'âge mûr.

Athénaïs n'est donc plus la maîtresse du roi. Il est indéniable que les amants n'en sont plus. L'ardeur amoureuse royale s'est rapidement tiédie après le regain de passion de l'été 1677. Le début de l'hiver signe la fin de leur relation. Le roi se détourne définitivement. Mais il veille sur sa seconde famille, l'illégitime, avec affection, tendresse et régularité, ce qui diffère la chute de la Belle Madame. Les rapports de force ont bel et bien changé, puisqu'elle ne peut plus se targuer de retenir sensuellement le souverain. Ce nouvel équilibre compromet également la situation de Françoise. Madame Scarron va devoir une fois encore patienter avant que le destin ne se manifeste. Rien ne va plus pour les deux amies. Alors elles s'accrochent l'une à l'autre désespérément dans l'espoir de faire ployer Louis. Athénaïs reste la favorite en titre. Les deux femmes vont accepter, comme du temps de Mademoiselle de La Vallière, cette mascarade, l'une pour défendre son statut de mère des légitimés, l'autre pour tenter de trouver le chemin du cœur du roi. Par leur complicité constante, d'abord amicale ensuite haineuse, elles ont ensemble, la main dans la main, toujours joué le jeu du roi. Car au centre du dispositif se trouve Louis, souverain absolu de droit divin, qui par ses choix, dirige le ballet des séductions. Roi machine, il tient peu compte des sentiments des unes et des autres. Il organise son existence pour satisfaire ses caprices, car tel est son bon plaisir. Athénaïs est furieuse de sentir qu'il l'écarte. Elle va devoir s'effacer. Mais dans sa haine, Madame de Montespan éprouve peut-être une sorte de satisfaction à imaginer qu'elle sera bientôt remplacée par l'une de ses créatures. Pour le moment, Louis, saisi par le démon de midi, se laisse tourner la tête par des jeunesses.

9

CHASSÉ-CROISÉ

En mars 1679, Madame de Maintenon écrit à l'abbé Gobelin que le roi « est au bord d'un grand précipice ». Le 15 mars, Madame de Montespan part brusquement de Saint-Germain pour Paris. Le roi et sa favorite se sont violemment querellés. Sur un coup de tête la voilà partie pour la capitale, fâchée. On ne sait rien sur l'objet de cette dispute, mais la raison se devine aisément. De plus en plus souvent, Athénaïs éclate de colère face au roi. Elle ne supporte pas l'indifférence du souverain. Les anciens amants sont gênés de se trouver l'un en face de l'autre maintenant qu'il n'y a plus d'amour du côté du roi. Athénaïs regrette de ne l'avoir pas assez aimé, d'avoir parfois montré de la froideur, d'avoir été distante, de s'être laissé aimer plus que d'avoir aimé. Elle hésite à dire au roi ce qu'elle a sur le cœur, qu'une nouvelle venue, Mademoiselle de Fontanges, l'indispose, que le souverain ferait mieux de ne pas se laisser tourner la tête, que la situation est ridicule, que la jeunesse de la demoiselle va faire jaser, qu'elle est si sotte qu'elle ne mérite pas sa faveur… Les mots dits, elle part, brouillée.

Au bord du précipice

Marie-Angélique de Scorailles de Roussille de Fontanges, issue d'une des plus grandes familles d'Auvergne, est choisie en 1678 comme fille d'honneur de la princesse Palatine. Fontanges, d'une blondeur étincelante, « belle comme un ange de la tête aux pieds », selon la princesse Palatine, est une « tête furieusement romanesque, mais sans esprit ». Louis s'étourdit avec cette beauté parfaite, jeune et complètement stupide. Il se venge d'avoir été sous l'emprise de la Belle Madame. Quel repos après les années passées aux côtés d'une femme forte, à l'esprit délié ! Ici, rien de tel. La conversation ne roule sur rien. Le roi n'a rien à prouver. Il est seulement souverain, éblouissant et somptueux malgré le passage des ans qu'une jeune femme de dix-huit ans pourrait trouver rebutant. Mais le pouvoir a des séductions qui suppriment les préventions naturelles. De toutes les maîtresses royales, Marie-Angélique est incontestablement celle qui a succombé le plus rapidement, c'est-à-dire immédiatement, sans se poser de questions, d'autant plus fière de ses charmes qu'elle a l'insouciance de la jeunesse et que son horizon mental se borne à son apparence extérieure.

La reine demande à Athénaïs d'accepter de revenir et de continuer son service auprès d'elle. Marie-Thérèse se rapproche de la belle marquise, sans doute secrètement heureuse de l'affront qu'elle subit. Désormais toutes les femmes de l'entourage de Louis vont se liguer contre la Fontanges. Puis, pour Pâques, comme si rien n'était changé dans les préférences du roi, le clergé l'exhorte à nouveau à être sage. Elle a des entretiens avec le père César et fait comme si elle en tirait bénéfice. Mais il y a déjà quelques mois qu'elle n'a plus de relations charnelles avec Louis. Elle se comporte comme si elle était toujours sa maîtresse, alors que depuis longtemps la séparation est consommée. Athénaïs assiste à l'office des Ténèbres derrière la chaise du roi. Prévenue qu'elle doit à nouveau s'éloigner durant la semaine sainte, elle obtempère. Le roi, lui, fait ses dévotions, touche les malades. « Tout est fort pénible ici », écrit-elle au duc de Noailles le 30 mars 1679[1]. Il est pénible, en effet, de jouer un rôle.

Que se passe-t-il exactement ? Personne ne saurait le dire. Le roi au fond de lui ne le sait pas non plus. Mademoiselle de Scudéry, pourtant aguerrie et experte en questions amoureuses, avoue en avril 1679 à Bussy-Rabutin qu'elle ne saurait « quoi lui dire des amours du roi », parce que « l'intéressé ne sauroit en assurer lui-même ». Il se laisse aller au gré de ses envies, entourant ses amours d'une opacité déroutante. Il brouille les cartes, parce que, pour la première fois de son existence, il doute. Il est emporté par une passion sensuelle dont il sait qu'elle sera brève car il est arrivé à un point de sa vie où il aspire à autre chose. Est-ce une conversion chrétienne ? Est-ce

1. Anne-Jules de Noailles (1650-1708) est un valeureux militaire, général en 1693, qui a reçu le duché-pairie en 1678. L'une de ses filles épousa en premières noces le petit-fils de la marquise de Montespan et, en secondes noces, le comte de Toulouse, son fils légitimé. Une autre fille épousa le duc de La Vallière, parent de l'ancienne maîtresse royale, tandis qu'un de ses fils, qui fut troisième duc de Noailles, épousait Françoise d'Aubigné, nièce de la marquise de Maintenon. Madame de Montespan nourrit une correspondance amicale avec le duc, ainsi qu'avec son épouse, Marie-Françoise de Bournonville, fille du duc de Bournonville. Le couple eut dix-huit enfants entre 1672 et 1695.

le retour à la fidélité conjugale prônée par son entourage ecclésiastique ? Est-ce une fatigue physique alors qu'il vient de fêter ses quarante ans ? Quelques années auparavant, à Villarceaux qui se proposait pour s'entremettre auprès de sa nièce, espérant quelques faveurs en retour, Louis aurait répondu qu'une jeune fille de quinze ans n'était plus de leur âge et qu'il ne souhaitait pas se ridiculiser[1]. Le roi a-t-il à ce point perdu la tête qu'il a oublié ce principe ? Sans doute non car, en réalité, le problème est moins la différence d'âge que le refus de se laisser dicter sa conduite par autrui. L'autoritarisme d'Athénaïs a fini par le lasser. Leur séparation résulte d'une incompatibilité d'humeur que les années ont accentuée, tandis que leur entente charnelle était insuffisante à les souder. Avec le temps, Athénaïs n'est plus arrivée à supporter son orgueil de mâle renforcé par sa position de souverain absolu. Incapable de faire des efforts pour le retenir et de se plier à ses volontés, elle préfère le voir s'éloigner. Le couple est en train de divorcer. À la Cour, personne ne sait au juste où loge Mademoiselle de Fontanges. « Au-dessus de la chambre du roi », murmure-t-on sans trop y croire.

Éclatante disgrâce

Les apparences sont trompeuses. Tout le monde soupçonne le roi de coucher avec la blonde Auvergnate, mais c'est Athénaïs qui supporte toujours le poids de la

1. Madame de Sévigné, lettre du 23 décembre 1671. Louis avait alors trente-trois ans et Villarceaux cinquante-deux.

culpabilité. Favorite qui n'est plus maîtresse, arborant fièrement ses bâtards qui ont rang princier, elle se maintient, espérant encore contre toute attente. Mais la seule chose qu'est capable de lui donner son ancien amant, c'est une chaîne de plus pour la retenir à la Cour. En avril, il lui accorde la charge de surintendante de la maison de la reine en lieu et place de la comtesse de Soissons, pour qui la charge avait été créée. La comtesse est priée de se démettre de ses fonctions contre deux cent mille écus[1]. Le titre exact est « chef du conseil et surintendante de la maison de la reine ». Elle reçoit le serment de fidélité des officiers et officières de la Chambre. En 1671, le roi avait pensé déjà l'offrir à sa maîtresse qui en avait envie, mais la transaction ne s'était pas faite. En 1679, elle arrive trop tard pour faire plaisir à Athénaïs. La charge prestigieuse est assortie d'émoluments confortables de six mille livres, mais interdit à Athénaïs de partir, d'autant qu'elle conserve sa fonction de dame d'honneur. Elle devra, présente au milieu de la Cour, contempler le spectacle de son désastre personnel. « Il a donné cela pour récompenser des services passés », analyse avec lucidité Bussy-Rabutin. La rumeur va bon train : on dit qu'elle veut aller à Fontevrault près de sa sœur, on parle déjà de son raccommodement avec son mari et de ses retrouvailles avec son fils, le futur duc d'Antin, âgé de quatorze ans, dont elle souhaiterait « faire la fortune ». Ce ne sont que des rumeurs puisqu'elle reste.

1. Cette disgrâce d'Olympe Mancini, comtesse de Soissons n'a rien à voir avec sa possible implication dans l'affaire des Poisons. En avril 1679, le lieutenant de police Nicolas de La Reynie n'en est qu'au début des investigations et la chambre ardente ne se réunit pour la première fois que le 10 avril 1679.

Il faut à Athénaïs une force de caractère peu ordinaire pour endurer une disgrâce aussi éclatante. Elle ne se montre jamais plus libre et audacieuse que dans l'adversité, car elle ne s'avoue jamais vaincue. Elle se maintient contre vents et marées, sûre depuis toujours de sa grandeur. Seuls quelques signes montrent qu'elle souffre, blessure d'amour et blessure d'amour-propre : elle joue beaucoup, abandonnant au jeu des sommes d'argent incroyables dont le roi lui fait parfois reproche ; elle boit « bravement », sans doute plus que de raison à une époque où les femmes s'abstiennent de boissons fortes, mais sans jamais s'enivrer ; elle grignote aussi, arrondissant son tour de taille. Mais il est une chose qui ne change pas : elle garde son esprit railleur.

Si les courtisans font profession d'observer les sentiments du roi, les dix années d'emprise de la belle marquise ne leur ont donné que peu d'occasions de médire. Elle fut souveraine absolument. Mais cette vie d'apparat, soumise à l'étiquette, cette vie de contraintes, remplie d'hypocrisies, est lassante. Les sacrifices que l'on accepte à vingt ans d'un cœur léger deviennent par la suite des servitudes pesantes. Athénaïs a joué son rôle à la perfection. Mais elle est lasse de courir derrière un roi hyperactif, épuisant pour son entourage, toujours en mouvement, toujours en représentation. Louis aussi se fatigue. En bon père de famille, il aspire à se retrouver au milieu des siens et bientôt renonce à aller sur les champs de bataille. Il lui faut trouver une compagne pour sa vieillesse. Ce ne peut être cette divine créature avec qui il a vécu une passion extraordinaire. Le Piémontais Primi Visconti, qui vit à la cour de France depuis 1673, a eu le loisir d'observer Athénaïs. Il juge qu'elle avait pris sur lui « un ascendant qui était devenu une sorte de domination », ce que le biographe de Françoise Scarron, l'archévêque Languet de Gergy, résume en disant qu'elle « se faisait une criminelle gloire de tenir en ses fers un aussi grand roi que l'était Louis XIV ». Il est permis de penser que l'amant magnifique était d'autant plus pris au piège qu'il avait trompé sa maîtresse, mais que le chef d'État, lui, n'avait jamais mélangé ses affaires de cœur et la politique. L'ascendant de Madame de Montespan, quoique absolu, se bornait à sa vie privée.

Durant cette décennie, le caractère d'Athénaïs s'est infléchi pour devenir de plus en plus insupportable, si bien que la princesse Palatine dit à son propos qu'elle était devenue un « diable incarné ». Elle s'est endurcie de tous côtés : d'abord vis-à-vis de ses enfants qui font désormais sa gloire, puis vis-à-vis du roi qu'elle se résout tant bien que mal à voir se détourner d'elle, gardant toujours l'espoir d'un revirement inattendu. Les querelles entre les deux anciens amants font les gorges chaudes de la Cour. Aussi le roi préfère-t-il ne plus aller la voir qu'après la messe et après le souper. Ses appartements restent un point de passage obligé pour les courtisans et le souverain, qui viennent quotidiennement s'y délasser et jouer. Mais il n'est plus question d'entretiens privés. « Il vaut mieux se voir peu avec douceur que souvent avec de l'embarras », conclut la Belle Madame. Le 11 avril 1679, elle est autorisée à prendre le rang de duchesse, afin qu'elle soit distinguée des autres dames. Et le 1er mai suivant, elle ajoute à sa pension une seconde de quinze mille livres. Personne n'est plus dupe. Il lui arrive ce qu'il est arrivé aux autres : elle est honorée de titres plus que de coutume afin de compenser sa disgrâce. Ce sont des cadeaux d'adieu.

Patienter encore

De son côté, Françoise Scarron attend, patiente. Le trait de caractère le plus fort chez elle reste bien cette patience qui va lui permettre de s'élever au-dessus de tout ce qu'elle pouvait espérer dans ses rêves les plus fous. Un jour, Athénaïs reproche à Françoise Scarron de vouloir devenir la maîtresse du roi. Moquerie de l'intéressée qui réplique du tac au tac qu'il ne convient pas de lui reprocher une faute dont elle lui a montré l'exemple. Pourtant, Athénaïs a vu juste. Sa vraie rivale est bien Françoise. Elles ont appris à connaître le roi et savent qu'il sera infidèle à sa jeune maîtresse dès la première occasion. Les liens tissés entre la gouvernante et le roi depuis près de neuf ans maintenant n'ont fait que renforcer leur attachement réciproque. Athénaïs et Louis formaient un couple jeune, libre de toute attache, un couple à la mode, sorte d'icône mondaine, un couple dans lequel les enfants avaient une moindre part. Louis aspire désormais à autre chose, un couple parvenu à maturité, avec les responsabilités qu'exige l'éducation d'enfants. Seul face au pouvoir, il souhaite désormais que son intimité soit reposante. Avec Athénaïs, il était toujours en représentation, il aspire à connaître un bonheur intimiste qui échappe à la dure loi de la Cour. Il aimerait s'affranchir des contraintes sociales pour vivre à sa guise. Françoise peut lui offrir une nouvelle vie, tant son amour pour les bâtards a montré son cœur de mère. Le roi sait depuis longtemps qu'elle a l'âme d'une pédagogue. Elle lui paraît une femme douée pour calmer les angoisses.

Il est loin le temps où Louis avait des préventions contre elle, parce qu'elle avait l'image d'une Précieuse. À la fois fasciné par les femmes cultivées et méfiant envers les « beaux esprits », Louis restait indécis quant à l'attitude à observer envers celle qui lui semblait une émanation des familiers que l'hôtel de Rambouillet avait longtemps abrités et « dont les hôtels d'Albret et de Richelieu étaient une continuation », selon le jugement de la marquise de Sévigné[1]. En réalité, l'hôtel de Rambouillet s'était équitablement partagé pour et contre Mazarin lors de la Fronde. Le souverain n'avait donc, contrairement aux allégations de l'épistolière, aucune raison d'en vouloir à ce cercle mondain. Et la préciosité qui y régnait, injustement caricaturée par Molière dans *Les Femmes savantes*, était une tentative féministe avant la lettre, remplie de bon sens, qui rejetait la galanterie seulement dans ce qu'elle avait de péjoratif pour les femmes. Mais cet effort de conciliation entre les sexes ne fut pas compris. Quelques personnages par leurs bizarreries jetèrent le ridicule sur ces institutions mondaines. Précieux et Précieuses furent moqués. Pourtant, les liaisons formées dans ces cénacles dépassaient les amitiés intellectuelles et les sympathies naturelles. Ceux et celles qui les fréquentèrent restèrent liés à vie. Ainsi Madame Scarron racheta au propre cousin de la marquise de Rambouillet, déesse tutélaire de son hôtel, le domaine de Maintenon, nom sous lequel elle se fit connaître pour la postérité. Et

1. Lettre de février 1671.

Louis XIV qui, par goût, appréciait les femmes savantes, c'est-à-dire les femmes cultivées et astucieuses, fut heureux de trouver d'abord chez Madame de Montespan, ensuite chez Madame de Maintenon, un peu de l'esprit de ces salons.

Pourtant, le roi avait mis du temps à s'intéresser à Madame Scarron qui, au moment où elle s'installait à la Cour, lui paraissait insignifiante en comparaison d'Athénaïs. Le maréchal de Lorges, capitaine des gardes qui suivait le roi partout, assista un jour à un dialogue vif entre Louis et sa maîtresse au sujet de la gouvernante. Louis ne comprenait pas la fantaisie de Madame de Montespan pour elle, et son opiniâtreté à la garder après tant de fois qu'il l'avait priée de s'en défaire. Il conclut en disant qu'il voulait bien lui donner encore quelque chose, pourvu qu'on lui promît qu'il ne la verrait plus et qu'on ne lui en parlerait jamais. Dix ans plus tard, l'opinion du roi a changé du tout au tout. Le tempérament réaliste de Françoise et la solidité de ses opinions constituent des atouts sérieux face aux doutes qui saisissent le Roi-Soleil dans l'exercice toujours plus solitaire du pouvoir. Il recherche une présence bienveillante et discrète qui le rassure dans ses prises de décision, car, au fond, Louis est un homme timide, sans aucune vocation de despote, s'employant à bien faire son métier de roi. Le duc de Saint-Simon, qui appelle Françoise tantôt « enchanteresse », tantôt « fée incroyable », tantôt « suivante pour ne pas dire servante », en fait l'instrument du châtiment du souverain qu'il déteste : « La fortune, pour n'oser nommer ici la Providence, qui préparait au plus superbe des rois l'humiliation la plus profonde, la plus publique, la plus durable, la plus inouïe, fortifia de plus en plus son goût pour cette femme adroite et experte au métier[1] », entendez prendre un homme dans ses filets.

Défaite

Les deux femmes passent l'été 1679 ensemble à Clagny car si, par extraordinaire, le duc du Maine va bien, ses frères et sœurs sont malades. La gouvernante conduit Mademoiselle de Tours dans une maison isolée du parc de Saint-Germain pour éviter qu'elle ne contamine les autres. Cet été où apparemment tout est calme est pourtant décisif. Le roi a passé les mois de juillet et d'août à recevoir les ambassadeurs étrangers à Saint-Germain, à Versailles ou à Fontainebleau. Deux grandes affaires sont en préparation. La première est le mariage du roi d'Espagne avec Mademoiselle, la fille de Monsieur. La diplomatie a succédé au bruit des armes après la paix signée à Nimègue l'année précédente. Les tractations se poursuivent durant l'automne et aboutissent, aussi, au mariage du Dauphin avec Marie-Anne, sœur de l'électeur de Bavière.

Athénaïs ne s'avoue pas vaincue. Le 25 septembre, le roi et Madame de Montespan ont une grande conversation dans l'orangerie du château de Versailles. Ils sont seuls. Mais au lieu de la réconciliation espérée, la conversation tourne au vinaigre. Dehors, on entend l'écho de paroles d'aigreur. Le roi reproche à son ancienne maîtresse de le harceler à propos de Mademoiselle de Fontanges et lui explique qu'il est las de se voir tourmenté

1. Saint-Simon, *op. cit.,* t. V, p. 547 et *sq.*

sans cesse. En substance, il lui dit que ce n'est pas parce qu'elle a été sa maîtresse qu'elle doit lui dicter sa conduite. Les mots violents se renouvellent. Ils sont dits si fort que leur bruit s'entend aux abords du pavillon. C'est maintenant Françoise Scarron qui est moquée par Athénaïs, qui reproche à demi-mot au roi de l'avoir mise dans son lit. Et le roi de répliquer : « Quelle apparence, Madame, que vous ayez choisi une courtisane pour gouverner vos enfants ? » La rupture est consommée. Athénaïs s'aperçoit qu'elle ne retrouvera pas de sitôt le chemin du cœur de son amant, si même elle le retrouve.

Au même moment, Françoise Scarron avoue à l'abbé Gobelin qu'elle peut réparer le mal qu'elle fait par des aumônes. Serait-elle devenue la maîtresse du roi ? Et dans ce cas, le grand précipice dont elle parle à son directeur s'ouvre également à ses pieds. Toute la difficulté est maintenant d'être la maîtresse du souverain en conservant pour la postérité une image de grande tenue morale. Certes, il n'y a plus ce double adultère qui renforçait la faute d'Athénaïs, mais il y a néanmoins adultère. Il est certain aussi que Françoise cherche à s'inscrire dans la durée. Elle ne veut pas être une passade. Son âge et ses prétentions morales en feraient la risée de la Cour. Comment s'y prendre face à un souverain autoritaire ? Comment consolider sa position face à des jeunes femmes ambitieuses ? Comment évincer Mademoiselle de Fontanges qui paraît indétrônable ? Si Françoise s'est refusée jusqu'alors au roi, ce n'est certainement pas pour succomber à un moment où elle doit le partager. Le tour de force du souverain est d'embrouiller tellement les cartes qu'il est impossible de s'y retrouver. Les plus fins observateurs sont néanmoins persuadés que Mademoiselle de

Fontanges n'est plus qu'un leurre et qu'une autre est en train de prendre la place.

Dans sa défaite, Athénaïs reçoit le soutien du fils du duc de La Rochefoucauld, le prince de Marcillac, le favori qui a remplacé Lauzun comme confident des amours du roi. Le roi s'est ouvert à lui dans son roman avec Mademoiselle de Fontanges, parce que le prince est de son côté amoureux d'une amie de la jeune femme. Pourtant, Marcillac, en parfait courtisan, facilite les rencontres quand il le peut, suggère des stratégies sans émettre la moindre critique. C'est pourquoi il va aussi servir la cause d'Athénaïs en se déclarant ouvertement hostile à Françoise Scarron. Il s'ingénie à colporter une multitude de ragots sur son passé. C'est lui qui est à l'origine des bruits malveillants sur la fausse vertu de Françoise, qui n'aurait été ni une épouse ni une veuve exemplaire. Il suggère que Louis de Mornay, comte de Villarceaux, fut son amant, ce qui fait écrire à Madame de Sévigné que Françoise aurait préféré qu'on ne sache jamais rien du « premier tome de sa vie », mais qu'après tout c'est du passé. « Quel mal cela lui a-t-il fait ? » se demande l'épistolière qui va assister à la métamorphose de Françoise en à peine quelques mois.

Ce que Louis vient d'instaurer, ce sont de mystérieux entretiens, « d'une longueur à faire rêver » selon Madame de Sévigné, qu'il a avec celle qui est toujours la gouvernante de ses enfants légitimés. Elle est conduite solennellement, par le premier valet de chambre, dans l'appartement du roi aux yeux de tous. Les courtisans, qui ne peuvent se résoudre à croire qu'elle est devenue la maîtresse de Louis, puisque la jeune et belle Fontanges parade au même moment devant eux, imaginent qu'elle aide le roi à écrire ses mémoires. La veuve du poète

Scarron passe pour avoir du style. Madame de Montespan n'est pas dupe. La rage d'Athénaïs est inversement proportionnelle à la faveur de Françoise. Ce qui fait enrager Madame de Montespan c'est qu'à l'instant où plus rien ne liera Françoise à la Cour, elle y restera tout de même. Alors que le duc du Maine va passer aux hommes et qu'elle peut à tout moment abandonner une charge devenue moins utile parce que les enfants ont grandi, elle va obtenir de rester à côté des grandes dames et des grands noms. Ajoutée à cela sa propre déchéance de favorite, Athénaïs ressent les rudesses des courtisans qui se moquent ou la négligent. Elle répercute sa mauvaise humeur sur Françoise Scarron qui découvre, de son côté, les effets de la jalousie suscitée par l'intérêt que lui porte le roi. On se déchaîne contre les deux anciennes amies.

Une place singulière

Elles traversent toutes les deux une violente tempête. Les vents impétueux renversent les certitudes et l'organisation. Tout change à la Cour. Le prétexte en est le mariage du Dauphin avec Marie-Anne de Bavière. De nouveaux horizons s'ouvrent avec la consolidation de la dynastie des Bourbons par l'arrivée de petits-enfants. Lorsqu'il constitue la maison de la nouvelle Dauphine, le roi équilibre avec finesse les forces en présence, afin de contenter tout le monde et de placer Françoise Scarron à un poste qui lui permettra de la voir quotidiennement. La duchesse de Richelieu et la maréchale de Rochefort passent du service de la reine à celui de sa bru. La première est nommée dame d'honneur de la Dauphine et la seconde première dame d'atours. Le roi crée spécialement pour Françoise une place de seconde dame d'atours. Désormais, pour les besoins de son service, Françoise sera vêtue de noir et aura un appartement à elle au palais. Le duc de Richelieu obtient la place de chevalier d'honneur. Madame de Montchevreuil est nommée gouvernante des filles d'honneur de la princesse, tandis que son mari est désigné pour être gouverneur du duc du Maine. Le médecin Fagon est attaché au duc du Maine, et la duchesse d'Arpajon est nommée dame d'atours surnuméraire de la Dauphine. Le roi a voulu rendre la balance équitable. Madame de Richelieu, autrefois amie de Françoise, vient de se brouiller avec elle, outrée de voir une personne portant un si petit nom placée si haut. Elle s'en déclare l'ennemie, suivie par la maréchale de Rochefort, avec qui Françoise a plusieurs démêlés durant son service.

Françoise conserve le soutien des Montchevreuil, ce couple d'amis rébarbatifs et ennuyeux comme la pluie, mais fidèles, placés à des postes stratégiques, ainsi que celui de la duchesse d'Arpajon, la sœur de François d'Harcourt, le marquis de Beuvron qu'elle connaît depuis le salon de Scarron. La confidente de sa vieillesse à Saint-Cyr, Mademoiselle d'Aumale, prétend que le roi voyait dans ce dispositif « un moyen de venir à bout du projet qu'il avoit formé de mettre fin aux disputes et aux débats de ces deux femmes, sans être obligé de se détacher ni de l'une ni de l'autre », ajoutant un trait révélateur : « Il n'étoit pas encore assez revenu de l'amour qu'il avoit eu pour Madame de Montespan pour se déterminer à se séparer d'elle entièrement. D'un autre côté l'estime, la considération, le respect et l'amitié dont il ne pouvait se défendre pour Madame de Maintenon lui avoit rendu sa société si agréable et si nécessaire qu'il n'avoit nulle envie de s'en détacher[1]. » Cette impossibilité de trancher est fréquente chez Louis. Il garde auprès de lui les deux femmes qui comptent le plus, insensible à ce qu'elles peuvent ressentir l'une vis-à-vis de l'autre, dans un savant dispositif destiné à mettre en valeur sa toute-puissance.

Françoise Scarron enfin détachée de la tutelle d'Athénaïs part à la frontière chercher la duchesse de Bavière, Dauphine de France, avec Mesdames de Richelieu et de Rochefort, ce qui fait dire à Madame de Sévigné que, si la nouvelle Dauphine pense que tous les hommes et toutes les femmes ont autant d'esprit, elle sera bien trompée. C'est dire la valeur de l'ambassade qu'on lui adresse. La délégation est à Nancy le 10 février, puis à Strasbourg où la jeune Marie-Anne, venue de Munich, est remise, avec une suivante Bessola, aux Français. Le roi se porte au-devant d'elle et l'accueille à Vitry-le-François. Dans le carrosse, se placent la Dauphine, le roi à sa droite et le Dauphin à sa gauche. En face, s'assoient Monsieur, la duchesse de Richelieu et la maréchale de Rochefort. Madame de Maintenon se met près de la portière, à côté du roi, un signe qui ne trompe pas. La Cour s'arrête à Villers-Cotterêts et y séjourne une semaine pendant laquelle il y a une succession de fêtes et de réjouissances. On arrive à Saint-Germain le 18 mars seulement.

Afin d'acclimater la jeune épouse à la vie française, le roi ne manque pas d'aller la saluer tous les jours, se préoccupant de son installation. Les observateurs s'aperçoivent en fait que le roi se rend dans la chambre qu'occupe

1. Marie-Jeanne d'Aumale, *Souvenirs sur Madame de Maintenon*, Paris, Calmann-Lévy, 1902, t. II, p. 89.

Madame de Maintenon et qu'il s'y installe pour bavarder à son aise. Tous deux assis dans une grande chaise s'entretiennent « avec une amitié et un air libre » jusqu'à ce que la Dauphine arrive. Celle-ci ne s'attarde jamais et voici nos amis repartis dans leur conversation. L'on sait où trouver le roi en fin d'après-midi. Il y reste parfois jusqu'à deux heures d'affilée. Le père de La Chaise, son confesseur, ne se prive pas d'aller lui parler chez Madame de Maintenon, parce qu'il sait qu'il va y trouver le roi détendu et attentif. Françoise, selon le mot de Madame de Sévigné, fait connaître au roi un « pays nouveau », celui du commerce de l'amitié et de la conversation sans contrainte et sans chicane[1].

La place qu'occupe Françoise est si nouvelle et singulière qu'elle laisse perplexe tout le monde. Le roi a eu l'habileté d'attacher Françoise au service de sa bru, ce qui lui permet de l'avoir toujours auprès de lui, en toute discrétion, mais cette faveur suscite des jalousies et reste incompréhensible pour le public. Ses nouvelles fonctions sont moins accaparantes que celle de gouvernante des légitimés, mais elles sont tout aussi pénibles. Le service de la Dauphine n'est pas de tout repos. Il est émaillé d'incidents protocolaires qui témoignent de mille jalousies et de rivalités sans nombre. Ainsi, deux mois après sa nomination, tandis qu'elle habille la Dauphine, la maréchale de Rochefort se met tout à coup à saigner du nez. La maréchale se retire un instant pour se soigner et éviter de tacher les vêtements. Immédiatement, Françoise prend le relais et achève d'habiller la princesse. Revenue dans la pièce, la maréchale éclate de colère, se plaignant que Françoise

1. Lettre du 17 juillet 1680.

a fait son travail. La Dauphine refuse de se déshabiller pour être rhabillée par la maréchale. C'est le bon sens. Mais l'incident prend de sérieuses proportions. Cette attitude n'est pas un encouragement pour Françoise car la princesse est prévenue contre elle par sa suivante bavaroise Bessola, et par la duchesse de Richelieu. Pourtant, au printemps 1680, le roi, informé par l'intéressée elle-même, manifeste son mécontentement à sa bru. Il n'est pas normal qu'elle soit si désagréable avec Madame de Maintenon qui s'acquitte avec beaucoup de sérieux de son rôle. La jeune femme se fait donc discrètement gronder par son beau-père, mais n'amende pas sa conduite. Ce n'est que lorsque la faveur de Françoise est à son zénith, trois ans plus tard, qu'elle accepte de reconsidérer son opinion et que les deux femmes s'accordent mieux.

Si, par décence, Mademoiselle de Fontanges a passé les fêtes de Pâques dans une abbaye dirigée par l'une de ses sœurs, le roi continue à la fréquenter jusqu'à l'automne 1680 lorsque, malade, pleurante et languissante, elle quitte définitivement la Cour[1]. C'est Françoise Scarron qui est envoyée en émissaire pour la prier de partir. Le dialogue est bref. Aux arguments moraux tenus par Françoise, la jeune femme réplique : « Vous me parlez de me défaire d'une passion comme de quitter une chemise ! » Françoise acquiert par ce genre d'interventions une réputation de censeur intransigeant, manquant d'humanité et de générosité envers ceux qu'elle corrige, réputation qui la suit jusqu'à sa mort. Bon nombre de courtisans s'arrêtent à cette première image de juge sévère et de rabat-joie.

1. Elle finit par mourir le 28 juin 1681 des suites d'une fausse couche.

Le 6 avril, Louis XIV gratifie Mademoiselle de Fontanges d'un brevet de duchesse, assorti de vingt mille écus de pension. Tout le monde vient la féliciter. Cela vaut une nouvelle sortie de Madame de Montespan, folle de rage. Elle se doute que cette promotion signe la disgrâce de la jolie sotte, mais elle sait qu'elle ne peut plus espérer revenir dans le cœur du roi. Elle verse des torrents de larmes de dépit. Son orgueil souffre le martyre. Mais ce qui la porte au comble de l'énervement, c'est la haute faveur de Madame de Maintenon.

Un tempérament empoisonnant

Entre son ancienne maîtresse toujours favorite en titre et le roi, le torchon brûle. Les raisons d'altercations sont fréquentes. Athénaïs ne garde pas toujours son calme, c'est là son grand défaut. Bussy-Rabutin rapporte une scène qui s'est déroulée en mai 1680. Quinze ans plus tôt, dans des circonstances comparables, la jeune femme à laquelle Louis avait fait ce même reproche, Henriette d'Angleterre, la première duchesse d'Orléans, n'avait pas pris la mouche. Mais c'est impossible pour Athénaïs dont les nerfs sont à fleur de peau et qui n'a plus de réserve de patience. Un matin, en montant dans un carrosse avec la reine, qui est accompagnée de sa surintendante et dame d'honneur, Louis se sent soudainement incommodé. Il se retourne et, apercevant Athénaïs, il lui fait le reproche de trop se parfumer. Le roi lui parle d'abord calmement des senteurs dont elle est toujours chargée et qui lui font mal à la tête. Mais comme elle répond avec beaucoup d'aigreur sur un ton insolent, Sa Majesté s'échauffe. De grosses paroles sont échangées de part et d'autre. Le roi est vivement contrarié. C'est le ministre Jean-Baptiste Colbert qui rabiboche les deux anciens amants et obtient du roi qu'il vienne passer la soirée aux tables de jeu installées dans l'appartement d'Athénaïs comme à l'ordinaire.

Si Bussy-Rabutin a été sensible à l'épisode, c'est que l'année 1680 bruit de l'écho de l'affaire des Poisons. En mars 1679, le public a su qu'une chambre de justice extraordinaire avait été créée pour être saisie des cas d'empoisonnement révélés par une enquête menée par le lieutenant général de police de Paris, Nicolas de La Reynie. Afin d'éviter les scandales que les révélations ne manqueraient pas de faire éclater, afin de ne pas effrayer la population parisienne, afin aussi d'assurer une justice qu'on pourrait qualifier d'indépendante, puisque des membres du Parlement sont impliqués, le roi a choisi d'entourer du plus grand secret les interrogatoires et la procédure. Louis et ses ministres subodorent une affaire politique de la plus haute importance : ils craignent un attentat contre le roi et sont donc obligés de diligenter une vaste enquête qui mêle différents crimes, n'ayant pas toujours de lien entre eux. L'enquête prend une nouvelle tournure, à la fin du mois de janvier 1680, lorsqu'on apprend que le souverain a autorisé l'arrestation de François-Henri de Montmorency-Bouteville, duc de Luxembourg, maréchal couvert de gloire et capitaine des gardes du corps du roi, ainsi que celle de la comtesse de Soissons, née Olympe Mancini, qui vient de céder sa charge de surintendante de la reine à Athénaïs. Le marquis d'Alluyre, la vicomtesse de Polignac et le marquis de Cessac ont également été appréhendés. Ce sont quelques personnalités qui ont émergé d'une fort longue série de noms crachés par les prévenus. Tous sont accusés d'avoir voulu empoisonner quelques-uns de leurs proches, généralement un époux ou une épouse. D'autres grands noms sont interrogés libres, telle la duchesse de Bouillon, sœur de la comtesse de Soissons, qui s'avise de dire aux juges de la Chambre ardente, constituée spécialement pour l'occasion, qu'elle n'aurait jamais cru que des hommes aussi sages puissent demander tant de sottises et qu'elle n'a jamais participé à des messes noires, ni vu le diable, sauf en ce jour où il s'est déguisé en conseiller d'État et officier de justice…

Toujours est-il que ces sottises atteignent Athénaïs. Mais le public n'en sera jamais informé. Françoise Scarron, pourtant proche du souverain, n'y fait jamais allusion. Elle n'est pas impliquée. Elle ne sait rien. Et malgré sa proximité avec le souverain, elle ignore ce qui se passe. C'est dire que Louis est maître du secret. Lentement, au fur et à mesure des interrogatoires, l'étau se referme autour de la belle marquise. L'une des personnes les plus impliquées par les déclarations des prévenus n'est autre que la belle-sœur d'Athénaïs, la duchesse de Vivonne, une femme libre et capricieuse, réputée pour ses mœurs faciles. Antoinette de Mesmes, fille du président au parlement de Paris, mène une existence aussi peu conjugale que possible. Ses deux belles-sœurs, Thianges et Montespan, sans bien s'entendre avec elle, l'ont fait venir à la Cour pour être agréable au roi qui apprécie infiniment sa compagnie, parce qu'elle est drôle et anticonformiste. Or, des révélations l'accusent de crimes horribles, perpétrés par le réseau de devineresses qui grouille autour de la chiromancienne La Voisin. L'une des complices de La

Voisin, La Lepère, affirme qu'eut lieu, un soir à minuit, dans les jardins de l'hôtel de Mesmes à Paris, rue Saint-Avoie, un avortement clandestin. Le propre frère d'Athénaïs, tout maréchal de France et général des galères qu'il est, passe également pour un joyeux luron, qui ne rate pas une occasion de tromper sa femme et de fréquenter les tripots de la capitale. Les mauvaises langues racontent à son décès qu'il est mort d'une maladie vénérienne. Mais les époux sont très appréciés par le souverain, ce qui les rend intouchables. Intouchable, l'ancienne maîtresse du roi l'est aussi. Sans doute pour l'épargner et ne pas ternir la mémoire de la mère de ses enfants, Louis ordonne plus tard de brûler tous les papiers renfermant ces « faits particuliers » comme il les appelle. Il ne reste que des copies éparses réalisées par le lieutenant général de police de Paris, Nicolas de La Reynie, pour tenter de jauger de la réalité des accusations.

Sur le moment, le roi, qui est un habile homme pour ce qui est des mystères, évite qu'Athénaïs ne soit atteinte. Il estime ne pas devoir l'informer des révélations des principales prévenues, obtenues sous la torture, et difficilement crédibles. La Voisin évoque la fréquentation d'une certaine Mademoiselle des Œillets, ancienne suivante d'Athénaïs, qui se vantait d'avoir été la maîtresse du roi et d'en avoir eu un enfant. La diseuse de bonne aventure ne cesse de vouloir faire des révélations fracassantes, tout en se rétractant immédiatement après. À l'été 1680, alors qu'elle a été exécutée, c'est sa fille qui lance la plus grave accusation : sa mère apportait à Saint-Germain des philtres d'amour pour Madame de Montespan dès 1665, avant même le temps de sa faveur. En septembre, c'est une autre devineresse, La Filastre, qui lâche, sous la torture, que Madame de Montespan avait aussi commandé du poison pour tuer Mademoiselle de Fontanges. Mais elle se rétracte aussitôt. D'autres mentionnent des messes noires dites par un certain abbé, l'abbé Guibourg, dans les appartements de Madame de Thianges ou chez La Voisin en présence d'une femme au visage voilé, qu'on leur a dit être la favorite, avec du sang de fœtus avortés ou de nouveau-nés assassinés. Le lieutenant de police est intimement persuadé que les accusés, gens frustes et peu cultivés, sont incapables d'inventer des histoires aussi incroyables que sordides. Il conclut qu'ils disent vrai. Le roi entend avec douleur ces récits que Louvois lui rapporte avec d'infinies précautions et décrète la suspension des séances le 1er octobre. La Chambre ardente reprend ensuite son travail, sans que le nom de la favorite soit plus jamais cité. Un an et demi plus tard, à l'été 1682, l'affaire est clôturée par un édit royal et solennel qui chasse tous les soi-disant sorciers, charlatans et devins hors du royaume. Dès juillet 1681, le maréchal de Luxembourg est autorisé à revenir à Versailles pour reprendre ses activités guerrières héroïques au service de Sa Majesté.

D'une Françoise à l'autre

L'affaire des Poisons n'a donc rien à voir avec la disgrâce d'Athénaïs, qui ne fut jamais tenue informée des horribles accusations proférées contre elle. Qui sait si, au fond de lui, le roi les a crues ? Athénaïs reste présente à ses côtés alors qu'il aurait pu lui demander de s'effacer discrètement s'il avait ressenti la moindre inquiétude. Bien évidemment la rumeur roule. La princesse Palatine s'en fait l'écho en parlant, mais plus tard, de Mademoiselle de Fontanges « morte dit-on parce que la première l'a empoisonnée dans du lait. Je ne sais si c'est vrai, mais ce que je sais bien, c'est que deux des gens de la Fontanges moururent, et on disait publiquement qu'ils avaient été empoisonnés[1] ». L'intérêt pour cette ténébreuse affaire retombe assez rapidement. À aucun moment, Madame de Sévigné n'évoque un quelconque rôle joué par Madame de Montespan. Le souverain visite Athénaïs tous les jours, voit ses enfants et se prélasse le soir dans ses appartements où le jeu et les conversations mettent de l'animation. Mais cela se fait sans aucune équivoque, puisque les deux anciens amants n'ont plus d'apartés. Et si par extraordinaire ils se retrouvent seuls, c'est pour se disputer.

Durant l'année 1680, la vie à la Cour s'écoule presque tranquillement. Mesdames de Thianges et de Montespan se chamaillent sans cesse. Athénaïs retrouve parfois son ancienne amie. Les discussions portent toujours sur les enfants. Françoise suit les progrès de son cher Maine, désormais sous la responsabilité d'un gouverneur, Monsieur de Montchevreuil, qui est un ami. Pourtant, les courtisans se déchaînent contre les deux Françoise, la première parce qu'elle chute, la seconde parce qu'elle monte. Les jalousies vont bon train. Athénaïs tente d'occuper le roi en suscitant l'apparition de jeunes filles aussi belles que libérées. Elle cherche à faire de sa nièce, Diane-Gabrielle, fille ainée de Madame de Thianges, duchesse

1. *Correspondance complète de Madame, duchesse d'Orléans, née princesse Palatine*, éd. M.G. Brunet, t. I, Paris, Charpentier, « 19 novembre 1715 », 1857, p. 200.

de Nevers, âgée de vingt-trois ans, sa nouvelle maîtresse, mais l'intrigue ne fonctionne pas[1]. Sans se décourager, elle recommence l'année suivante, toujours sans succès. Elle semble aussi vouloir se servir d'une certaine Mademoiselle Doré, dont on sait qu'elle devient fille d'honneur de Mademoiselle de Nantes en 1685, pour tenter de détourner Louis de Françoise. Elle espère aussi que Françoise ne supportera pas les attaques continuelles que sa position lui attire. La reine elle-même prend une mine défaite lorsqu'on évoque Madame de Maintenon devant elle : « C'est qu'elle va venir ici ! » s'effraie-t-elle en se demandant comment éviter une telle rencontre. Mais, là encore, Athénaïs se trompe en pensant que la séduction de Françoise peut faiblir. Marie-Thérèse change rapidement son jugement, lui marque ostensiblement son estime, en sorte que toute la Cour l'imite bientôt.

C'est maintenant Madame de Maintenon qui suit le roi partout où il va. À la mi-juillet 1680, le souverain part faire une tournée d'inspection des frontières durant plus d'un mois. La reine et la Dauphine, avec leurs maisons respectives, sont du voyage. Le 16 juillet le cortège est à Abbeville, le 18 à Montreuil, le 19 à Boulogne, le 22 à Calais, puis à Dunkerque et ensuite le long de la frontière nord : Lille, Tournay, Condé, Le Quesnoy, Valenciennes, Cambrai, Andrecies, Avesnes, Maubeuge, Philippeville, Rocroi, Stenay. Louis inspecte ses armées

1. Diane-Gabrielle de Damas de Thianges, duchesse de Nevers (1656-1715), fut la maîtresse du prince de Condé. Sa tante la poussa auprès du roi en 1676 puis en 1681, sans succès, alors qu'elle passait pour être la plus belle femme de sa génération. Sa sœur puînée, Adélaïde, duchesse de Sforza, fut aussi utilisée en vain par sa tante dans ses tentatives pour garder un ascendant sur Louis XIV.

tout en entretenant une proximité discrète avec Françoise. La reine revient charmée de ce voyage où elle a beaucoup vu le roi, une fois n'est pas coutume. Elle fut toujours reconnaissante à Françoise de l'avoir rapprochée de son mari. Les époux font chacun de leur côté des efforts : Marie-Thérèse visite les fortifications sans se plaindre ni de la chaleur, ni de l'inconfort ; le souverain lui parle avec douceur. L'influence de Françoise semble donc positive. Le roi, détendu, se rapproche de la reine. Le parcours de Françoise présente deux avantages : elle n'est pas une inconnue à la Cour dont elle a appris les usages, mais elle n'est pas éclaboussée par les ragots des empoisonneuses, ce qui la met hors de tous soupçons. Elle forme le parfait trait d'union entre le passé et le futur.

Voilà une bien curieuse année où le souverain est entouré d'une multitude de femmes : une maîtresse dont la bêtise le lasse, une favorite qui n'est plus aimée, une amie qui est peut-être plus qu'une confidente, une belle-fille qu'il ne voit qu'en passant, une épouse avec qui il se montre plus tendre. En janvier 1680, Madame de Maintenon affirme qu'elle n'a aucun péché sur la conscience. Est-ce la vérité ? Madame de Montespan du temps de sa faveur trouvait qu'il était difficile de vivre en « communauté » avec le roi et que cette manière de harem était peu délicate de la part d'un souverain comme Louis XIV. Qu'a-t-elle dit en cette année 1680 alors qu'elle pouvait à bon droit penser que c'était elle qui avait fait Madame de Maintenon ? Selon les mots de l'écrivain pamphlétaire Courtilz de Sandras, en 1684, dans *Les Conquêtes amoureuses du grand Alexandre* : « Elle ne pouvait souffrir que son propre ouvrage servit à la détruire elle-même. » Athénaïs éprouve bien des difficultés à accepter son sort.

Mais il est possible aussi qu'elle ait été secrètement satisfaite de la tournure que prenaient les événements car la domination qu'exerce Louis sur son entourage, domination masculine sur son entourage féminin et domination du chef qui gouverne en maître, est ici prise en défaut. Certes, enchaînées au bon vouloir du roi, les deux Françoise sont soumises à son autoritarisme. Ses ordres, ses choix, ses préférences, ses caprices les empêchent de vivre comme elles l'entendraient. Leur amitié même n'a pas résisté à cette dictature masculine, qui suscite rivalités et jalousies pour la conquête amoureuse. Et pourtant, en dépit des apparences, elles restent des alliées. La montée de la faveur de la veuve Scarron résulte du jeu subtil que les deux Françoise ont joué face au roi. Elle est ainsi leur revanche féminine. Louis est pris dans leurs filets et, bien que le jeu les meurtrisse toutes deux, elles sont les seules femmes qui comptent pour lui. Athénaïs reste pour toujours la mère de ses enfants. Leur correspondance régulière en témoigne comme les alliances qu'ils vont bientôt imaginer pour leur progéniture commune. Quant à Françoise, elle capte le cœur, les sens et la raison de Louis pour devenir sa compagne de trente ans. La vieille maîtresse apparaît alors comme une sorte de prolongement de celle qui triomphait durant l'âge merveilleux de la jeunesse. Françoise de Montespan et Françoise de Maintenon incarnent les deux âges de la femme : l'éclat de jeunesse à son zénith pour l'une, la douceur raisonnable de la maturité pour l'autre.

10

L'ÉNIGME

Françoise Scarron joue habilement le jeu du pouvoir et de la séduction. Intelligemment, elle veille à trouver des appuis auprès de la reine et auprès du clergé. Les prélats applaudissent au rapprochement conjugal de Louis et de Marie-Thérèse, tout en ne sermonnant jamais Françoise avec qui le roi trompe son épouse. Elle réussit l'exploit de rendre l'adultère presque vertueux. Elle présente ses liens avec Louis et son influence sur lui comme des chances de le convertir, entendez de le rendre plus attentif aux conseils des prêtres. Non seulement sa liaison avec le roi rend le souverain plus appliqué à ses devoirs matrimoniaux, mais elle écarte le danger de nouvelles passions avec des femmes capables de lui donner des enfants. Le silence des ecclésiastiques, pourtant prompts à admonester Athénaïs, se comprend d'autant mieux que, dans le même temps, le roi brouille les pistes, essayant de faire croire que seule une amitié intellectuelle le pousse à fréquenter l'ancienne gouvernante de ses enfants.

Madame de Maintenant

Depuis le Carême 1680, Louis se montre bien plus soucieux de son salut. Il s'est officiellement séparé de Mademoiselle de Fontanges et revient à une grande régularité dans sa vie sacramentelle. Les liens exacts qui lient Françoise au roi sont néanmoins une énigme pour les courtisans, incrédules devant sa faveur et embarrassés pour démêler l'écheveau des amours royales. Françoise elle-même reste sur ses gardes, comme méfiante, durant toute l'année 1681. Bien que les courtisans commencent à l'appeler « Madame de Maintenant[1] », elle sait sa situation inconfortable et fragile. Madame de Montespan paraît œuvrer en coulisses pour lancer dans l'arène toutes sortes de créatures séduisantes. C'est de bonne guerre. Il est impossible à Athénaïs de laisser la place sans faire quelques éclats. Mais le souverain est déjà passé à autre chose. Le 5 septembre 1680, il a fêté ses quarante-deux ans. Son fils, le Dauphin, est marié. On espère un héritier. Et s'il regarde encore quelques jeunes et jolies demoiselles, c'est sans doute plus pour rendre Françoise jalouse que pour tenter l'aventure.

L'habileté de la veuve Scarron est confondante : la discrétion dont elle fait preuve est le meilleur garant de la pérennité de sa position. Au fond, elle ressemble à Louis en ce qu'elle est experte dans l'art de la dissimulation et du secret. À ce roi absolu devant qui tous cèdent, elle

1. Madame de Sévigné, septembre 1681 : « Je ne sais duquel des courtisans la langue a fourché le premier en appelant tout bas Madame de Maintenon Madame de Maintenant. »

résiste dans un premier temps parce qu'elle se fait une haute idée de sa personne. Mais elle sait où s'arrête sa marge de manœuvre et connaît suffisamment Louis pour parvenir à ne jamais l'indisposer. Le temps de la jeunesse est passé. La relation entre Louis et Françoise est d'une nature nouvelle, puisque le Roi-Soleil s'épanouit dans une forme conjugale plutôt bourgeoise, qui concilie sentiment, raison, sexualité, partage intellectuel. L'amour la fonde, la proximité fusionnelle la fait vivre, l'estime la nourrit. Louis ressent, à quarante ans, le besoin d'avoir à ses côtés plus une mère protectrice et bienveillante qu'une amante passionnée. Depuis longtemps assuré de sa puissance et de sa virilité, il cherche désormais à être rassuré, parce que le temps passe et que les années l'acheminent vers le déclin et la mort. Françoise sait merveilleusement se tenir dans l'ombre, droite, sans mot dire, attentive, tel un rempart contre l'angoisse, incarnant par sa seule présence la solidité qui lui manque encore.

Incroyable mais vrai

Le rapprochement de Louis et de Françoise se fait progressivement et discrètement. Les observateurs se laissent prendre au piège. Ce n'est que difficilement et tardivement qu'ils se rendent à l'évidence : Madame de Maintenon a séduit le roi et cette liaison est à l'origine d'un changement dans ses habitudes. Louis devient fidèle. Il s'assagit. Il renonce à succomber aux charmes des autres femmes. Il abandonne définitivement son comportement volage. Toutefois, ce changement paraît tellement incroyable que le public imagine des contes d'autant plus fantaisistes qu'ils attribuent à Françoise le rôle trouble d'entremetteuse. Pour ces scrutateurs de la vie du Roi-Soleil, les scénarios d'un souverain en quête de chair fraîche se répètent sans imagination.

Louis donne l'impression de s'intéresser à une demoiselle de Piennes, future duchesse d'Aumont. Le 20 avril 1681, juste après Pâques, il se serait rendu au château de Saint-Cloud sous prétexte de faire plaisir à son frère qui l'aurait invité, mais, en fait, pour faire la cour à Olympe de Piennes de Brouilly qui a magnifiquement dansé le Carnaval. Primi Visconti rapporte que Madame de Maintenon aurait servi d'intermédiaire. La jeune fille lui aurait rendu visite avec sa tante et ses sœurs cadettes. Comme par hasard, le roi se serait montré. Il aurait attiré la jeune femme à la fenêtre pour lui parler – scénario habituel chez lui –, tandis que Françoise aurait occupé la tante et les sœurs. En août, Louis fait encore mine de courtiser une certaine Mademoiselle Doré, probablement de l'entourage de Madame de Montespan. Le danger est ici réel car la fréquentation de la jeune femme donne de violentes migraines à Françoise. Ce n'est qu'au cours de l'année 1682 qu'elle est rassurée. Dans une lettre à son cousin Philippe, le 14 août 1683, elle triomphe : « Les nouvelles que vous me mandez sont fausses, le Roy n'a point de galanterie ; vous pouvez le dire sans craindre de parestre mal instruit. » Mais alors comment appeler la relation amoureuse qui s'est tissée entre elle et le souverain si on ne peut l'appeler galanterie ?

Durant quatre années, de 1680 à 1683, les confidences faites à l'abbé Gobelin sont marquées par la contradiction. Il y a tant de choses qu'elle ne peut lui avouer ! Comment une femme de quarante-six ans peut-elle séduire un roi, qui est aussi un homme autoritaire, orgueilleux et désireux d'avoir pour lui l'excellence ? Comment une veuve sage connaît-elle les secrets qui font chavirer les sens ? Il faut répéter tout ce que les observateurs ont dit d'elle : elle reste une très belle femme sur laquelle le poids des ans ne s'appesantit pas autant que sur d'autres. Alors que la belle Athénaïs se laisse grossir à vue d'œil et qu'elle finit par être aussi ridée qu'une pomme sèche, Françoise conserve sa silhouette et son visage presque intacts. La princesse Palatine n'est guère tendre avec l'ancienne favorite, lorsqu'elle la dépeint, mais il est vrai qu'on est alors en 1701 et qu'elle a soixante ans : « Madame de Montespan a la peau comme quand les enfants s'amusent à jouer avec du papier, à le plier et à le replier : tout son visage est recouvert de petites rides si rapprochées les unes des autres que c'en est étonnant ; ses beaux cheveux sont blancs comme de la neige, et toute la figure est rouge[1]… » Françoise également se moque d'elle, parsemant ses lettres de petites piques sur l'embonpoint de l'ancienne reine de beauté. Et Primi Visconti, toujours lui, rapporte qu'ayant vu sa jambe alors qu'elle descendait d'un carrosse, il aurait juré qu'elle était aussi grosse que sa propre taille, ajoutant, par correction, qu'il n'était pas bien épais.

Françoise a-t-elle une expérience venue du temps de sa jeunesse ? En 1681, elle a déjà cédé au Roi-Soleil. Elle prétexte des langueurs et une santé défaillante pour ne pas suivre les prescriptions du Carême. Le 15 août de l'année suivante, elle ne fait pas ses dévotions en l'honneur

1. *Lettres de la princesse Palatine (1672-1722)*, Paris, Mercure de France, « Le Temps retrouvé », 1985, p. 212.

de la Vierge Marie[1]. Depuis la fin de l'année 1678, elle souffre de maux de tête et d'angoisses récurrentes, probablement liées à sa relation sentimentale et sexuelle avec le souverain. Quels sont ses atouts ? Si elle est experte en amour, il faut bien qu'elle ait appris sa science quelque part. C'est ici que refont surface les médisances et les sous-entendus propagés par le duc de La Rochefoucauld à l'instigation d'Athénaïs en 1678. Françoise fut l'amie intime de la courtisane Ninon de Lenclos depuis l'époque de son mariage avec Scarron jusqu'au moment où elle s'occupa du duc du Maine, soit pendant huit ans, de 1652 à 1670. Ninon et Françoise sont restées en contact toute leur vie, quoique de très loin[2]. Saint-Simon prétend qu'au temps de sa « grandeur », Françoise reçut deux ou trois fois Ninon « en secret ». Les deux femmes se ressemblent, malgré leurs douze ans d'écart. Elles sont liées aux mêmes réseaux calvinistes et sociaux de l'ouest de la France. Toutes deux ont des pères libertins et assassins, toutes deux des mères absentes, toutes deux ont reçu une éducation chaotique, toutes deux ont cherché leur indépendance sans aliéner leur liberté aux usages du temps. Mais tandis que Ninon a clairement choisi le métier de courtisane de luxe, Françoise est devenue éducatrice de la jeunesse. Au début de la décennie 1660, Françoise lui aurait volé le beau Villarceaux, de vingt ans son aîné, qui pourtant avait fait un enfant à Ninon, enfant qu'il finit par reconnaître et légitimer juste avant de mourir

1. Dans une lettre adressée au duc de Noailles, datée d'avril 1679, Madame de Montespan parle d'une indisposition de Madame de Maintenon.

2. Elles sont peut-être parentes (Michel Vergé-Francesci, *Ninon de Lenclos*, Paris, Payot, 2014, p. 214-220 et 251).

en 1698. Ninon, grande dame, sans rancune, aurait abrité leurs amours, alors que Françoise, récente veuve, logeait chez des religieuses.

Lorsque la pension donnée par la reine lui permit de louer un appartement, elle choisit de s'installer rue des Trois-Pavillons, sur la paroisse Saint-Paul dans le Marais, une rue où habita Ninon[1]. Serait-ce dans le même appartement ? Saint-Simon mentionne d'autres faits dont on ne sait d'où il les tient. Selon lui, Françoise aurait loué une chambre minuscule au quartier Saint-Eustache, paroisse voisine de celle du quartier Saint-Paul, pour se lancer dans une carrière galante, en raison des nécessités de la vie. Elle a besoin d'argent et donne rendez-vous à ses amants dans ce galetas. « Ses appas élargirent peu à peu ce mal-être[2] », prétend le mémorialiste qui cite ensuite quelques-unes de ses conquêtes : Villars, père du maréchal, Beuvron, père d'Harcourt, Villarceaux... avant d'évoquer des parties fines dans la maison de campagne des Montchevreuil[3]. Ainsi entretenue par divers galants, Françoise se serait remise à flot. C'est impossible puisqu'elle ne parvint à une certaine aisance financière que lorsque la reine mère la pensionna, ce qu'elle ne pouvait faire qu'après s'être assurée de sa parfaite probité. Ses prétendus amants, s'ils existent, se sont montrés fort ingrats, en n'ayant rien fait pour elle. La vérité est impénétrable. Au soir de son existence, Ninon satisfait partiellement la curiosité d'un ami, le spirituel sati-

1. Sans être courtisane, Madame de Sévigné s'installa aussi dans cette rue entre 1672 et 1677.

2. Saint-Simon, *op. cit.*, t. V, p. 541-542.

3. *Ibid.*, t. IV, p. 468.

riste Charles de Saint-Évremont, qui la presse de lui dire la vérité sur Villarceaux et sur Françoise. Elle a souvent prêté sa chambre jaune, répond-elle, à ce couple d'autant plus improbable que Françoise est, selon elle, parfaite pour la conversation mais bien « trop gauche pour l'amour[1] ». Dans ces conditions qu'ont-ils fait dans la chambre jaune ? Cela reste un mystère.

Le marquis Charles-Auguste de La Fare, qui fut capitaine des gardes du corps de Philippe d'Orléans, explique aussi, dans ses *Mémoires sur les principaux événements du règne de Louis XIV*, que Villarceaux était très épris mais que Françoise « se gouverna honnêtement ». En 1681, ces histoires qu'elles fussent ou non vraies, appartiennent au passé. Françoise aussi avait été amoureuse de Villarceaux, mais il est impossible de dire jusqu'où est allée leur proximité. En 1688, lorsqu'elle est bien installée dans le cœur du roi, elle obtient qu'il soit fait chevalier de l'Ordre. Le roi y consent, mais Villarceaux, vieux et fort peu de la Cour, s'efface devant son fils qui reçoit la distinction en lieu et place de son père.

Louis ne croit donc pas à ces médisances ou décide de les oublier. Est-ce parce qu'elles témoignent d'un passé à jamais révolu ? Est-ce parce qu'il est fort amoureux, parce qu'il est pétri de contradictions ou, tout simplement, parce que ces ragots n'ont aucun fond de vérité ? Le roi se sent vieillir et anticipe sur sa déchéance qui peut survenir à tout moment. Bien qu'il soit toujours préoccupé par sa tenue, sa netteté, sa propreté, son élégance, sa prestance, bien qu'il entretienne son corps

1. Feuillet de Conches, *Causeries d'un curieux*, Paris, Plon, 1862, t. II, p. 588.

par la chasse, les régimes suggérés par ses médecins, bien qu'il soit encore fort séduisant, il sait qu'il devient moins beau[1]. Si son air de majesté ne le quitte jamais, sa santé commence à devenir moins éclatante. Il souffre depuis le début des années 1670 de violentes migraines. Sa dégradation physique n'éclate qu'au tournant de la cinquantaine. Elle coïncide avec la Révocation de l'édit de Nantes, à la fin de l'année 1685. Les maladresses d'un dentiste lui massacrent le palais. Se déclarent aussi une fistule mal placée et une goutte dont il souffre régulièrement les lancinantes douleurs pendant une trentaine d'années. Il n'est plus question pour lui de jouer au jeune premier mais de trouver une femme compatissante, dévouée, agréable et cultivée. Françoise avait été l'infirmière de son mari Paul Scarron. Elle avait soigné sans relâche les enfants qui lui avaient été confiés. Louis avait été témoin de son abnégation. Il pensait à juste titre qu'elle saurait soulager les maux divers que la vieillesse allait lui imposer, alors qu'Athénaïs n'avait pas la vocation d'une garde-malade. Il la voulait présente à ses côtés, attentive à ses besoins, conversant avec élégance et brio afin de le distraire.

Françoise va parfaitement remplir ce rôle de consolatrice, d'amie, de confidente et d'amante. Pour le public, elle reste seconde dame d'atours de la Dauphine. Mais comme celle-ci se passe le plus qu'elle peut de ses services, elle se retrouve avec de longs moments de liberté. Elle cherche alors une occupation et se met en quête d'enfants à éduquer. C'est ainsi qu'elle commence à

1. Stanilas Pérez, *La Santé de Louis XIV*, Paris, Champ Vallon, 2007.

surveiller les débuts d'un établissement pour jeunes filles pauvres qu'elle transforme, un peu plus tard, en 1686, en établissement huppé, la Maison royale de Saint-Cyr. Chez les Montchevreuil, elle a rencontré Madame de Brinon, une ancienne ursuline dont le couvent a été supprimé. Celle-ci s'occupe de former des petites filles de la campagne autour de Montmorency pour qu'elles deviennent domestiques. Elle tient une école avec une certaine Madame de Saint-Pierre. Elle souhaite se rapprocher de Paris. En 1681, Françoise l'aide à installer à Rueil un établissement pour éduquer des paysannes vertueuses, plus une vingtaine de jeunes filles nobles démunies. Les années 1682 et 1683 sont, pour elle, occupées par des efforts et des démarches réalisées pour faire vivre un établissement qui manque toujours de fonds et subit des aléas divers : le froid terrible qui augmente la facture en bois, la maladie de la directrice, les hésitations quant au nombre de pensionnaires qu'il est raisonnable de recevoir, ou encore la petite vérole, c'est-à-dire la variole, qui se propage dangereusement et menace la vie des écolières.

En manque d'enfants

Françoise fait aussi profiter sa famille de sa nouvelle position. Elle fait comme Athénaïs, elle s'entoure des siens, de personnes fidèles qui lui font comme une cour autour d'elle. Elle se met en tête de faciliter la carrière de ses « neveux » et « nièces » comme elle les appelle, les fils et filles de son cousin Philippe de Villette, restés protestants. Le calvinisme est le frein le plus sérieux à l'avancement de son cher Philippe dont les états de service sont plus que méritants puisqu'il a vaillamment servi comme capitaine de vaisseau durant la guerre de Hollande. Françoise se doute bien que Philippe, une âme fidèle à la Réforme, ne pourra être fléchi. Elle lui a pourtant déjà suggéré que le roi agirait en sa faveur s'il se convertissait. Mais il s'obstine. Elle s'attaque donc à ses enfants pour leur bien à tous. Elle fait donner à son cousin une mission au long cours sur mer pour l'éloigner et demande à ce que son fils aîné ne l'accompagne pas, mais soit laissé à la surveillance du chef d'escadre. Aussitôt le père parti en mer, celui-ci lui envoie le jeune homme âgé de seize ans. Il arrive à Versailles en novembre 1680 pour être confié à l'abbé Gobelin. L'adolescent fait de la résistance avant de consentir à abjurer. Son frère cadet, Benjamin de Marmande, débarque également pour se convertir. Les deux garçons quittent alors la marine pour s'instruire à l'académie militaire, entrer chez les mousquetaires et faire de belles carrières à la tête de régiments prestigieux[1]. Madame de Maintenon ne s'arrête pas en si bon chemin. Elle se fait également envoyer les enfants de ses deux cousines, les sœurs de Philippe de Villette, Madame de Sainte-Hermine et Madame de Caumont, leurs familles étant résolues à accepter cette concession pour assurer leur avenir.

La fille unique de Philippe est également enlevée pendant l'absence de son père, avec la complicité de l'une de ses tantes. Madame de Fontmort est, en effet, du complot.

1. L'aîné achète le régiment Dauphin cavalerie et meurt prisonnier de guerre au siège de Turin en 1706, le cadet le régiment de la Reine dragon, à la tête duquel il est tué au combat de Steinkerque en 1692.

Elle invite sa belle-sœur à Niort. Lorsqu'il faut s'en retourner à Mursay, distant de quelques lieues, Madame de Fontmort persuade Madame de Villette de lui laisser sa fillette de bientôt huit ans pour la nuit[1]. Mais au lieu de la ramener le lendemain matin chez elle, elle l'emmène à Paris. C'est le début de l'hiver. Les conditions de voyage sont rigoureuses. On traverse un pays aux champs pelés, à la terre brute, aux ciels froids. Pourtant, la petite fille n'est pas abattue. Au contraire, son excitation à l'idée de voir la capitale croît au fur et à mesure que l'on s'en rapproche. « Nous retrouvâmes sur la route Monsieur de Sainte-Hermine, une de ses sœurs et Mademoiselle de Caumont, tous aussi étonnés qu'affligés de me voir, se doutant bien de ce qu'on vouloit faire de moi. Pour moi je ne l'étois de rien, contente d'aller sans savoir où l'on me menoit », se souvient vaguement la future Madame de Caylus, heureuse de faire un beau voyage et de découvrir autre chose que son Mursay natal[2].

Les enfants arrivent à Paris en ordre dispersé, Henri-Louis de Sainte-Hermine le 19 décembre, les fillettes le 22 décembre sous la conduite de Madame de Fontmort. Madame de Maintenon vient chercher la petite Villette et la mène seule au château de Saint-Germain où elle retrouve son frère aîné déjà converti. En voyant la « tante » qui envoie régulièrement des lettres à ses parents, Marthe-Marguerite perd son sourire et son entrain. Elle réalise que son séjour risque de se prolonger et d'être éprouvant. Elle s'effondre en larmes. C'est

1. Marthe-Marguerite Le Valois de Villette de Mursay, future comtesse de Caylus, est née en 1673.

2. *Souvenirs de Madame de Caylus*, *op. cit.*, p. 30.

bien compréhensible car son père l'a menacée de ne jamais plus la revoir si elle changeait de religion. Pourtant, sa prostration et son chagrin ne sont que passagers. Après avoir assisté le lendemain à la messe du roi, elle se convertit de bon cœur. Du haut de ses sept ans, maligne comme elle l'est, elle met toutefois deux conditions à sa conversion : entendre la messe tous les jours et n'être jamais fouettée. Sensible à l'esthétique baroque de la Contre-Réforme, elle veut profiter quotidiennement d'un beau spectacle religieux et échapper aux punitions les plus douloureuses.

Françoise a monté un véritable traquenard. Elle n'a rien dit à la mère des enfants, pourtant catholique, afin de ne pas susciter de différends dans le ménage. Elle ne veut pas que son cousin puisse soupçonner que sa femme l'a trahi. Elle a gardé le silence pour la protéger et a tramé l'intrigue derrière son dos. Madame de Villette est mise devant le fait accompli. C'est tout juste si Françoise compatit au fait que sa cousine vive désormais sans sa fille. Si Françoise est ravie d'avoir à ses côtés une charmante fillette à laquelle elle jure de consacrer tout son talent d'éducatrice, elle n'évoque à aucun moment le chagrin de sa mère privée de sa présence. Françoise est ainsi. N'ayant pas eu d'enfants, mais les aimant sincèrement, elle s'accapare ceux des autres sans chercher à savoir si l'arrachement à leur famille leur causera de la peine. S'il n'est pas rare à cette époque de placer les enfants hors de la cellule familiale pour les former, la tutelle qu'excerce Françoise est absolue. Elle devient chaque fois une mère de substitution qui se veut meilleure éducatrice que les parents qu'elle remplace tant elle met d'affectivité dans le lien qui se noue.

De retour de mission, Philippe, trouvant le logis vide d'enfants, ne décolère pas. Il écrit des lettres amères et explosives à sa cousine l'accusant de n'avoir aucun respect pour la mémoire de sa tante qui, elle, l'a élevée avec soin et tolérance. De guerre lasse, ayant épuisé toutes ses capacités de résistance, il se résout à accepter de se convertir mais quelques jours seulement avant la révocation de l'édit de Nantes, en 1685. Finalement, Françoise obtient aussi qu'on lui envoie Marie-Anne-Françoise de Sainte-Hermine, qui devient ensuite comtesse de Mailly et dame d'atours de la duchesse de Bourgogne. La victoire catholique est totale et éclatante.

Aux parents, Françoise jure de s'occuper de leurs enfants comme s'ils étaient les siens, de leur apprendre les usages du monde, de leur donner un maître à danser, pour les garçons de leur montrer à monter à cheval. Ce ne sont pas des paroles en l'air. Elle accomplit ce programme. Elle s'occupe d'abord des apparences. Après l'avoir bien examinée, elle trouve Marthe-Marguerite laide : des dents trop longues, un teint trop jaune, des cheveux qui tombent. Elle arrange cela avec des tisanes, du vermifuge et des soins appropriés, si bien qu'elle devient vite une véritable beauté. Tandis que ses frères sont en formation militaire, elle est immédiatement mise au travail. Instruite par sa « tante » qui la fait lire et écrire, elle apprend aussi la danse, la musique, les langues et la tapisserie, ainsi qu'à se comporter en public. Françoise trouve, en effet, qu'elle a été jusque-là idolâtrée par ses parents, qu'il faut corriger son orgueil et lutter contre sa tendance à la paresse. Cette remarque sans indulgence rappelle celle déjà faite au sujet de sa belle-sœur, l'épouse de Charles d'Aubigné, qu'elle trouve aussi fort mal éduquée, en un mot trop bourgeoise, parce qu'ignorante des usages élégants de l'aristocratie.

Les Villette, petits hobereaux de province, ne sont pas à la hauteur des attentes de Françoise, qui ne montre sa protégée qu'après l'avoir dégrossie. Lorsque Françoise suit le roi ou la Dauphine en voyage, elle dépose la petite chez les ursulines de Pontoise où les filles de son amie, Madame de Montchevreuil, sont pensionnaires. L'intransigeante éducatrice est pourtant insatisfaite des résultats obtenus, faibles par rapport à l'image idéale qu'elle veut laisser de sa famille. Les réprimandes pleuvent sur la petite fille. « Je ne crois pas pouvoir rien faire qui marque plus la tendresse que j'avois pour ma tante, qu'en faisant à ses petits-enfants le traitement que j'ai reçu d'elle », explique-t-elle en toute bonne foi à son cousin, alors qu'il n'y a pas d'apparence que Madame de Villette ait été aussi sévère. Et si elle parle spontanément de l'« enlèvement » des enfants, elle est persuadée que c'est pour leur bien, que la conversion est la seule issue possible pour qui veut faire carrière, un beau mariage et s'attirer la protection du roi.

Toujours complices

Accaparée par ses protégés, Françoise ne voit pas l'année 1681 s'écouler. De son côté, la marquise de Montespan s'avoue assez « seule » et, seule, elle n'a le cœur à rien. Si elles ne se voient plus l'une chez l'autre, partout où elles se rencontrent, elles ont des conversations si vives et si cordiales en apparence qu'on croirait qu'elles sont les meilleures amies du monde. Leurs conversations ont pour objet les enfants du roi. « L'habitude et le goût qu'elles avaient l'une et l'autre pour leur esprit faisaient aussi qu'elles avoient plaisir à s'entretenir quand l'occasion s'en présentait », ajoute Madame de Caylus[1], qui témoigne ainsi de leur constante fascination réciproque. Le temps qui passe n'affadit pas leur complicité intellectuelle. L'agrément de leurs propos les attire toujours l'une vers l'autre et il arrive désormais que leurs entretiens ne finissent plus en fâcheries. « Madame de Montespan et moi avons fait aujourd'hui un chemin ensemble, nous tenant sous le bras et riant beaucoup ; nous n'en sommes pas mieux pour cela », écrit Françoise au marquis de Montchevreuil le 27 mai 1681. Embarquées pour un court trajet dans le même carrosse en tête à tête, elles renouent avec les conversations animées et spirituelles dont elles avaient l'habitude. En cette occasion, Madame de Montespan prend l'initative de la réconciliation. « Ne soyons pas la dupe de cette affaire-ci ; causons comme si nous n'avions rien à démêler », suggère-t-elle, ajoutant toutefois : « Bien entendu que nous ne nous en aimerons pas davantage et que nous reprendrons nos démêlés à notre retour. » Elles font un très agréable voyage, qui leur rappelle le temps passé, celui de l'amitié[2].

Il faut encore dix ans pour que la belle Athénaïs s'efface. Madame de Sévigné la mentionne une dernière fois dans ses lettres, le 11 septembre 1680, pour signaler que le roi ne recherche plus sa compagnie. Mais si elle ne suscite plus la curiosité de l'épistolière et n'est plus seule au centre de la vie de Cour, elle en reste l'un des pivots

1. *Souvenirs de Madame de Caylus*, *op. cit.*, p. 63.
2. *Ibid.*

jusqu'à la fin de la décennie. Pour le moment, elle est plongée en pleines tractations pour procurer des revenus substantiels à son fils aîné légitimé, le duc du Maine, âgé maintenant de onze ans. C'est elle qui sert d'intermédiaire entre le roi et Lauzun, emprisonné depuis dix ans à la suite de son mariage raté avec la Grande Mademoiselle. Celle-ci est restée célibataire. Or l'héritage immense de la fille unique de Gaston d'Orléans est l'objet de larges convoitises. Athénaïs se révèle une femme d'affaires redoutable. Elle réussit une opération financière très avantageuse pour son fils. Elle imagine de demander au roi la libération de Lauzun en échange de la fortune donnée par sa fiancée[1]. Mademoiselle de Montpensier accepte, en effet, de vendre la seigneurie d'Eu et la baronnie de Cuverville pour un million six cent mille francs au duc du Maine. Lauzun est prié de renoncer à la principauté des Dombes, que lui a donnée sa fiancée, et de la céder à Louis-Auguste. Ces terres rapportent environ deux cent mille livres de rentes annuelles. Le duc du Maine reçoit également la livrée de Mademoiselle, habit rouge, veste et culotte bleue pour son personnel. Françoise se réjouit pour son Mignon, dont elle suit l'élévation avec tendresse, et ne peut que soutenir Athénaïs dans ses efforts pour lui assurer des revenus.

En avril, Lauzun sort de sa prison de Pignerol, passe quelques mois en Anjou et revient à Paris en mars 1682 pour aller saluer le roi à Saint-Germain. Le souverain l'accueille froidement. Le petit homme, l'ancien confident de

1. Alexandre Petitot, *Collection des mémoires relatifs à l'histoire de France*, « Notice sur Mademoiselle de Montpensier et ses mémoires », Paris, Foucault, p. 357.

ses amours, qui a tenu entre ses bras le duc du Maine au moment de sa naissance, a beau essayer de rentrer dans les bonnes grâces royales, rien n'y fait vraiment. Pour compenser la perte, Mademoiselle lui fait don du duché de Saint-Fargeau et de la baronnie de Thiers, qu'il vend en 1714 au financier Antoine Crozat. Le roi leur interdit toutefois de se marier publiquement, mais il leur fait savoir qu'il ignorera ce qui peut se passer en secret. Leur discrétion est telle que personne ne sait s'ils se marient ou non. Quoi qu'il en soit, Mademoiselle se lasse bientôt de Lauzun dont le caractère prétentieux et vantard ne s'est pas amélioré avec le temps et la prison. En 1684, elle le chasse de chez elle.

L'été donne des sueurs chaudes aux deux anciennes amies. Madame de Maintenon a des « vapeurs mélancoliques » et Madame de Montespan à nouveau des « accès de rage ». Tandis que la première éprouve de nombreux malaises, la seconde entre dans de grosses colères pour des motifs futiles. Il faut dire que l'août est caniculaire. Le roi ne sort pas. Il ne va pas à la chasse, car il lui est impossible de supporter les rayons du soleil. On s'enferme ; on cherche la fraîcheur ; on bouge peu. En septembre encore, les conversations ne roulent que sur l'excès persistant des températures. Le duc du Maine a trouvé de la fraîcheur dans les Pyrénées où il est allé suivre sa cure annuelle, avec son gouverneur, Monsieur de Montchevreuil. Il semble ne plus vouloir redescendre de la station thermale, d'autant que c'est sa mère qui donne les ordres pour son séjour et qu'elle n'est pas pressée de le voir revenir. L'une de ses sœurs, Mademoiselle de Tours, est soignée à Bourbon-l'Archambault. Les deux Françoise ne se sont aperçues qu'une seule fois en un mois.

Disparitions

À la mi-septembre, arrive à Fontainebleau, où la Cour passe la fin de l'été, la triste nouvelle du décès de Mademoiselle de Tours, affectueusement surnommée « Toutou » par ses parents. Elle n'a pas encore sept ans. Un tableau de Pierre Mignard la montre un peu triste, gracile et pourtant ravissante, les cheveux courts et frisés retenus par un bandeau, dans une superbe robe dorée, jouant aux bulles de savon. Athénaïs est fortement ébranlée par son décès. Elle souffre de devoir rester dans l'ombre. Comme son nom ne figure pas sur l'acte de légitimation de l'enfant, qu'elle n'a pas été officiellement déclarée sa mère, elle est tenue à l'écart du cérémonial. Toute la Cour, la reine la première, défile devant Mademoiselle de Nantes, la grande sœur de huit ans, pour lui présenter des condoléances sincères. Madame de Montespan trouve le comportement de sa fille, qui la supplée avec talent, parfait en tous points.

Privée de condoléances officielles, elle peut néanmoins organiser à sa guise les cérémonies d'enterrement, dont le coût, environ dix mille livres, est payé par le roi. Marie-Anne est enterrée dans le « Saint-Denis des Bourbons », à Souvigny, près de Moulins, nécropole de la branche aînée des ducs de Bourbon. Le roi prend la décision de cette sépulture en raison de la proximité de Bourbon-l'Archambault où la fillette vient de mourir, situé à trois lieues à peine. Le corps de l'enfant arrive dans la nuit du 19 septembre à la lueur des flambeaux dans un carosse suivi d'autres dans lesquels se trouvent les personnages officiels de la province. Le petit cercueil de plomb est déposé dans la chapelle neuve, sur une estrade en haut du chœur, tendu de blanc, et entouré de cierges. Trois quarts d'heures plus tard, après les chants liturgiques de rigueur, le cercueil est descendu dans le caveau et placé sur des tréteaux de fer, à côté des cercueils d'Anne de Beaujeu, fille de Louis XI, et de sa fille Suzanne. Il est minuit. Athénaïs vit douloureusement cette perte. Louis XIV, bien que préoccupé par ses projets sur la frontière est, se tient informé des cérémonies et des plans d'édification d'un mausolée que sa mère souhaite faire élever dans la chapelle funéraire. Il part le cœur lourd pour Strasbourg, où il entre le 23 octobre 1681, et ne revient à Saint-Germain que le 16 novembre.

Un an plus tard, c'est au tour du comte de Vexin de quitter ce monde. Le 10 janvier 1683, Athénaïs a la douleur de perdre son second fils, âgé de dix ans. L'enfant souffre de déformations osseuses. Il a la colonne vertébrale tordue et une épaule plus haute que l'autre. Les médecins ne sont jamais venus à bout de sa bosse et n'ont fait, comme toujours, qu'empirer son état à force de traitements inappropriés. Le destinant à l'Église, son père l'a nommé abbé de Saint-Denis et de Saint-Germain-des-Prés. Il est choyé par sa gouvernante, par sa mère, ainsi que par sa tante, la marquise de Thianges, mais toutes trois sont impuissantes à soulager ses souffrances. Au lieu de jouer comme les autres enfants, il passe ses journées, allongé sur un lit dans l'obscurité, car la lumière lui fait mal aux yeux. Du coup, il réfléchit intensément et analyse les événements avec une acuité étonnante pour son âge. La légende – ce n'est qu'une légende – dit qu'avant de mourir il se serait confié à sa mère. Il lui aurait avoué détester son ancienne gourvenante qu'il aurait qualifiée de femme mauvaise, méchante et hypocrite. Au fur et à mesure qu'il grandissait, il aurait compris que Françoise se faisait passer pour une éducatrice modèle mais était mue par une jalousie irrépressible. Il aurait ajouté qu'elle connaissait mieux que tout le monde l'art du mensonge qu'elle aurait enseigné à ses protégés. Il l'aurait accusée d'avoir appris la dissimulation à toute la fratrie des légitimés et d'avoir sans cesse porté des jugements critiques sur l'éducation maternelle. La réalité rejoint la légende puisque Françoise n'a jamais caché son antipathie pour leur mère. Le petit Louis-César refuse de croire aux critiques formulées à l'encontre d'Athénaïs et s'horrifie de les entendre de la bouche de celle qui est son employée. Tout son être est révulsé par cette attitude ingrate et mesquine qui consiste à l'écarter, ainsi que ses frères et sœurs, de l'affection de leur mère et à les liguer contre elle. Athénaïs se doute bien que Françoise la dessert auprès de ses enfants, ce qui ajoute à ses raisons de la détester.

Le jeune garçon se réfugie dans les bras de sa mère qui le veille jusqu'à son dernier souffle. Il meurt à Paris, rue Saint-Thomas-du-Louvre, à l'hôtel du Maine, ancien hôtel de Longueville où a résidé la duchesse de Chevreuse. La rue, qui donne sur la galerie du Louvre, est occupée par de magnifiques maisons. L'idée de créer une place entre le Louvre et les Tuileries incite Louis XIV, au début de son règne, à acheter un certain nombre de bâtisses. Finalement, il ne les fait jamais démolir, car le projet est abandonné, mais il y loge des proches. Athénaïs y descend habituellement lorsqu'elle séjourne dans la capitale et c'est là que son fils s'éteint. Il faut, paraît-il, arracher sa mère en pleurs de son chevet pour le porter en terre. Le lendemain de son décès, 11 janvier, son corps est levé par le curé de Saint-Germain-l'Auxerrois et conduit de l'autre côté de la Seine, à Saint-Germain-des-Prés, dans le carrosse du roi, suivi de beaucoup d'autres. Il est enterré au milieu du chœur puisque son père l'a fait abbé du lieu. Le cérémonial veut que le roi ne prenne point le deuil, mais l'ensemble des courtisans le prend pendant six semaines[1].

Recompositions

Toute l'année 1682 est consacrée aux préparatifs d'un gigantesque déménagement. Le 6 mai, les services de la maison du roi, de celle de la reine et des enfants de France, la famille royale et leurs domestiques se transportent à Versailles où Louis a décidé de fixer sa résidence et son gouvernement. Jusqu'à la fin de l'été, on s'installe dans le palais neuf, au milieu des gravats. Autre sujet d'intérêt : la grossesse de la Dauphine. On entoure de précautions Marie-Anne qui attend la naissance de son premier enfant. Celui-ci vient au monde le 6 août et le roi lui attribue immédiatement le titre de duc de Bourgogne. Cette naissance donne lieu à de somptueuses réjouissances, fêtes et feux d'artifice. Le roi peut alors passer un mois, de septembre à novembre, à faire le tour de ses autres résidences et terrains de chasse :

1. « Cérémonies du règne de Louis XIV, recueil formé d'après le journal de Monsieur de Sainctot », fol. 578. Bibliothèque nationale, Département des manuscrits français, Français 15604-Français 17361.

Blois, Chambord, Fontainebleau. À Versailles, Madame de Maintenon reçoit un appartement de quatre pièces, au premier étage, en haut de l'escalier de la reine, en saillie sur la cour royale[1], de plain-pied avec les appartements du roi, alors que Madame de Montespan descend au rez-de-chaussée. On lui attribue l'appartement des bains, à droite en entrant par le vestibule de la cour de marbre, qui était l'appartement de détente du roi lorsque Versailles n'était qu'une résidence de chasse. Les pièces spacieuses donnent sur le bassin d'Apollon et la pièce d'eau. Si l'endroit est agréable et lumineux, il est excentré par rapport au centre nerveux du château, le premier étage. Athénaïs est ainsi légèrement mise à l'écart. En revanche, la proximité des appartements de Louis et de Françoise marque la confiance que le souverain témoigne en public à Madame de Maintenon.

Louis multiplie, en effet, les signes de distinction à son égard. En mars, il reçoit sa marraine, la duchesse de Navailles, qui a été disgraciée dix ans plus tôt, « avec toute l'honnêteté inimaginable », selon le marquis de Sourches, grand prévôt de France, qui commence alors un journal quotidien, chronique de la vie de cour. Le 22 septembre, en route pour l'ouest, il dîne à Maintenon. Françoise quitte sa propriété quatre heures avant son arrivée, laissant le duc du Maine faire les honneurs de la visite à son père. Après avoir fait un tour d'ensemble, le souverain donne ordre de faire réaliser plusieurs embellissements.

Françoise agit à son habitude avec tact et finesse. Son absence à Maintenon marque sa reconnaissance au roi

1. Alexandre Maral, *Le Roi, la Cour et Versailles : le coup d'éclat permanent, 1682-1789*, Paris, Perrin, 2013, p. 122.

pour la dotation qui lui a permis d'acheter cette propriété et qui lui assure l'indépendance financière. Elle semble lui dire que le vrai propriétaire, c'est lui. Elle efface tout ce qui peut marquer sa faveur actuelle. Elle s'éclipse devant Marie-Thérèse, laissant la souveraine face au duc du Maine, figure de l'infidélité passée du roi, comme pour bien marquer qu'elle doit ce château à son travail en tant que gouvernante et pas à autre chose, ce qui est la stricte vérité. Françoise veut incarner la vertu qui triomphe du péché. S'imagine-t-elle que la reine est à ce point naïve pour croire à une relation purement platonique entre elle et son époux ?

Elle commence à s'imposer aux différents membres de la famille royale. Philippe d'Orléans prend l'habitude de passer par elle pour soumettre ses menues doléances à son frère. La reine finit aussi par lui exprimer sa gratitude et, le 1er décembre, lui donne son portrait, qui la suit dans tous ses déplacements. Personne ne marque plus son étonnement lorsque Louis fait monter Françoise plutôt qu'Athénaïs dans son carrosse. Madame de Caylus dit que le roi trouve une grande différence dans l'humeur de Madame de Maintenon par rapport à celle de Madame de Montespan, car elle se montre toujours maîtresse d'elle-même, toujours raisonnable, toujours agréable. La princesse Palatine, l'une de celles qu'elle ne parvint jamais à séduire, explique que son charme vient d'une stratégie étudiée, dénuée de sentiments, basée sur la dissimulation et la fausseté. Elle fait semblant d'être malade dès qu'elle voit « son homme » lui échapper. Elle veille à rester à proximité de lui. Le dévouement cache donc une manipulation mentale qui transforme le « grand homme » en esclave de la « vieille ripopée[1] », encore nommée « crotte de souris », « sorcière », « vieille ordure », « vieille guenipe[2] », « vieille carne » ou « la vieille » tout court, qui non seulement a ensorcelé le roi mais le réduit à n'être qu'un jouet entre ses mains. Au début de la décennie 1680, Louis a beau être célébré comme le plus Grand Roi de l'univers, il n'est qu'un simple gamin face à la tentaculaire Maintenon. Madame jubile en son for intérieur de ce rétrécissement spectaculaire, tout en déplorant l'aveuglement de son beau-frère. Elle continue invariablement à se venger par écrit des ridicules mesquineries que la mentalité française lui fait inlassablement subir.

Entre 1680 et 1683, Françoise de Maintenon sort de l'ombre. Louis l'expose aux regards des courtisans et de sa famille sans jamais révéler ce qu'elle représente pour lui. L'une des seules à comprendre intuitivement la place qu'elle occupe désormais est la marquise de Montespan. Françoise n'est plus pour elle une énigme depuis longtemps. La familiarité des deux femmes les a rendues si proches qu'elles se connaissent bien, qu'elles se devinent à demi-mot. La question est aussi de savoir combien de temps la relation amoureuse entre Louis et Françoise peut durer. Le point d'équilibre où elle est arrivée reste fragile. Secrète et énigmatique, elle peut se rompre au moindre faux pas de Françoise ou à la première lassitude de Louis. Une trop grande publicité peut la compromettre tant les sentiments réciproques des amants sont vulnérables. Car ce qui attache Louis à Françoise ce n'est pas les enfants que Madame de Maintenon est

1. Mélange de restes de vins.
2. Femme malpropre, de mauvaise vie ou habillée en haillons.

incapable de lui donner. Ce n'est pas, non plus, le prestige d'une alliance avec une grande famille, comme cela était le cas avec Athénaïs. C'est un je-ne-sais-quoi totalement inédit.

11

MAINTENANT OU JAMAIS

Au printemps 1683, la Cour se transporte à petits pas vers le Dauphiné, par Auxerre, Dijon, Bellegarde, Dôle, Besançon, puis s'en retourne par Belfort, Colmar, Strasbourg où le roi arrive vers 11 heures du matin, Bouxwiller, Sarrebruck, Sarrelouis, Châlons, Montmirail, La Ferté-sous-Jouarre, Lagny, Paris et enfin Versailles le 20 juillet. Cette longue tournée d'inspection permet au roi de visiter les fortifications de la frontière est, de passer les troupes en revue et de se faire acclamer par les populations. Survient au retour un coup de théâtre magistral comme seul le destin en a le secret.

Tout bascule, en effet, sans crier gare dix jours plus tard. Le vendredi 30 juillet 1683, la reine meurt, presque subitement. Le lundi 26 juillet, elle s'est découvert un abcès à l'aisselle. Le médecin Fagon traite l'infection par des saignées. La fièvre la gagne. Marie-Thérèse rend son dernier soupir au bout de quatre jours, à quarante-cinq ans, ce qui provoque la consternation des courtisans et leurs railleries à l'égard du médecin, accusé d'avoir précipité le décès par un traitement stupide. Cette mort prend le roi au dépourvu. Tout le soir se passe en lamentations. L'étiquette lui interdisant de rester à Versailles en présence d'un cadavre, Louis XIV quitte précipitamment le château pour se rendre chez son frère, à Saint-Cloud, distant de quelques lieues à peine, où il demeure du vendredi au lundi, puis il se rend à Fontainebleau, éloigné de seize lieues. Il y reste jusqu'au 9 octobre.

Saisir le destin

Madame de Caylus prétend que le duc de La Rochefoucauld, grand maître de la Garde-Robe, joue alors un rôle décisif. Il force le destin de celle qui était tentée d'y échapper. Pourtant hostile à Françoise, en courtisan qui sent le vent tourner, il prononce les paroles décisives : « Ce n'est pas le temps de quitter le roi, il a besoin de vous. » Et il la pousse dans la pièce où se trouve Louis, qui se prépare à partir, pour une brève entrevue. Louis s'éloigne en conservant l'image de Françoise à son esprit. La Cour ne rejoint le roi que quelques jours plus tard après que le corps médical a autorisé la Dauphine enceinte à entreprendre le voyage. La Grande Mademoiselle, qui réside dans son château d'Eu, arrive à bride abattue en quatre jours et trouve Monsieur, qui a charitablement veillé sa belle-sœur, l'esprit plutôt badin. En revanche, Athénaïs, qui a rempli ses fonctions de surintendante avec soin, se montre plus affligée. Françoise, restée auprès de la Dauphine, débarque à Fontainebleau en grand deuil alors que le roi est déjà consolé de la mort de son épouse, si tant est qu'il ait eu du chagrin… Il se moque de ses grands airs éplorés.

La disparition de la reine bouleverse l'équilibre auquel est parvenue la vie sentimentale de Louis. Immédiatement, Madame de Montespan proclame haut et fort qu'il est nécessaire que le roi se mette en quête d'une nouvelle épouse. Elle souhaite qu'il se remarie principalement pour humilier Françoise. Face à une nouvelle reine, probablement jeune, elle aurait des difficultés à se maintenir dans sa position de maîtresse. Les critiques iraient bon train, étant donné son âge, ses origines huguenotes et provinciales, son mariage avec un bourgeois écrivassier… « Il faut songer à le remarier au plus tôt ; sans cela, tel que je le connais, il fera un mauvais mariage plutôt que de n'en point faire[1] », déclare-t-elle à qui veut l'entendre. En vain. Elle a beau s'égosiller, le roi ne souhaite pas se remarier. Il a quarante-cinq ans, une succession solide, du moins le croit-il. Il ne veut ni engager des tractations internationales pour se trouver une princesse étrangère, ni engendrer une nouvelle lignée de descendants. Puisqu'il reste un homme vigoureux et sexuellement actif, satisfait de sa liaison avec Madame de Maintenon, il trouve le moyen de la prolonger sans risque pour sa conscience. C'est à Fontainebleau qu'est décidé le mariage secret de Louis et de Françoise, probablement retardé par une chute de cheval que fait le roi et qui lui démet l'épaule, et peut-être aussi par la mort du ministre Jean-Baptiste Colbert, le 6 septembre. Le 20 septembre, Françoise écrit à l'abbé Gobelin : « Ne m'oubliez pas devant Dieu car j'ai grand besoin de forces pour faire un bon usage de mon

1. *Mémoires du duc de Luynes*, publiés par MM. Dussieux et Soulié, Paris, 1860, IX, p. 252.

bonheur. » Elle écrit ensuite à son frère, le 11 octobre, de Versailles où tout le monde est revenu deux jours plus tôt, qu'elle n'a pas eu le temps de se « reconnaître ». Le mariage a-t-il eu lieu avant le 15 septembre, date à laquelle le roi reçoit des lettres de félicitations du Grand Maître de l'ordre de Malte ? Il est plus probable qu'il ait été célébré discrètement dans la nuit du 9 au 10 octobre à Versailles, dans la chapelle du château, où le roi est revenu de sa villégiature le matin même, en présence du confesseur du roi, de l'archevêque de Paris et du marquis de Montchevreuil.

Françoise a l'intelligence des situations et des êtres. Elle s'adapte et réussit ce tour de force de se faire épouser, en brandissant la menace de l'enfer que Louis redoute par-dessus tout. Mais elle sait aussi, à la manière d'une mère, calmer les peurs. Ce « mariage de conscience » ne change guère les habitudes à la Cour. Selon le marquis de Dangeau, Louis passe deux fois par jour dans l'appartement de son ancienne favorite, au rez-de-chaussée, le matin après la messe et avant le déjeuner, ainsi que le soir après le souper. Athénaïs ignore tout du mariage de son amant avec l'ancienne gouvernante de ses enfants. Elle continue de s'imposer avec éclat et de lancer des piques quand elle le peut. Elle rêve de reconquérir Louis et de rabaisser Françoise. Elle règne comme jamais sur ses enfants adultérins que le roi visite consciencieusement et avec plaisir : Louis-Auguste, duc du Maine, a maintenant treize ans, Louise-Françoise, Mademoiselle de Nantes, va sur ses dix ans, Françoise-Marie, seconde Mademoiselle de Blois, a six ans et Louis-Alexandre, comte de Toulouse, cinq ans. Athénaïs continue d'offrir au roi de somptueux cadeaux, comme ce livre relié d'or contenant les vues en miniature des villes de Hollande prises durant la campagne de 1672, avec les descriptions des sièges par Racine et Boileau, qui a coûté quatre mille pistoles. Mais ce souvenir du temps de leur passion ne lui ramène pas Louis. Elle cherche pourtant par tous les moyens à le retenir chez elle : pure illusion d'amour-propre.

Dans ses appartements, elle fait travailler des ouvriers à la confection de meubles somptueux, qui suscitent la curiosité de tous les courtisans. Elle offre au souverain des divertissements, tels ce *Concert d'Esculape* qu'elle fait donner en 1683 ou encore le choix du livret d'*Arminde* que Quinault lui soumet et que Lulli met en musique. Tandis que tous décrivent une Cour rendue bigote par Françoise, Athénaïs demeure la seule à égayer le quotidien. « Le roi s'imagine qu'il est dévot parce qu'il ne couche plus avec aucune jeune femme », s'amuse à raconter la princesse Palatine le 11 août 1686, en déplorant encore, le 1er octobre 1687, que la Cour soit devenue « si ennuyeuse qu'on n'y tient plus, car le roi s'imagine qu'il est pieux s'il fait en sorte qu'on s'ennuie bien ».

Madame de Maintenon incarne la vertu discrète, compassée et raisonnable, tandis que Madame de Montespan ne se départ pas de son caractère entier, colérique et jovial. Madame de Maintenon a instauré des « assemblées des pauvres », réunions de charité mensuelles où sont apportées les aumônes de généreuses donatrices pour être ensuite réparties entre les solliciteurs. Un jour qu'Athénais vient apporter son obole, elle remarque dans l'antichambre un curé et des sœurs grises. Elle sourit et imagine en un éclair un trait d'esprit. Lorsque son ancienne amie vient l'accueillir, elle lui lance : « Savez-vous, Madame, comme votre antichambre est merveilleusement parée pour votre oraison funèbre[1] ? » Loin de se vexer et sensible à l'autodérision, Françoise rit de bon cœur. Elle est d'ailleurs la première à répandre autour d'elle les bons mots qu'Athénaïs continue à faire tomber sur sa personne. Madame de Montespan reste une personne très amusante en compagnie de laquelle on ne s'ennuie jamais.

La reine des fêtes

Bien que Madame de Montespan n'ait plus de place officielle depuis la mort de la reine dont elle était surintendante, elle demeure au cœur de la vie festive, d'autant plus que la Dauphine, qui occupe désormais les appartements de feu sa belle-mère, est dépressive. Elle n'arrive pas à tenir de cour personnelle. Le roi prête volontiers à son ancienne favorite ses musiciens et ses danseurs afin qu'elle continue à organiser des fêtes magnifiques. Ainsi, la première semaine de janvier 1686, la veille de la fête des Rois, a lieu l'inauguration des pavillons de Marly. Louis XIV lui confie l'organisation des festivités. Elle imagine une grande kermesse avec loterie. Monsieur et Madame arrivent vers 5 heures du soir avec un grand nombre de courtisans. Des flambeaux éclairent toute la maison. Dans le salon, elle a fait construire quatre boutiques, remplies de produits de luxe décoratifs, qui représentent

1. *Souvenirs de Madame de Caylus*, *op. cit.*, p. 98-99.

les quatre saisons de l'année. Elle en préside une avec Monseigneur, celle de l'Automne. Madame de Maintenon et le duc du Maine sont dans celle de l'Hiver, Mademoiselle de Nantes, sa fille légitimée tout juste mariée, tient celle du Printemps avec la duchesse de Chevreuse et le nouvel époux avec sa tante par alliance, Madame de Thianges, celle de l'Été. À la fin de la soirée, le roi distribue les lots non gagnés à ceux des courtisans qui demeurent dans les salons.

Huit jours plus tard, le 17 janvier 1686, elle organise une mascarade chez elle. Ses enfants et quelques autres personnes composent la troupe qui chante et danse jusqu'à minuit, selon le journal du marquis de Dangeau. Le 20 février, elle vient avec Monsieur et d'autres invités masqués dans la chambre du roi pour le convier au Carnaval. Voici quelques-unes des fêtes dont les mémorialistes ont parlé dans leurs mémoires. Nul doute qu'il y en a bien d'autres.

La légèreté qu'Athénaïs parvient à maintenir à Versailles est de bon aloi. La marquise reste le centre d'un univers festif et se comporte encore comme si elle donnait le rythme au ballet des courtisans. Elle poursuit naturellement les relations mondaines qu'elle entretenait du temps de sa faveur et ne se prive pas d'exprimer ses opinions. La Grande Mademoiselle, qui est « fort de ses amies » comme elle aime à le souligner, se rappelle une conversation étrange qu'elles eurent en aparté à cette époque. Dans la galerie de Versailles, attendant le début d'un bal, Madame de Montespan, de très mauvaise humeur, lui fait de nombreux reproches qu'elle ne comprend pas bien. Déconcertée, la Grande Mademoiselle retourne dans la salle où le roi joue au billard. Madame de Maintenon l'aperçoit dans le fond de la pièce. Elle remarque son air embarrassé, s'approche et lui dit : « Qu'avez-vous ? Je vous trouve tout étonnée ? – Ce n'est rien. Je viens de me promener dans la galerie avec Madame de Montespan », explique la Grande Mademoiselle. Et Françoise de répliquer du tac au tac : « Ah ! Je vois bien ce que c'est : elle vous a grondée ; vous avez cela de commun avec votre cousin germain : elle l'a souvent grondé, et il ne s'en est pas vanté. Je vous connois : vous êtes tous faits les uns comme les autres[1]. » Encore une pique contre Athénaïs. Les Bourbons soumis aux Mortemart : quelle bizarrerie !

Françoise s'y prend bien autrement pour conseiller son mari, lui donnant l'impression qu'elle ne commande rien et qu'elle le laisse agir à sa guise, mais en critiquant toujours un peu son ancienne maîtresse. Ses insinuations sont d'autant plus redoutables qu'elle les profère en l'absence de l'intéressée qui ne peut se défendre. Depuis le début, alors qu'elle n'est encore qu'une simple gouvernante, elle prend l'habitude de s'adresser directement au roi, seule à seul, lorsqu'il s'agit de critiquer Athénaïs. Et elle le fait systématiquement à chaud, au sortir d'une situation dramatique, afin de mieux convaincre son interlocuteur. Les paroles dites à la Grande Mademoiselle révèlent sa parfaite connaissance du caractère du roi. Elle observe et étudie le souverain. Elle a compris qui était Louis, a discerné ses besoins et se conforme à

1. *Mémoires de Mlle de Montpensier, petite-fille de Henri IV*, collationnées sur la manuscrit autographe par A. Chéruel, Paris, Charpentier, 1859, t. IV, p. 507.

ses désirs pour parvenir à rester à ses côtés. L'observation est, avec la patience et la modestie, un autre de ses atouts. De fait, s'impose finalement au roi la certitude qu'il sera difficile de la renvoyer parce qu'elle lui plaît et, aussi, parce qu'elle en sait trop sur son passé.

Les relations des deux femmes ne se sont donc adoucies qu'en apparence. Françoise ne se prive pas d'assassiner sa rivale en paroles dès qu'elle le peut et, de son côté, Athénaïs critique tout ce qui de près ou de loin vient de la nouvelle favorite. Ce sont des chamailleries et des piques en toutes occasions, sous des protestations d'amitié. L'entourage de Françoise s'en inquiète. En juin 1686, Madame de Montespan invite Françoise à séjourner dans son domaine de Clagny. Nanon Balbien, sa fidèle femme de chambre, tremble pour sa vie : et s'il arrivait un accident à sa maîtresse ? Françoise sourit de ces alarmes exagérées, estimant Athénaïs irascible, autoritaire, parfois méchante, mais dénuée de perversité. C'est le tempérement colérique qui la marque et frappe ses contemporains. Ainsi, quand Madame de Montespan apprend que le roi compte aller se faire soigner à Barèges sans l'emmener, elle explose dans une colère apocalyptique, manque de s'évanouir et part pour Rambouillet dans un accès de rage sans prendre congé de personne. Ses légendaires sautes d'humeur ne l'ont pas quittée. Ici, ce ne fut pour rien car le voyage prévu n'eut pas lieu. Il s'agissait de guérir le roi d'une fistule qui le faisait souffrir depuis le mois de mars. Mais les médecins renoncèrent à ce remède, car les essais effectués sur place sur des malades ne donnèrent aucun résultat. Ils préférèrent s'orienter vers une opération qui n'eut lieu que six mois plus tard, le 18 novembre.

Satisfactions

Athénaïs a tort de se vexer ainsi, car Louis reporte les faveurs dont il la comblait du temps où elle était sa favorite sur ses enfants. En 1682, il donne le gouvernement du Languedoc à Louis-Auguste, au décès de son titulaire, le duc de Verneuil. Il s'en explique à sa cousine, la Grande Mademoiselle, en prétendant qu'il se doit de faire aussi bien qu'elle, qui a permis le transfert d'une partie de ses biens au duc du Maine. Le duc de Lauzun suggérait d'ailleurs à ce propos, sans doute pour accélérer son retour en grâce, qu'elle aurait dû se démettre du reste de sa fortune en faveur de la marquise de Montespan afin qu'elle la cède ensuite à son dernier fils légitimé, le comte de Toulouse. La tractation qui a avantagé le duc du Maine a consisté pour le roi à faire passer les biens de son oncle rebelle à son bâtard. Nul doute que Gaston d'Orléans se soit retourné dans son tombeau… Le comte de Toulouse, en cadet, ne bénéficie pas de tels avantages. Il obtient néanmoins, à l'âge de cinq ans à peine, la charge d'amiral de France. Son père la lui donne au décès, dans la nuit du 17 au 18 novembre 1683, de son titulaire, Monsieur de Vermandois, fils légitimé de Mademoiselle de La Vallière. Le jeune garçon est alors confié pour sa formation à Henri du Trousset de Valincourt, général de la marine. En grandissant, il se révèle être un homme plutôt sage, silencieux et mesuré.

Les faveurs continuent de pleuvoir sur les enfants d'Athénaïs. Dès que Mademoiselle de Nantes atteint l'âge de dix ans, Monsieur le Prince, c'est-à-dire le Grand Condé, manifeste son désir de lui faire épouser son petit-fils. La fillette est ainsi mariée, le 24 juillet 1685, à peine nubile puisqu'elle n'a pas encore douze ans, au petit-fils du valeureux militaire. Le roi dote très confortablement sa fille, promet une pension de cent mille livres au mari ainsi que le gouvernement du duché de Bourgogne. Au soir du mariage, dans la chambre nuptiale, Athénaïs tient la chemise de nuit de sa fille et le roi celle du jeune marié, puis on ramène chacun des époux chez lui. Mademoiselle de Nantes a été élevée par Madame de Maintenon. C'est une charmante jeune fille, un esprit fin, amusant, badin et un assez joli minois, ce qui ne gâte rien, mais elle est toute petite, minuscule même : une sorte de poupée. Ce mariage a été fortement souhaité par le clan Condé, désireux de conforter son alliance, même de la main gauche, avec la branche aînée des Bourbons. La prestigieuse maison de Condé trouve son origine dans un frère cadet d'Antoine de Bourbon, roi de Navarre et père d'Henri IV, et il est de bon ton de réactiver ce cousinage de génération en génération. Le marié est Louis, devenu l'année suivante, à la mort de son grand-père, duc de Bourbon et d'Enghien – on l'appelle alors Monsieur le Duc –, et à la mort de son père, plus tard en 1709, prince de Condé – on l'appellera Monsieur le Prince. Né en 1668, il a quinze ans, mais est si petit, si contrefait, si nabot que, bien qu'on n'ait pas voulu immédiatement permettre aux époux de se retrouver dans l'intimité, eu égard à leur jeune âge, on craint fort qu'ils ne puissent concevoir. Le marquis de Sourches affirme que c'est une chose ridicule de voir marier ces deux « marionnettes ». Mais le Grand Condé insiste tant pour la conclusion de ce mariage qu'il est impossible de le lui refuser.

Le militaire se laisse prendre au charme de la petite fille et l'entoure de prévenances pour atténuer la laideur et la rudesse de son petit-fils qui se désintéresse de sa femme-enfant[1]. L'année suivante, le 10 novembre, la jeune fille contracte la petite vérole à Fontainebleau. Tout le monde croit qu'elle va mourir. Son mari, indifférent à sa maladie, limite ses visites et ne se présente à elle que de loin, un mouchoir sur le nez pour éviter la contagion. En revanche, sa mère et sa belle-mère accourent pour la réconforter. Son beau-grand-père, tout perclus de goutte qu'il est à cinquante-deux ans, part aussitôt qu'il apprend la nouvelle de Chantilly, où est son château, pour venir à son chevet. Le grand militaire s'isole avec elle, la veille nuit et jour, et lui apporte tous les soins dont il est capable. Le roi, au bruit de l'extrémité de sa fille, veut aller la voir, mais Condé se met au travers de la porte pour l'en empêcher. Le roi, n'écoutant que son amour paternel, force le passage. Condé, déjà très affaibli, meurt le 11 décembre 1686, non sans avoir communié à Pâques 1685 pour la première fois depuis dix-sept ans, renouant au seuil de la mort avec une foi authentique et sincère. Mademoiselle de Nantes ne se montre pas ingrate. Une fois guérie, elle part aussitôt pour Chantilly et reste au chevet du vieillard qui n'est revenu chez lui que pour mourir.

Le mariage de sa fille n'est pas le seul motif de satisfaction d'Athenaïs. En 1686, elle marie son fils légitime, Louis-Antoine, duc d'Antin en 1711, avec Julie-Françoise de Crussol, dite Mademoiselle d'Uzès, la petite-fille de la

1. Jacques Bernot, *Mademoiselle de Nantes, fille préférée de Louis XIV*, NEL, 2004, p. 23-26.

duchesse de Montausier, qui fut l'une de ses amies. C'est elle qui a favorisé ses amours avec le roi à Avesnes, en 1667, en lui prêtant sa chambre. Mais pour obtenir des revenus au futur époux, Athénaïs doit se résoudre à passer par Madame de Maintenon, moyen assuré d'obtenir sur-le-champ ce qu'elle souhaite. C'est à la nouvelle favorite presque reine qu'elle parle de la place de menin du Dauphin, c'est-à-dire de gentilhomme attaché à la personne du prince héritier, qu'elle aimerait pour son fils, avec deux mille écus de pension. Madame de Maintenon lui obtient la place le soir même de la demande. Le roi, en entrant chez Madame de Montespan, lui dit qu'il la lui accorde avec plaisir. Le Dauphin, qui a quatre ans de plus que le duc d'Antin, lui témoigne sa vie durant une grande considération. Les deux hommes sont très liés.

Athénaïs est enchantée, mais son fils n'éprouve pas la même satisfaction au mariage qu'elle lui fait faire. Enfant, il a vécu difficilement l'éloignement de sa mère. Il en ressent encore une vive frustration. Ce sont les domestiques qui, à l'insu de son père, lui donnaient de temps à autre des nouvelles de la Cour. Toutefois, la faveur royale incitait les femmes de chambre à lui prédire un riche et brillant avenir. Il les prit au mot et s'imagina des châteaux en Espagne. Son enfance fut bercée par des rêves chimériques. Il ne vit sa mère que très brièvement, à l'âge de quatorze ans, de passage à Paris où il se rendit. Il en fut extrêmement mortifié, car la rencontre n'avait duré qu'un instant. Lorsqu'il vint dans la capitale pour se former et suivre des cours, il eut parfois l'occasion de la rencontrer, mais toujours en cachette et brièvement. Il refusait de croire que la charge de menin du Dauphin et les deux mille livres de pension soient les seules choses qu'Athénaïs était capable de lui procurer. Il espéra toujours plus, sans rien obtenir parce qu'il était le « fils de… », mais en obtenant pourtant des emplois en raison de ses qualités, de son élégance et de la rectitude de sa conduite.

Beau comme le jour à l'image de sa mère, avec une mâle assurance, un langage digne des Mortemart, une gouaille de Gascon qu'il tient de son père, avec du talent pour tout, une culture livresque solide, il manifeste une grande acuité psychologique qui l'aide à devenir le plus raffiné courtisan de son temps. Avec, en sus, des grandes qualités au combat. En 1683, à dix-huit ans, il entre dans l'armée. Il fait une rapide et brillante carrière qu'il doit à son talent. Il devient un « personnage et le fut toujours depuis de plus en plus », rapporte le duc de Saint-Simon, parfait gentilhomme, ne disant jamais du mal de personne et parvenant à s'élever. Il est nommé au poste de directeur général des Bâtiments du roi en 1708. Il s'entend plutôt bien avec ses demi-frères et demi-sœurs ainsi qu'avec leur gouvernante. Peu après son mariage, le bruit court qu'il y a quelques brouilleries entre la mère et le fils, ce que démentent les attentions d'Athénaïs pour sa belle-fille car elle l'invite régulièrement à séjourner chez elle.

Solitude

Athénaïs s'occupe ainsi à divertir la Cour et à placer ses enfants. Pourtant, à partir de 1686, elle est plus isolée. Mademoiselle de Tours et le comte de Vexin sont morts et enterrés. Mademoiselle de Nantes est mariée.

Devenue Madame la Duchesse, elle est le centre d'un cercle d'habitués où l'on s'amuse et où l'on boit beaucoup. Le ton des salons mondains du début du grand règne y souffle car on aime à y contrefaire toutes sortes de gens, y compris le roi et Madame de Maintenon. Madame la Duchesse s'amuse follement à dire du mal de son époux, de sa famille, des courtisans et de son ancienne gouvernante. L'esprit Mortemart brille ainsi dans la raillerie la plus fine. La jeune femme se divertit aussi en nouant des intrigues amoureuses qui finissent par indisposer le roi. Il la menace de l'envoyer dans sa maison de campagne se calmer.

Sa sœur cadette, Mademoiselle de Blois, ne reste pas très longtemps dans le giron maternel. Dès 1690, elle est confiée à la marquise de Montchevreuil, l'amie de Madame de Maintenon, parce que le roi a en tête de la marier à son propre neveu. La jeune fillette n'est pas la préférée de sa mère qui la trouve « désagréable » de visage. Sa tante, Madame de Thianges, est également contrariée par son physique ingrat. Elle ne supporte guère que le sang des Mortemart n'ait pas produit une « machine parfaite », selon les mots de Madame de Caylus. Sans doute ressemble-t-elle trop à sa tante dont elle a la peau blanche, la gorge belle, les mains admirables et aussi le grand nez, pour être tolérée à ses côtés. Du coup, elle passe sa vie à s'entendre reprocher ses défauts. Comme elle est timide mais orgueilleuse, elle se renferme en elle-même et, contrairement à ceux de son clan, parle peu et avec une lenteur exagérée. Sa diction est surprenante. Sa mère pourtant a pris l'habitude de l'emmener dans ses voyages et se montre pleine d'attentions. Ainsi en septembre 1689, lors d'un de leur séjour à Fontevrault chez Gabrielle de Rochechouart, la fillette tombe subitement malade. Des maux de tête avec étourdissements et dérangement intestinal mettent en émoi les deux sœurs et abrègent le séjour. Mère et fille partent le soir même afin d'aller soigner auprès d'un médecin tous ses maux bizarres. L'indisposition passe sur le chemin du retour, ce qui permet à la fillette d'échapper au praticien, mais sa tante abbesse est navrée de sa solitude retrouvée. Sa santé, comme celle de ses frères et de ses sœurs, toujours chancelante, suscite la commisération. Ajouté à cela un visage ingrat, elle fait presque pitié. Son père s'apitoie. C'est sans doute pour compenser sa disgrâce physique qu'il s'ingénie à lui faire faire un beau mariage.

Quant au dernier né de la fratrie, Louis-Alexandre, comte de Toulouse, que sa mère a élevé seule lorsqu'il était en bas âge, il fête, le 6 juin 1690, ses douze ans, déjà pourvu d'un régiment d'infanterie, bientôt nommé maître de camp d'un régiment de cavalerie. En 1691, durant la guerre de la Ligue d'Augsbourg, Louis XIV annonce son souhait qu'il l'accompagne au siège de Mons. Athénaïs est peu à peu privée de ses enfants.

Pour ajouter à son isolement, Athénaïs ne s'entend pas du tout avec son fils aîné qui vient de fêter ses dix-huit ans. En 1681, le duc du Maine écrit à son père pour lui proposer de l'accompagner à la guerre. Mais la lettre arrive trop tard des Pyrénées où Louis-Auguste finit sa cure annuelle. Sa mère lui répond alors qu'elle aurait volontiers donné son accord, qu'elle aurait consenti sans peine à le voir entreprendre un voyage où sa santé aurait été « hasardée », parce que sa réputation lui importait plus que tout et qu'elle espérait de grandes choses pour lui. Mais, à cette époque, elle lui a déjà retiré son affection. Leur correspondance, toujours supervisée par Madame de Maintenon, est artificielle et mondaine. La mère et le fils n'ont jamais de ces moments de complicité comme il en arrive souvent avec le regretté comte de Vexin ou le jeune comte de Toulouse. Athénaïs n'aime pas son fils aîné si bien que, lorsque le roi lui propose de recevoir la direction de ses affaires, elle décline l'offre.

En grandissant, le petit prodige a nettement régressé. Le duc du Maine ne développe guère les belles dispositions qu'il a montrées dans sa jeunesse. Il s'avère pédant, méchant et prétentieux. Du coup, on en oublie presque qu'il fut un enfant malade et qu'il reste un adolescent handicapé. Le duc de Saint-Simon, pour qui il incarne l'abjection la plus totale, en brosse un portrait diabolique : de l'esprit, oui, mais comme un démon, un être d'une profonde noirceur, d'une perversité d'âme, d'un orgueil le plus superbe, d'une fausseté « exquise », un poltron accompli, capable des bassesses les plus rampantes, hypocrite et aussi paresseux[1], devenu le cœur, l'âme et l'oracle de Madame de Maintenon. Ce portrait est tellement exagéré qu'il devient inexact. Le seul point indéniable est l'attachement viscéral qu'il conserve pour Françoise. Louis-Auguste se défie d'une mère dont il ne reçoit pas de tendresse. En 1688, il écrit d'elle à Madame de Maintenon, qu'elle a « toujours peur qu'on ne la vole » et qu'elle est très pingre avec lui. Il prétend craindre plus les remontrances de Françoise que les siennes car celles de Françoise « sont toujours autorisées par la raison », tandis que sa mère est une personne versatile, instable et changeante.

1. Saint-Simon, *op. cit.*, t. II, p. 939.

Athénaïs, furieuse d'être peu aimée par son fils, en attribue la responsabilité à sa gouvernante. Elle finit par le détester autant que celle qui l'a éduqué. En 1698 encore, elle parle avec ironie de « toutes sortes de grâces » qu'il obtient par l'entremise de Madame de Maintenon.

La fuite

Dans cette atmosphère pesante, on comprend qu'Athénaïs ait pris souvent la fuite, cherchant ailleurs qu'à Versailles quelques plaisirs. Elle fait ainsi de plus en plus régulièrement des visites au couvent de Saint-Joseph, au faubourg Saint-Germain[1]. La Grande Mademoiselle la croise au cours de l'année 1686 sortant du couvent alors qu'elle-même y vient faire ses dévotions. L'établissement accueille des jeunes filles pauvres mais méritantes dès l'âge de dix ans pour les instruire et leur apprendre un métier. Au début de la décennie 1630, Marie Delpech de l'Étang, une pieuse demoiselle, fonde à Bordeaux, sur les conseils du cardinal de Sourdis, un établissement pour orphelines. Les curés de Saint-Sulpice lui demandent de venir à Paris pour y établir un établissement semblable. Elle achète une maison puis un terrain en bord de Seine et y installe le couvent des Filles de Saint-Joseph encore appelé couvent de la Providence[2]. L'établissement végète

1. Michaël Bourlet, « L'îlot Saint-Germain au tournant des XIXe et XXe siècles », *Revue historique des armées*, n° 208, 2007, p. 3-11. Depuis 1871, s'élève à l'emplacement le ministère de la Défense, au 231, boulevard Saint-Germain.

2. Mathieu-Richard-Augustin Henrion, *Tableau des congrégations religieuses formées en France depuis le dix-septième siècle*, Paris, 1832,

jusqu'en 1671 lorsque Athénaïs le prend sous son patronage au moment même où sa faveur se déclare. Elle fait travailler la centaine de pensionnaires à des broderies et des tapisseries, qu'elle fait vendre à la Cour : ce sont les ouvrages Saint-Joseph très prisés des courtisans[1].

Madame de Montespan n'a jamais oublié les œuvres de charité qu'une bonne chrétienne se doit de soutenir et d'encourager, peu importe la situation où elle se trouve. À la différence de Françoise Scarron, Athénaïs s'intéresse aux fillettes pauvres ; son rang l'éloigne de tout snobisme. Elle ne demande jamais à celles qu'elle protège de lui présenter des preuves de leurs quartiers de noblesse. Elle connaît cette entreprise charitable depuis sa naissance, sa propre mère, Diane de Granseigne, duchesse de Mortemart, ayant participé à sa fondation. Elle fait construire de nouveaux bâtiments et une chapelle le long de la rue Saint-Dominique, vers la Seine, non loin de l'hôtel Mortemart. Elle s'y réserve un appartement somptueux, situé dans le bâtiment séparant le cloître de la tour de l'horloge, où elle prend l'habitude de séjourner régulièrement[2]. Elle y est chez elle. Le 8 mars 1681, les administrateurs de la communauté lui accordent les droits réservés aux fondatrices et lui confèrent la charge de supérieure, avec pleine autorité, c'est-à-dire la responsabilité de choisir les filles et les sœurs, de leur attribuer leurs fonctions, de modifier les règlements et de faire

p. 151 ; et *Vie des fondatrices d'ordres religieux et de quelques dames qui ont édifié*, Paris, J. M. N. Jublin, 1829.

1. Roger-Armand Weigert, « Le meuble brodé pour la salle du trône du Grand Roi à Versailles », *Revue de l'art ancien et moderne*, 2e semestre 1932, p. 97-108.

2. Madame du Deffant occupe une partie de l'appartement où elle installe son salon et reçoit entre 1747 et 1780.

tout ce qui est nécessaire aussi bien sur le plan temporel que spirituel. Madame de Montespan s'acquitte avec beaucoup de sérieux de sa mission. Pourtant, sa manière autoritaire et versatile de gouverner l'établissement indispose une bonne partie des religieuses qui se plaignent à l'évêque. Athénaïs modifie régulièrement les règlements. Elle impose ses décisions au gré de son humeur. Personne ne parvient à comprendre sa ligne directrice. Elle est moins douée pour l'administration et la gestion des personnes que sa sœur abbesse de Fontevrault. En 1700, sans doute lasse, Athénais nomme une supérieure de son choix, se réservant la qualité honorifique de protectrice.

Au début de la décennie 1690, elle y passe le plus clair de son temps. Les oppositions qu'elle rencontre à Versailles l'indisposent. L'intérêt de séjourner dans un endroit où elle n'a plus de fonction, où la gaieté a disparu, où elle ne voit guère ses enfants devenus grands diminue de jour en jour.

Le 15 mars 1691, elle fait dire au roi par Bossuet qu'elle habitera désormais à Saint-Joseph. Le roi s'apprête à partir pour aller soutenir le siège de Mons, en emmenant le comte de Toulouse, son fils cadet chéri. Sa fille cadette est confiée à Madame de Montchevreuil en prévision de son mariage. Être privée de ses enfants lui est intolérable. Elle en conçoit un chagrin si grand qu'elle oublie sa promesse de ne jamais demander à quitter la Cour. Mais Athénaïs ne sollicite aucune autorisation. Comme toujours, elle met les autres devant le fait accompli. Elle convoque le même prélat qui, du temps de sa faveur, l'enjoignait de mettre fin au double adultère. Jacques-Bénigne Bossuet écoute, gêné, ses raisons, qu'il répète au roi. Elle lui explique qu'elle sent bien, à la privation qu'on lui fait de ses enfants, qu'on n'a plus aucune considération pour elle. Dans ces conditions, autant partir.

Avant de fêter ses cinquante ans, elle renonce donc à la vie à la Cour. Après avoir passé quelques jours à Clagny, elle regagne Paris définitivement. Cette décision est prise par dépit, mais comme le roi fait aussitôt démeubler son appartement, il n'y a plus moyen pour elle de revenir en arrière. La précipitation avec laquelle son logement versaillais est repris rend son éloignement irrévocable. Le duc de Saint-Simon prétend encore que c'est le duc du Maine en personne qui lui signifie l'ordre du roi de quitter Versailles. En réalité, il n'y a aucun ordre. Mais son fils, encouragé par Madame de Maintenon, s'empresse de demander à son père l'autorisation d'utiliser les lieux, endroit agréable au rez-de-chaussée, donnant sur les somptueux jardins et la pièce d'eau. Le roi l'attribue immédiatement à Louis-Auguste, qui donne le sien à sa sœur, Mademoiselle de Blois. L'année suivante, après son mariage, il le cède à son frère, le comte de Toulouse. Nul doute que Françoise a œuvré en coulisses. Quelques mois plus tard, elle s'oblige, en effet, à écrire à la pieuse abbesse de Fontevrault qui lui donne des nouvelles de sa sœur, qu'elle est ravie de savoir son ancienne amie heureuse. « Je craignois d'être mal avec elle », lui avoue-t-elle. Pour quelle raison imagine-t-elle une fâcherie suplémentaire, si ce n'est parce qu'elle est à l'origine de son départ ?

À la mi-mars 1691, en plein Carême, Athénaïs renonce donc à paraître à la Cour. Le roi est déjà parti à la guerre. Le marquis de Dangeau prétend qu'elle le verra encore quelquefois. La prédiction s'avère erronée. Louis semble avoir déjà oublié sa favorite. Quant aux deux rivales, elles se quittent pour toujours. Il n'y a pas de cérémonie d'adieux. Pourtant, l'apaisement ne suit pas. L'éloignement des deux ennemies ne fait pas taire leurs rancœurs.

12

LA DERNIÈRE JOUTE

La saison s'obscurcit. Le temps tourne à la pluie. La dernière décennie du Grand Siècle est peu riante. Il fait froid. Les neiges s'attardent. Les terres sont trempées. Les blés refusent de mûrir. La nature se plie mal aux désirs des hommes. Que faire devant l'adversité ?

Athénaïs virevolte entre ses résidences, ses amis et sa famille. Elle fuit le monde. Elle tourbillonne afin d'oublier le passé et d'éviter de penser au futur. Elle séjourne fréquemment auprès de sa sœur religieuse. En novembre 1691, elle est à Fontevrault où elle se plaît infiniment. Elle y retourne l'année suivante et s'apprête à faire durer son séjour car, en ce 14 novembre, la neige commence déjà à tomber. Athénaïs se voit mal remonter vers Paris et pense qu'elle sera mieux en Anjou qu'au couvent Saint-Joseph pour passer l'hiver. Car ce que tout le monde pressent arrive : les frimats sont terribles. La rigueur des températures ne s'est jamais vue de mémoire d'homme. L'hiver suivant est pire encore. Elle songe à revenir à Paris seulement pour Pâques. En juin 1693, elle est à Clagny où elle reçoit la visite de

Madame de Montchevreuil, qui vient l'entretenir de sa fille, Françoise-Marie, dont elle a désormais la responsabilité. Elle lui parle également du souhait formulé par le duc du Maine de recevoir le domaine de Clagny. Athénaïs le lui cède bientôt pour, sans état d'âme, n'y plus jamais remettre les pieds. À l'automne suivant, elle est à nouveau auprès de sa sœur à Fontevrault dans le chagrin du décès de Madame de Thianges, qui s'est éteinte le 12 septembre, à cinquante-deux ans. Le décès du maréchal de Vivonne, leur frère, six ans plus tôt, le 15 septembre 1688, au même âge, ne lui avait pas causé autant de peine. En décembre, elle est revenue à Paris où elle reçoit de nombreuses visites.

Tourbillons

Elle s'arrête au cours de ses déplacements dans des propriétés dont elle fait l'aquisition, parsemant ses itinéraires d'étapes agréables. Si elle n'a plus Clagny, elle se rend souvent à Petit-Bourg, acheté en 1696 quarante mille écus, pour son fils légitime et dont elle se réserve l'usufruit. Situé en Hurepoix sur la rive gauche de la Seine, sur la route qui mène à Orléans, en face de la forêt de Sénart, le château est élégant. Ses jardins à la française en terrasse sont dessinés par André Le Nôtre qui a répondu favorablement à la demande d'Athénaïs. Six ans plus tard, en 1702, elle achète l'un des plus beaux domaines du Poitou, le château et les terres d'Oiron, et y fonde un hôpital. Dès 1693, elle réunit à Fontevrault, chez sa sœur, cent pauvres, vieillards et orphelins, et appelle onze sœurs de la Charité de Paris auxquelles elle donne quatre cents livres de rentes pour s'en occuper. En 1703, elle les transfère toutes à Oiron. Trois grands corps de logis en équerre, quatre pavillons et une chapelle sont élevés à côté du bourg. Un nouvel acte de fondation est reçu au Châtelet de Paris le 3 juillet 1704. Il porte que cet hôpital, placé sous l'invocation de la Sainte Famille, est destiné à la nourriture et à la subsistance de cent pauvres de l'un et l'autre sexe. Elle désigne l'évêque de Poitiers comme administrateur de droit et lui demande de bien vouloir effectuer une visite annuelle. Pour sa peine, elle lui réserve trois lits, comme elle en réserve six à l'abbesse de Fontevrault qui a accepté le déménagement de l'institution. Les quatre-vingt-onze places restantes sont réparties entre les différentes paroisses aux alentours d'Oiron[1].

En 1696, Athénaïs fonde encore un hôpital, celui des Filles bleues à Fontainebleau. Également tenu par les Filles de la Charité, l'établissement accueille soixante fillettes orphelines à partir de l'âge de sept ans pour leur apprendre un métier et les établir en les dotant. Les bâtiments sont construits près du grand chemin de Paris au mont Pierreux, au milieu de champs et de jardins. Madame de Montespan donne la pleine puissance de ses moyens et de la générosité qui, finalement, n'a cessé de la caractériser. Elle fait appel aux Filles de la Charité, fondées par Vincent de Paul, qui fut en relation avec sa propre mère, Diane de Grandseigne. En prolongeant les œuvres de sa dévote mère, elle cultive la tradition de bienfaisance familiale.

1. *Mémoires de la Société des antiquaires de l'Ouest*, année 1838, Paris, Derache, 1840.

Au château d'Oiron, elle couvre les murs de nombreux portraits d'elle et de Louis XIV. Elle fige le temps dans l'immoblité de sa faveur. Elle reçoit une confortable pension du roi qu'elle redistribue largement aux nécessiteux, toujours plus nombreux, dont elle s'occupe dans ses fondations. Aussi, lorsque les caisses de l'État se vident, au début du XVIIIe siècle, durant la guerre de Succession d'Espagne, et que le souverain retranche sur les sommes qui lui sont versées trimestriellement, elle est triste de ces restrictions qui la condamnent à se montrer moins généreuse. Pourtant, elle ne regarde pas en arrière. Elle s'interdit d'éprouver aucun regret. Petit à petit, avec le poids des ans, elle déroule le cours d'une année dans le même sens : l'automne dans le Poitou, à Oiron et à Fontevrault près de sa sœur, l'hiver et le printemps à Paris, l'été à Bourbon, avec des arrêts à Beaumont-les-Tours où l'une de ses nièces est abbesse, à Fontainebleau où elle s'occupe d'une institution pour jeunes filles, à Saint-Germain où elle veille sur une autre fondation. Toute l'année, elle se transporte de résidence en résidence.

La Cour et ses intrigues lui paraissent bien loin. Elle n'est pas même présente au mariage de ses deux derniers enfants non encore établis, Mademoiselle de Blois et le duc du Maine. Le comte de Toulouse, jeune adolescent, ne manifeste pas l'envie de convoler. Tant mieux ! Son père préfère garder près de lui ce garçon qui est son préféré.

Louis XIV est, en effet, irrésolu quant au destin de ses bâtards. Au fond de lui, il pense qu'il serait préférable que ses légitimés ne se marient pas. Pour des raisons politiques, de rivalités de rangs et d'honneurs, il préférerait qu'ils n'aient pas de descendance. Il serait à souhaiter que les bâtards soient stériles. Mais il n'a pu refuser au Grand Condé la main de Mademoiselle de Nantes pour son petit-fils et il veut faire plaisir à Mademoiselle de Blois qu'il aime tendrement. C'est pourquoi il lui fait faire un mariage incroyable. Il la marie à son unique neveu, Philippe, le fils de son frère. Dans la foulée, l'aîné de ses légitimés, le duc du Maine, bientôt vingt-deux ans, soutenu par sa gouvernante, obtient également de se marier, un mois après sa sœur, le 19 mars 1692.

Des mariages extravagants

Le mariage de Mademoiselle de Blois avec le duc de Chartres est, à l'époque, l'un des épisodes de la vie à Versailles parmi les plus bruyants. Ce mariage secoue la Cour à proportion de son extravagance. Les parents du fiancé y sont fortement hostiles. Monsieur est infiniment attaché à sa grandeur. Madame est d'une nation qui abhorre la bâtardise et les mésalliances. Elle s'indigne du double adultère et déteste Athénaïs. S'attendant à une grande résistance, le roi, après avoir conçu le projet, prépare le terrain dès 1688. Il s'adresse à l'un de ses familiers, Monsieur le Grand, c'est-à-dire Louis de Lorraine, comte d'Armagnac, grand écuyer de France et gouverneur de Bourgogne, qu'il apprécie particulièrement. Celui-ci s'engage à convaincre son frère, le chevalier de Lorraine, de se faire l'émissaire de son projet auprès de Philippe d'Orléans dont il est l'amant. Le chevalier de Lorraine s'acquitte avec succès de sa mission auprès de Monsieur et obtient son accord pour cette union. Il est rétribué de sa peine, en avance, par la nomination le 31 décembre 1688 avec Monsieur le Grand, son frère, au titre de chevalier de l'ordre du Saint-Esprit, cette prestigieuse récompense honorifique instituée par Henri III.

La chose s'évente. Prenant à son tour les devants, Madame parle à son fils qui lui promet de n'y jamais consentir. Mais lorsque son oncle l'envoie quérir dans l'après-midi du 9 janvier 1692, le jeune homme est si impressionné qu'il ne discute pas. À dix-neuf ans, Philippe de Chartres est encore timide, voire timoré. Il écoute les paroles de son oncle dites avec une telle majesté qu'il reste interdit, tremblant, incapable de prononcer le moindre mot. Le roi lui propose d'ajouter au nom de neveu du roi celui de gendre : avoir le Roi-Soleil comme oncle et beau-père, quelle gloire ! Il bafouille alors qu'il s'en remet à la décision de ses parents. Son père ayant accepté, ne reste plus qu'à obtenir le consentement de sa mère, la princesse Palatine. La nouvelle de la demande met celle-ci en transe. Elle s'emporte contre son fils, le guette au coin d'un couloir et le gifle publiquement en guise d'amabilité. Puis elle s'enferme dans son appartement pour pleurer à son aise toute la nuit. Lorsque le roi lui réclame sa réponse, elle lui cède parce qu'elle non plus ne peut faire autrement. Quand le souverain parle en maître, on ne peut qu'obéir. Sur ce, tandis que Louis lui fait une révérence très appuyée en guise de remerciement, elle effectue une pirouette sur elle-même si rapide que le roi relève la tête sur la vue de son large postérieur. Se redressant tout à fait, il ne la voit plus que de dos s'éloigner majestueusement.

Madame ne se console pas de ce mariage. Elle évite le plus qu'elle peut les occasions de rencontrer sa belle-fille. Elle se montre plus sereine lorsqu'elle apprend peu de temps après, « Dieu soit loué ! », que le duc du Maine ne demande pas la main de sa fille, ce qui aurait porté aux combles sa malchance. Quant à la jeune fiancée, elle entend l'annonce de son mariage dans la galerie des Glaces, si terrorisée qu'elle reste toute la soirée blottie sur les genoux de Madame de Maintenon. Si elle souhaite fortement devenir la future duchesse d'Orléans, elle mesure le prix à payer pour l'être. Elle est glacée de peur jusqu'à la célébration des noces, le 18 février, l'avant-veille du jour des Cendres, par le cardinal de Bouillon, grand aumônier de France, dans la chapelle du château de Versailles. Placé sous de tels auspices, le mariage va cahin-caha malgré leurs huit enfants. Chacun des époux vit de son côté ou presque. Mademoiselle de Blois, assez maladive et ayant des problèmes de vue, prend l'habitude de traîner toute la journée sur des fauteuils et des canapés. Avec sa diction si particulière, elle articule lentement des bribes de phrases qui, paraît-il, jettent l'effroi autour d'elle par leur méchanceté. Imbue de sa naissance, elle est dédaigneuse et cassante au point que son époux ne l'appelle pas autrement que « Madame Lucifer ». Treize ans plus tard, à la mort de son auguste père, elle devient première dame de France, puisque son mari est déclaré Régent du royaume.

Madame de Montespan aurait bien aimé que son fils épouse une fille de Monsieur, mais, raisonnable, Louis-Auguste accepte un mariage moindre. Le duc du Maine se contente de l'une des filles de Monsieur le Prince, le fils du Grand Condé, la jeune Louise-Bénédicte de Bourbon, autrement dite Mademoiselle de Charolais. Âgée de seize ans, elle est microscopique comme ses sœurs, quoiqu'un peu plus grande. Ces quelques pouces de plus orientent les préférences. Las ! Ce choix apparemment sage n'est guère plus heureux que le précédent. Furieuse de devoir épouser un bâtard, elle le lui fait sentir sa vie durant. Du commencement à la fin, elle se montre despotique avec son époux. Elle se moque de son claudiquement et suscite sa crainte. C'est l'évêque d'Orléans, le pieux cardinal Pierre du Cambout de Coislin, qui célèbre leur mariage. Comme Mademoiselle de Nantes est duchesse de Bourbon depuis son mariage avec Louis, petit-fils du Grand Condé, Louis-Auguste se retrouve non seulement frère mais aussi beau-frère de sa sœur.

Madame de Montespan ne paraît point à ces noces. Mais elle suit de loin la destinée des deux couples. En 1694, elle donne ses perles à sa belle-fille et quatre magnifiques lits. Alors qu'elle ne rend visite à personne, elle prend la liberté de se déplacer, le 10 juillet 1694, jusqu'à Saint-Cloud pour tenter de rapprocher sa fille de ses beaux-parents. Si Philippe d'Orléans reste l'un de ses amis intimes avec lequel elle garde des relations cordiales, Madame l'a toujours prise de haut, incapable de comprendre les mœurs françaises. La princesse Palatine est persuadée que le roi se laisse manipuler et qu'elle a été « bien ou mal avec lui selon le bon plaisir de ses maîtresses » : disgrâce sous Madame de Montespan, retour en grâce sous Madame de Ludres et complète catastrophe avec Madame de Maintenon car, selon elle, « cela va mal tout le temps depuis que règne la maîtresse actuelle[1] ». Aussi, c'est avec beaucoup de retenue qu'Athénaïs tente de plaider la cause de Mademoiselle de Blois. Si sa verve

1. *Lettres de la princesse Palatine*, Paris, Mercure de France, 1985, p. 142.

et son intelligence séduisent toujours autant ceux avec qui elle s'entretient, cette fois, c'est sans grand succès.

Comme une reine

Ahénaïs ne se vexe pas. Son orgueil n'est en rien offensé par cet échec. Dans toutes les situations, elle se résout à être aérienne, à ne jamais se plaindre et, faute de bonheur, à glisser vers la fin de son existence avec élégance. Elle met un point d'honneur à se montrer grande dame. Elle accueille avec faste et solennité les visiteurs qui sollicitent une audience.

Elle ne rend visite à personne. Elle attend qu'on vienne à elle.

Au couvent Saint-Joseph à Paris, elle reçoit beaucoup. « Toute la France y allait », prétend le duc de Saint-Simon. On entre dans son salon où un seul fauteuil, le sien, trône, adossé à son lit. Elle vous reçoit comme une reine. Elle assise, vous, debout, aussi longtemps que dure la conversation. On apporte des fauteuils seulement lorsque viennent Monsieur et la Grande Mademoiselle, qui sont des intimes et l'apprécient infiniment. Elle demande à ses femmes, nièces ou jeunes filles qu'elle entretient chez elle, de s'asseoir sur des petits pliants de part et d'autre pour faire une haie d'honneur aux invités. Elle parle à chacun avec autorité comme une reine qui honore en adressant la parole. Peut-être fait-elle exception et offre-t-elle un siège aux saintes dévotes qui se pressent à sa porte, particulièrement à Madame de Miramion qui vient régulièrement l'entretenir des fondations qu'elle souhaite établir à Paris pour venir au secours des nécessiteux[1]. Marie Bonneau de Rubelles fut veuve l'année de son mariage en 1645. Sa vocation altruiste a été sinon motivée, du moins accélérée par un drame qui l'a profondément choquée : elle a été enlevée par Bussy-Rabutin qui lorgnait sur sa fortune. Elle a refusé de se laisser épouser. Depuis, elle s'emploie à fonder dans Paris toutes sortes d'établissements charitables, avec le concours de femmes surnommées les Miramiones qui vivent auprès d'elle dans la simplicité. Célèbre à l'époque pour son charisme, elle est nommée trésorière des aumônes royales. Elle achète un hôtel sur le quai de la Tournelle pour y installer l'apothicairerie des nécessiteux[2]. La misère ne cesse de s'étendre avec la guerre, le temps pluvieux et froid qui compromet chaque été les moissons. Madame de Miramion a fort à faire. Elle trouve en Athénaïs une grande dame prête à l'aider et à la soutenir. Pourtant, à la veille de sa mort, le 23 mars 1696, c'est vers Madame de Maintenon que s'envolent ses dernières pensées. Désireuse de pérenniser son action, se sachant près de mourir, elle écrit une lettre à Françoise pour la supplier de continuer son œuvre. C'est dire que la favorite, dans l'esprit du public, tient les cordons de la bourse de la charité royale, que c'est par son entremise que l'on obtient non seulement des places et des honneurs, mais aussi des subventions.

---

1. C'est lors de l'une de leurs entrevues que Madame de Montespan confia à Madame de Miramion des détails sur sa faveur et sa disgrâce. Madame de Miramion les indiqua à son cousin par alliance, l'abbé de Choisy, qui les publia.

2. Aujourd'hui vendu, l'hôtel de Miramion était devenu le musée de l'Assistance publique de Paris.

Émulation

La conquête amoureuse et la rivalité pour l'affection des enfants ne sont donc pas les seuls domaines où les deux Françoise concourent. Elles partagent le souci des pauvres à travers le soutien financier d'établissements charitables et la fondation d'institutions d'éducation. Qui sait si la Maison royale de Saint-Cyr aurait existé sans les Filles de Saint-Joseph ? Cette émulation les porte à s'impliquer dans les affaires sociales et ecclésiastiques du royaume, chacune dans la position où elle est parvenue. Ce n'est pas parce qu'elle n'est plus maîtresse royale qu'Athénaïs délaisse ses fondations. Au contraire, ayant moins de dépenses d'apparat, elle peut y consacrer une part plus importante de son budget. Elle le fait volontiers car son éloignement de Versailles place ses préoccupations spirituelles au premier plan.

Si, dans sa retraite, Athénaïs ne perd pas son esprit proverbial, elle s'intéresse maintenant à des sujets plus sérieux. Par principe, elle est avare de réflexions personnelles et intimes, préférant la narration des petits faits anecdotiques qu'elle soumet à son entourage et à un auditoire toujours subjugué. Ce caractère frivole et malicieux s'efface quelque peu dans une correspondance qu'elle partage entre 1690 et 1692 avec un savant homme d'Église, reçu à l'Académie française, Daniel Huet. Entré fort tard dans les ordres, cet érudit a secondé Bossuet dans l'éducation du Dauphin à qui il a enseigné le latin. Il est récompensé en devenant, en 1692, évêque d'Avranches. Le docte prélat est en conversation littéraire avec Madame de Fontevrault. Lorsque Athénaïs réside chez l'abbesse, les deux sœurs se plaisent à lui écrire ensemble. L'échange épistolaire commence par un paradoxe défendu devant Athénaïs par l'érudit qu'elle a eu l'occasion de rencontrer à Versailles. Il soutient que la conversation est plus dangereuse que l'écriture. Or, à cette excellente rhétoricienne, l'art oratoire paraît bien supérieur. Par défi, Athénaïs accepte de se convertir à l'opinion de Daniel Huet et, pour le lui bien faire voir, elle s'engage à lui écrire régulièrement. Ainsi commencent leurs échanges.

Elle fait donc le chemin inverse de celui de sa rivale en se ralliant à l'art épistolaire à cinquante ans. « J'avais toujours cru que la vivacité de la conversation et le plaisir de voir naître les pensées le devoit emporter sur le froid d'une lettre qui peut être faite avec un grand loisir et dont les déguisements ne peuvent être découverts par les mines, ni le secours par aucun témoin[1] », écrit-elle à son correspondant. Elle prend ainsi le temps de versifier et de renouer avec l'art poétique auquel elle se livrait dans sa jeunesse, lorsqu'elle fréquentait les salons littéraires. Au cours de l'échange, Daniel Huet, qui décidément aime la polémique, pose une question à laquelle Athénaïs s'emploie à répondre : « Laquelle est préférable de l'illusion ou de la vérité ? » Ses réponses révèlent sa philosophie de la vie, la ligne de conduite qu'elle a toujours suivie et le but de son existence qui tient en deux mots : l'amusement et le plaisir. « Mon humeur n'est point chagrine et de bon cœur je badine », explique-t-elle, en poursuivant : « Je veux que la belle humeur domine » car « tout vers le plaisir m'incline ».

1. Pierre Clément, *op. cit.*, p. 273.

Entre l'illusion et la vérité, où se situe le bonheur ? Au soir de sa vie, elle peut dire vers où vont ses préférences, même s'il est illusoire de se croire heureuse. Elle aime la joie, elle savoure l'existence, elle n'a pas honte de se laisser aller aux plaisirs, tandis que sa rivale reste tendue dans la course aux honneurs. Mais Madame de Montespan est déjà couverte d'honneurs. Que peut-elle demander de plus, si ce n'est de profiter avec grâce et légèreté des privilèges que le destin lui a réservés ? Ne doit-elle pas demeurer fidèle à cette vertu nobiliaire par excellence, que caractérise un certain détachement vis-à-vis des réalités de ce monde et une façon d'envisager les malheurs ? Ne jamais récriminer contre le sort et faire contre mauvaise fortune bon cœur.

Elle prend un directeur de conscience, le père Pierre-François de La Tour, général de l'Oratoire depuis 1696, qui la dirige fermement. Il oriente sa dévotion vers le détachement qu'elle perçoit comme inévitable en raison de la vieillesse et du temps qui passe. Elle s'inquiète de la mort qui la cerne de toutes parts. Le 9 juin 1701, le frère du roi trépasse soudainement à soixante et un ans. Elle est terriblement bouleversée par la perte de cet ami fidèle. Elle est d'autant plus secouée qu'étant né moins de deux mois avant elle, Philippe est son exact contemporain, son quasi-jumeau. L'année suivante, elle est frappée par le décès de son époux à qui elle s'est résolue à écrire une lettre de repentir. Cela fait longtemps que le marquis de Montespan lui a pardonné, mais il a toujours refusé de la revoir. Elle porte son deuil. En 1704, sa sœur l'abbesse de Fontevrault meurt à son tour. Année après année, ceux qu'elle aime disparaissent. Ses angoisses face à la mort redoublent, si bien qu'elle engage des femmes pour la veiller la nuit. Elle place tant de bougies pour éclairer sa chambre qu'on craint qu'elle n'y mette le feu. Elle redouble ses aumônes, ses jeûnes et ses macérations. Elle ne s'habille plus que de tissus grossiers sous des chemises ordinaires. Elle renonce aux mets les plus raffinés, faisant taire son légendaire appétit. Elle vit comme une pénitente et aussi comme une pèlerine car elle change perpétuellement de maison, courant les « champs », comme l'écrit avec justesse Madame de Maintenon.

Obsession

Les anciennes amies ne communiquent plus que de loin, le plus souvent par personnes interposées. En 1698, pour une pension qu'elle souhaite obtenir du roi pour l'une de ses nièces religieuses, une fille de son frère Vivonne, elle s'adresse à son fils, le duc du Maine, le priant de solliciter sa gouvernante. Mais il lui répond si sèchement qu'elle ne comprend pas s'il a effectué ou non la démarche. Pour le savoir, elle s'empresse d'écrire à son amie la maréchale de Noailles, éminemment influente à la Cour. Marie-Françoise de Noailles a été dame du Palais de la reine, son mari est capitaine des gardes du corps du roi. Le couple habile à ménager toutes les susceptiblités, continue à flatter Athénaïs, tout en étant lié avec Madame de Maintenon. Athénaïs obtient d'elle les informations dont elle a besoin pour adapter sa conduite et la prie de lui révéler précisément comment les choses se sont déroulées afin d'en faire compliment à Françoise si celle-ci y a prit part. Dans le cas contraire, elle ne souhaite pas la faire se souvenir d'elle mal à propos. À la Cour, le duc du Maine et son ancienne gouvernante ne se privent pas pour affirmer que la nièce de l'ancienne favorite ne doit ses émoluements qu'à leur entremise[1].

Athénaïs éprouve le même embarras au décès de Madame de Montchevreuil, le 26 octobre 1699. Elle prie Louis-Auguste de porter ses condoléances à la famille et à Françoise, mais comme elle est peu sûre de l'exactitude de son fils, elle réitère sa demande à la duchesse de Noailles, préférant passer par son intermédiaire. Elle ne souhaite pas non plus s'adresser directement à l'intéressée : « Je suis toujours embarrassée, explique-t-elle, dans les occasions pour prendre une juste mesure dans mes démarches. Mon inclination me portoit très naturellement à me montrer directement à Madame de Maintenon telle que je suis pour elle ; cependant vous savez, Madame, que mon commerce n'est pas de son goût[2]. » Françoise a donc signifié à sa rivale qu'elle ne souhaitait plus entendre parler d'elle.

Athénaïs est fâchée par cette fin de non-recevoir chez une « personne qui a fait trop d'impression » sur son cœur et son esprit « pour n'y pas toujours tenir sa place »[3]. Elle regrette cet éloignement mais concède que, s'il plaît à Françoise, c'est parfait. Si celle-ci est satisfaite ainsi, « cela peut fort bien être » car, au fond, elle souhaite lui prouver qu'elle n'est pas son ennemie et qu'elle

1. En vérité, le roi a accordé la pension parce que la religieuse était une Mortemart, famille qu'il affectionne et qu'il continue de protéger.
2. *Ibid.*, p. 357.
3. *Ibid.*, p. 325.

ne lui veut que du bien. Athénaïs se résout difficilement à interrompre leur dialogue, mais ne s'en sent aucunement responsable, puisque c'est la volonté de son adversaire. « Le silence entre elle et moi devient agréable quand je sais qu'il lui convient », explique-t-elle. Pourtant Françoise ne peut s'empêcher de rompre toujours ce silence. Le 17 décembre 1698, elle lui répond par l'intermédiaire de sa sœur religieuse. Elle écrit à l'abbesse de Fontevrault de bien vouloir « assurer Madame de Montespan des sentiments que vous avez vu que je conserve pour elle ; je ne puis jamais cesser de m'intéresser à tout ce qui la touche, depuis les plus grandes jusqu'aux plus petites choses ». Quelle est la part de sincérité dans ces quelques lignes ? Les deux femmes ne sont plus ni amies, ni alliées, ni complices. Leur dispute, commencée lors de l'installation des bâtards à Saint-Germain en 1674, dure encore vingt ans plus tard. Sous les protestations d'affection et d'intérêt, la haine pointe et tourne à l'obsession.

Sans cesse resurgit le souvenir d'Athénaïs, sans qui Françoise ne serait pas ce qu'elle est. Aux demoiselles de Saint-Cyr, elle rappelle parfois leur proximité. « Madame de Montespan et moi avons été les plus grandes amies du monde », leur explique-t-elle, louant les belles qualités d'Athénaïs, une femme de beaucoup d'esprit et pleine de charmes, dont elle fut la confidente. « Nous voilà cependant brouillées sans que nous ayons eu dessein de rompre. Il n'y a pas eu assurément de faute de mon côté et si cependant quelqu'un a sujet de se plaindre, c'est elle, car elle peut dire en vérité : c'est moi qui suis cause de son élévation ; c'est moi qui l'ai fait connaître et goûter au roi ; puis elle devient la favorite, et je suis chassée », poursuit-elle. Elle ajoute qu'elle se rappelle l'avoir inlassablement encouragée à rompre ses liens adultères et à refuser l'amour du roi, ce que n'aurait pas supporté Athénaïs. Elle ne regrette pas un seul instant ces admonestations bien qu'elles aient brisé leur belle amitié[1]. La vérité, c'est que Françoise ne supportait pas le caractère enjoué et libre d'Athénaïs. Elle était jalouse de sa prestance et de son éclat. Elle rêvait de prendre sa place. Elle y a patiemment travaillé. Elle y est arrivée. Mais cela, elle ne peut ni se l'avouer ni l'avouer à son auditoire. Tous ses souvenirs forment une chaîne de remords et d'obsessions qui la condamnent à songer toujours à celle qu'elle a remplacée.

Françoise, malgré ses nombreuses occupations, la vie si réglée auprès du Grand Roi, la fondation de Saint-Cyr, ne peut donc s'empêcher de penser quotidiennement à Athénaïs. En 1701, elle écrit à l'abbesse de Fontevrault que sa sœur est « trop souvent présente » à son esprit et qu'elle lui souhaite tout ce qu'elle souhaite à elle-même. La réponse d'Athénaïs tarde durant deux années, jusqu'au 26 juin 1703. Au détour d'une pensée, elle confie à la religieuse que ce n'est que pour « l'honneur de la vérité que je voudrois prouver à Madame de Maintenon que j'ai véritablement pour elle, sans aucune correspondance, tous les sentiments que tant d'autres lui contrefont avec succès ». Athénaïs sait que ses protestations d'amitié ne seront pas payées de retour. Elle les formule quand même avec sa générosité habituelle.

Pourtant, dans le même temps, Madame de Montespan ne peut s'empêcher de penser que Françoise a usurpé

1. Théophile Lavallée, *Lettres historiques et édifiantes*, Paris, Charpentier, 1856, t. II, p. 75.

sa place. D'après elle, le monde idéal est immobile : les gouvernantes devraient rester gouvernantes, les rois ne devraient pas s'abaisser à regarder plus bas que la très haute aristocratie, la noblesse immémoriale devrait recevoir tous les honneurs… Chacun devrait se contenter de la position où sa naissance l'a placé, content de son sort, en n'étant occupé que d'agir honnêtement. Si la providence divine voulait, maintenant, que Françoise meure, elle tenterait de retrouver sa place dans le cœur du roi. Elle caresse parfois ce rêve chimérique, et plus souvent encore après 1702, lorsqu'elle se retrouve veuve du marquis de Montespan. Elle est intimement convaincue que la passion du roi peut se rallumer. Et qu'alors, étant tous les deux libres de toute attache, Louis la choisirait de nouveau. Mais Dieu le veut autrement. Elle se soumet. Elle se sent sans nulle prétention, vide de tout désir de grandeur, tandis que tout ce qui touche à sa rivale et tous ceux qui tournent autour d'elle sont marqués du sceau de l'ambition et de l'élévation sociale.

La vérité est qu'Athénaïs possède cette qualité rare de n'être envieuse de personne et de savoir pardonner, parce que le monde est imparfait et qu'elle cherche la paix intérieure. Elle médite beaucoup durant ces années d'une solitude en définitive toute relative, puisqu'elle reçoit souvent des visites et qu'elle se promène partout où le roi ne va pas. Elle ne paraît plus à la Cour. Elle ne voit plus guère ses enfants. Elle s'emploie à pacifier son cœur, à se détacher de la vie mondaine, à attendre la fin dans le calme et la sérennité. Elle repousse toutes les pensées qui l'assaillent sans cesse, car elle est intimement persuadée que « nous sommes à nous-mêmes, la plupart du temps, un grand monde, et nous parlons souvent dans notre âme avec une populace nombreuse de passions, de désirs, de desseins, d'inclinations et de tumulte qui nous agitent par ces inquiétudes, nous troublent par ces révoltes, et nous empêchent d'écouter Dieu qui parle à notre cœur et qui seul devrait être notre monde et notre tout[1] ». Athénaïs lit beaucoup, une littérature pieuse qui prône le renoncement au monde. Ici, elle a recopié un passage de la correspondance du père Pasquier Quesnel, un janséniste convaincu, qui évoque le détachement à opérer avant la mort. « Car si cette nuit funeste nous surprend, tout est perdu sans retour », écrit-il à un correspondant anonyme, le 5 novembre 1681, alors qu'il vient d'être exilé à Orléans[2]. Athénaïs peut méditer quelques-unes des lettres du théologien, membre de l'Oratoire, que lui donne à lire Pierre-François de La Tour, son directeur spirituel, lui-même oratorien et également soupçonné de jansénisme. Elle tente de se conformer aux recommandations spirituelles les plus austères. Elle est plus paisible qu'elle ne le pense, malgré son épouvante de la mort.

Un couple bourgeois

Si elle comprend le désir de revanche de sa rivale, Athénaïs n'arrive pas à saisir la nature exacte du lien entre Louis et Françoise. S'il n'est pas sûr qu'elle soit au courant de leur mariage, elle doit bien se rendre à l'évidence : leur couple est solide, plus solide que celui

1. Pierre Clément, *op. cit.*, p. 344.
2. Albert Le Roy, *Un janséniste en exil. Correspondance de Pasquier Quesnel,* Paris, Librairie académique Didier Perrin et Cie, 1900, t. I, p. 29-30.

qu'elle formait avec Louis. C'est pour cela qu'elle a fini par partir, par prendre la fuite pour se délivrer du poids pesant des contraintes et des hypocrisies, pour s'éloigner de sa rivale et vivre en toute liberté. L'union de Louis et de Françoise prend, en effet, une forme assez originale. Françoise soutient son mari, le console de ses chagrins, le soigne lorsqu'il est malade, s'inquiète de ses soucis, partage ses joies, le conseille à l'occasion. Elle apparaît, au détour de quelques remarques lâchées ici ou là dans sa correspondance ou dans ses recommandations aux demoiselles de Saint-Cyr, comme un modèle d'épouse. Elle est parfaite. Elle incarne l'idéal de la femme chrétienne. Le couple royal fait figure de parangon d'amour conjugal, au détail près qu'il reste ambigu car il est enveloppé d'un secret qui interdit toute publicité. Leur union n'est pas de convenance. Le roi a besoin de sa présence comme le remarque avec stupéfaction la princesse Palatine qui explique que « c'est quelque chose de curieux à voir quand ils sont ensemble. Si elle est quelque part, il ne peut pas y tenir un quart d'heure sans aller lui parler à l'oreille et l'entretenir en secret, bien qu'il ait été toute la journée auprès d'elle[1] ». La belle-sœur du roi s'avoue choquée de cette proximité qui ne se voit que dans certains ménages bourgeois. Leur complicité paraît incroyable : à plus de cinquante ans, Louis ne peut se passer de Françoise. Ce besoin d'intimité et de confiance qu'exprime le couple qu'ils forment est très moderne. Seul un roi peut se permettre de suivre d'autres usages que ceux de son milieu, d'innover socialement et de se projeter dans le futur au travers de cette union conjugale intimiste et fusionnelle.

1. *Lettres de la princesse Palatine*, *op. cit.*, p. 80.

Le matin, il vient la saluer dans sa chambre, puis se met au travail, assiste à la messe et au Conseil. Elle reste dans ses appartements ou traverse le parc pour se rendre à Saint-Cyr. Discrète, elle n'est pourtant jamais très loin. De 5 heures à 10 heures du soir, le roi lit ses dossiers dans la chambre de son épouse. Il reçoit les ministres, tandis qu'elle s'occupe à des travaux d'aiguille ou des lectures. Puis, sans déranger son mari, elle se prépare pour la nuit. Elle prie, prend son repas et se couche vers 9 heures. À 10 heures, il la quitte pour aller souper au Grand Couvert. Mais avant cela, les époux ont commencé par rester seuls un long moment. On ferme la porte et personne n'entre plus. Ils sont dans leur intimité. Françoise prétend que son mari l'honore quotidiennement et que la part charnelle de leur relation est fondamentale pour son équilibre. Pourtant, tous deux conçoivent aussi leur union comme un compagnonnage, dont les préoccupations spirituelles ne sont pas exclues. « Accordez-nous de marcher ensemble dans toutes Vos justifications », demande Françoise à Dieu dans une longue prière, tandis que Louis, avant de mourir, s'excuse sincèrement de ne pas l'avoir rendue heureuse. Françoise a séduit Louis parce que ses convictions religieuses le rassuraient, parce que sa tenue morale, quoique sévère, calmait ses doutes sur son propre salut.

Certes, Louis et Françoise partagent tout, que ce soit la proximité de cœur et d'âme, l'intimité sexuelle ou une communauté de vues, mais c'est au prix du sacrifice de l'épouse. Louis est un homme tyrannique, qui impose ses volontés, jusqu'à la fenêtre de la chambre de sa femme qu'il maintient ouverte alors qu'elle meurt de froid. Mais elle passe sur ces détails, qui lui gâchent la vie, pour s'intéresser à l'essentiel, qui est de le guider sur un chemin spirituel. Françoise se résout à abdiquer son indépendance car il s'agit d'un homme puissant et séduisant. Elle se lance dans l'aventure avec une retenue qui n'exclut pas la passion. La vie auprès du roi est promesse de bonheur. Ce n'est qu'avec le temps que l'espérance se transforme en déception et amertume. La vie réelle n'atteint pas les hauteurs de la vie rêvée : le couple reste insatisfaisant pour une femme qui se veut libre. Malgré la proximité et la confiance entre les deux partenaires, l'inégalité de condition, de statuts, de sexe qui demeure, rend le joug conjugal lourd à porter. Aussi a-t-elle des mots très durs vis-à-vis de l'institution matrimoniale qu'elle compare à un esclavage pour la femme et s'emploie à prévenir ses protégées contre les illusions de l'amour. Louis finit par décevoir Françoise comme il a déçu Athénaïs. Mais Françoise tient bon, durant trente ans, et s'accommode de cette incroyable existence, tandis que sa rivale garde au cœur le secret espoir de le reconquérir.

Malgré l'inconfort, l'obéissance imposée à Françoise, la tendresse et la confiance que les partenaires se portent est réciproque. Louis trouve auprès de sa Belle Indienne une quiétude et une familiarité qu'Athénaïs ne lui a pas offertes. Il trouve une manière de savourer enfin une vie privée qui lui a été refusée jusqu'alors. Car, en vieillissant, il supporte moins les contraintes d'une existence exposée au regard du public. Au fond, c'est Chronos, le temps, qui est son maître, lui dictant sa conduite. Pas assez retenue, modérée, pondérée, Athénaïs n'a pu le séduire sur la durée. Elle est trop aristocratique pour accepter de former un couple bourgeois avec son amant. Mais le roi est au-dessus de ces préventions sociales. Il mène sa vie conjugale à sa guise, de manière à être heureux, sans trop tenir compte des conventions, mais sans provocation. Le secret dont il s'entoure est la contrepartie de sa liberté d'action. Du temps des maîtresses, le secret épargnait son épouse, infante d'Espagne, descendante de Charles Quint, qu'il ne fallait pas humilier. Maintenant qu'il est veuf, le secret ménage la haute noblesse, furieuse du rang modeste de la nouvelle favorite qui n'a pas, derrière elle, un clan prêt à la soutenir. Louis n'aime pas le scandale. C'est pourquoi cette vie conjugale retirée avec une épouse en apparence effacée lui plaît.

L'esprit du système

Pendant ce temps, Françoise s'ancre dans la réalité versaillaise. Son problème est de parvenir à concilier son ambition avec l'inconfort de sa position de presque reine. En 1686, le graveur du roi, Pierre Giffart, bientôt membre de l'Académie royale de peinture et de sculpture, réalise son portrait. Il la figure de trois quarts, perles aux oreilles et au cou, coiffure en chignon retenu par des perles. Gravé au burin, le dessin s'insère dans un ovale qu'encadrent des filastères aux quatre angles. Ils portent les devises de Françoise qu'elle a probablement choisies elle-même. Leur lecture trace un vaste programme politique et social : « Autant modeste qu'élevée » ; « Par mes respects j'attire ses regards » ; « Je ne parois que pour faire du bien » ; « Ma vertu me fait estimer ». Si le roi l'a remarquée, c'est bien parce qu'elle a su rester à sa place, de sorte qu'il a pu réaliser en elle le miracle de la royauté absolue : conférer la vraie et seule noblesse à celui ou à celle qu'il distingue. La marquise de Montespan pensait plutôt le contraire, à savoir que c'est elle qui honorait son royal amant en se donnant à lui, sentiment qu'il n'a toléré qu'un moment.

Dans le système monarchique, les maîtresses procurent au roi l'illusion de se choisir une compagne et, surtout, de faire ce choix en dehors des principes de la grande politique internationale. C'est une compensation pour l'obligation qui est faite au souverain de se marier sans inclination ni attirance. Ce système des maîtresses se double de celui de la faveur, qui le renforce en donnant plus d'éclat à l'élue. Être favorite, c'est entretenir avec le roi une liaison durable, qui donne l'illusion de la vie conjugale. Le Roi-Soleil renoue ainsi avec les pratiques des grands seigneurs du Moyen Âge avant l'instauration du mariage monogame. Si elles lui permettent de faire battre son cœur et d'émouvoir ses sens sans contrainte, si elles actualisent le privilège d'une sexualité libérée, elles jouent, à côté de l'aspect humain, un rôle politique non négligeable. En distinguant parmi ses maîtresses une favorite, il signe avec elle une alliance tacite, fondée sur les sentiments et la passion, qui la désigne comme la reine de cœur. Mais le roi prend bien soin de choisir une grande dame pour s'unir, par cette alliance officieuse, au clan qu'elle représente, et par-delà, à la noblesse de son royaume. C'est ainsi que le roi doit entretenir deux familles, la première est officielle, elle répond aux préoccupations dynastiques ; la seconde est officieuse, elle témoigne de ses préférences personnelles. Louis XIV s'est successivement choisi trois favorites : Mademoiselle de La Vallière, une jeune fille, Madame de Montespan, une femme mariée, et Madame de Maintenon, une veuve.

C'est avec Athénaïs que ce système politique de la favorite a atteint son point d'orgue, car les Mortemart sont d'une noblesse immémoriale, comparable à celle des Bourbons. De fait, elle a essuyé finalement peu de critiques parmi les courtisans. Jeune, amoureuse et souvent maladroite dans ses rapports avec le roi, Mademoiselle de La Vallière a été prise en pitié et plainte lorsqu'elle a été délaissée. Tel n'est pas le cas de Françoise. Ce n'est pas tant parce qu'elle serait de très petite noblesse – sans être immémoriale, sa famille est tout de même honorable et son grand-père fut un compagnon d'Henri IV –, c'est parce qu'elle est perçue comme une usurpatrice du fait de la mort de la reine. Elle ne peut pas prendre la place devenue vacante, car le roi ne peut épouser une de ses sujettes.

Pourtant, avec Madame de Maintenon, Louis renonce à la bigamie de la première partie de son règne. Il fusionne le système des maîtresses avec ses devoirs religieux et moraux, à ceci près que son épouse est trop âgée pour lui donner des enfants et que leur mariage ressemble à une liaison puisqu'il n'est pas rendu public. À la mort de Louis XIV, des chansons qui circulent mettent en scène le roi défunt demandant à son confesseur s'il doit « l'épouser tout de bon ». L'aimable prélat répond par la négative en raison de la stérilité de son union. La pique s'adresse autant à l'homme d'Église hypocrite qu'au souverain qui a régné trop longtemps. Elle montre, en outre, que le secret du mariage de Louis et de Françoise est jalousement gardé pendant plus de trois décennies. Si le peuple ignore tout, ce qui autorise des satires mordantes sur l'appétit sexuel des Bourbons, les courtisans ne sont pas dupes, mais font comme s'ils ne savaient rien. La loi du silence s'impose.

Maîtresse femme

La vertu, l'orientation vers le bien, le respect des codes et des convenances, l'estime acquise auprès des autres, voilà des qualités qui ont permis à Françoise d'être remarquée par le roi et auxquelles elle doit sa position. Malgré tout, elle doit s'imposer sur la durée et, pour prévenir ses angoisses, elle s'ingénie à tout organiser autour d'elle afin de maîtriser son destin. Il lui reste néanmoins bien des travers à corriger, comme le lui fait remarquer, en 1690, l'abbé de Fénelon qu'elle teste pour remplacer, comme directeur spirituel, l'abbé Gobelin qui vient de mourir. Il lui expose la litanie des critiques que l'on déverse sur elle : c'est une femme qui ne tolère aucun défaut chez autrui ; elle pousse trop loin le dégoût de ceux qu'elle n'aime pas ; elle se mêle un peu trop des affaires politiques ; elle recherche trop l'amitié. En résumé, il lui conseille de se détendre, de lâcher du lest, de se montrer plus généreuse et compatissante, d'élargir son cœur pour supporter les défauts des autres et d'être moins à cheval sur l'amour-propre. Il lui recommande de ne pas fatiguer le roi par une avalanche de conseils et l'avertit qu'elle doit se préparer à être méprisée, détestée et décriée. Françoise renonce à Fénelon comme confident. Elle n'est sans doute pas prête à entendre des paroles qui la remettent à sa place, elle qui suit sa route obstinément.

En 1686, elle consolide son ambition par l'édit de fondation de la Maison des Dames de Saint-Louis à Saint-Cyr, qui est l'institution idéale où elle aurait aimé passer son enfance. Elle substitue à la stérilité de son union la fondation d'un établissement qui éduque des demoiselles pour la gloire du royaume. C'est sa maternité spirituelle. Les jeunes filles de la noblesse y sont formées, précise l'édit de fondation, pour porter dans toutes les provinces du royaume les exemples de modestie et de vertu, afin de contribuer au bonheur des familles où elles entrent par mariage. Le roi donne le château de Noisy, compris dans l'enceinte du parc de Versailles, mais Françoise voit plus grand et Louis décide de construire un nouvel établissement capable d'accueillir deux cent cinquante pensionnaires. Le 1er mai 1685, on abat le château du marquis de Saint-Brisson Séguier, qui a accepté de le vendre, pour élever à la place un bâtiment dessiné par Jules-Hardouin Mansart. Il est situé sur la seigneurie de Saint-Cyr, à moins d'une lieue du château de Versailles à l'ouest du parc. Les élèves doivent prouver quatre degrés de noblesse en ligne paternelle pour y être acceptées. Elles vivent sous la conduite de trente-six Dames. Leurs études achevées à vingt ans, elles reçoivent mille écus de dot. Madame de Maintenon devient « institutrice de la Maison de Saint-Louis », avec les privilèges et honneur d'une fondatrice.

À partir de cet instant, Françoise y est présente, s'occupant elle-même des petites filles, le plus souvent qu'elle peut. On sollicite de tous côtés des places tant le prestige de l'institution est immédiat et considérable. Les constitutions sont revues par Racine et La Bruyère, pas moins ! En août 1686, après l'inauguration de la chapelle, toute la Cour s'y montre. La Grande Mademoiselle prend l'habitude d'y entendre les vêpres. Quand elle possède encore ses appartements versaillais, Athénaïs la suit volontiers. Elle s'est agrégée à la petite troupe de dévotes que Françoise a constituée autour d'elle – Mesdames de Ventadour, de Beauvilliers, d'Heudicourt et de

Montchevreuil – pour faire avec elles, tous les mois, des lectures pieuses. Sa présence fait fuir Françoise, qui préfère faire tranquillement ses dévotions, plutôt que d'être distraite par des conversations mondaines. Plus que tout, elle veut éviter son ancienne amie. En décembre 1688, constatant que le snobisme n'épargne aucune pensionnaire, elle sanctionne la directrice, Madame de Brinon, qui n'a pas su contenir l'ambition des élèves. Françoise demande au roi une lettre de cachet lui ordonnant de démissionner et de se retirer dans un couvent. Pour la tenue spirituelle de la maison, elle choisit, après l'abbé Gobelin vieilli, un autre saint homme, prêtre de Saint-Sulpice, l'abbé Godet Des Marais, qu'elle fait, en 1690, nommer évêque de Chartres, diocèse dont dépend Saint-Cyr et avec lequel elle entame une correspondance nourrie.

Françoise ressent le besoin d'être entourée et de régenter son monde pour compenser la soumission absolue qu'elle doit au souverain. Comme Athénaïs, elle se préoccupe d'établir ses protégées. Elle marie d'abord sa chère « nièce », Marthe Le Valois de Villette, fort jeune, à treize ans, le 14 mars 1686, à Anne de Tubières, comte de Caylus, qui a fait son siège pour obtenir sa main. Le roi offre un collier de perles de dix mille écus à la mariée et donne à l'époux une place de gentilhomme auprès du Dauphin. Ce mari est un très mauvais choix. Ivre du matin au soir et sans aucun intérêt, il laisse son épouse vivre à sa guise, si bien qu'elle noue des intrigues galantes lui valant deux exils. Le plus long des deux dure de 1694 au 10 septembre 1707. À cette date, elle est à nouveau autorisée à assister au souper du roi, toujours aussi belle après treize ans d'absence.

Françoise se tourne ensuite vers la famille de Charles d'Aubigné. Son frère poursuit son ascension sur l'échelle des honneurs plus haut que le barreau où ses maigres talents sont capables de le hisser. Après avoir été gouverneur de Cognac en Saintonge, il est installé comme gouverneur de la ville et du château d'Aigues-Mortes en 1688, gouverneur du Berry en 1691. Il reçoit le cordon bleu en 1689. À Saint-Cyr, Françoise veille sur sa fille unique, Françoise Charlotte Amable d'Aubigné, née en 1684. Elle la marie le 31 mars 1698 avec Adrien-Maurice, comte d'Ayen, duc de Noailles en 1708, de six ans son aîné. Ce grand militaire qui se signale par ses hauts faits de guerre est le frère de Marie-Victoire de Noailles, celle-là même qui a épousé en premières noces le marquis de Gondrin, petit-fils légitime d'Athénaïs. La dame a un talent pour séduire les rejetons des Mortemart, puisqu'elle se remarie, en secondes noces et sur le tard, avec le comte de Toulouse, fils légitimé, qui est tombé fou amoureux d'elle. Désormais Madame de Montespan et Madame de Maintenon cousinent.

Mademoiselle d'Aubigné, devenue comtesse d'Ayen, reçoit le château de Maintenon en cadeau de mariage. À la cérémonie assiste la toute récente duchesse de Bourgogne, Marie-Adélaïde de Savoie, qui vient d'épouser, le 7 décembre 1697, le petit-fils de Louis XIV. La comtesse d'Ayen, treize ans, devient dame du palais de la duchesse, qui est âgée de douze ans. On adjoint à Françoise Charlotte Amable des femmes plus âgées, mais aussi des compagnes de son âge, telle la comtesse d'Estrées, sa propre belle-sœur, ou Mademoiselle de Chevreuse devenue marquise de Lévi. Cette troupe légère et gracieuse de fillettes est encadrée par Madame de Maintenon qui décide de leur éducation. Elle veille sur les jeunes couples qui se forment, du comte à la comtesse d'Ayen, ses parents, jusqu'aux duc et à la duchesse de Bourgogne, qui l'appellent avec habileté « ma tante » et qu'elle adore. Elle ne manque pas d'écrire régulièrement à son nouveau neveu, « presque gendre », le comte d'Ayen, particulièrement à partir de 1700 lorsqu'il part pour Madrid. Il accompagne, en effet, Philippe d'Anjou, deuxième fils du Dauphin qui vient d'être désigné, en décembre 1699, roi d'Espagne.

La place de Françoise est paradoxale. Le roi semble ne prendre aucune décision concernant la vie de la Cour sans lui en parler. Pourtant, elle n'exerce aucune fonction officielle. En 1690, au décès de Marie-Anne de Bavière, épouse du Dauphin, laissant trois orphelins de sept, six et trois ans, elle perd sa charge de dame d'atours. Elle est privée de statut officiel, mais elle pèse sur le quotidien de Versailles. Elle devient le pivot de « ce pays-ci ». Elle soutient le moral de son royal époux. Elle recueille les nombreuses confidences des membres de sa famille. Elle éduque les jeunes princesses, parfois futures souveraines, venues se marier en France[1]. Les enfants du roi prennent l'habitude de s'adresser à elle assez simplement pour toute requête les concernant. Le Dauphin, fréquemment sur les champs de bataille avec, autour de lui, tous les fils des Noailles, Montespan, Villarceaux, Montchevreuil, sollicite ses avis car, affirme-t-il, c'est la « meilleure amie » qu'il a au monde.

Entre 1688 et 1697, pendant la longue guerre de la Ligue d'Augsbourg, le roi est sur le théâtre des opérations,

1. Elle surveille étroitement la duchesse de Bourgogne, considérée comme Dauphine de France, qui occupe les appartements de Marie-Thérèse, mais qui meurt en 1712.

souvent entouré des siens. Le mauvais temps à partir de 1693 freine l'ardeur des belligérants. Les hivers sibériens glacent les armées sur place. Les défaites françaises, nombreuses mais jamais décisives, retardent la conclusion du conflit. Au printemps et en été, les troupes sont stoppées par les averses et les orages. En juin 1693, le roi est à Namur où des rideaux d'eau ne cessent de tomber. Du 5 au 13 septembre 1696, des fêtes au camp de Compiègne sont troublées par les pluies continuelles. Louis prend la peine d'écrire tous les jours à Françoise, sans exception, lorsqu'elle ne l'a pas suivi. Elle reçoit également nombre de lettres de ses protégés, du duc du Maine, du Dauphin qui lui donnent des nouvelles du roi. Célébrant son courage, car il s'expose et monte souvent sur les parapets au risque de se faire tuer, mais la rassurant aussi sur sa santé robuste.

À Versailles, Louis continue sa correpondance. Lorsqu'il la voit s'éloigner le matin pour se rendre à Saint-Cyr, il lui fait porter un billet, après le conseil, la priant de se trouver à la grille du jardin en fin d'après midi où il a l'habitude de venir la chercher pour revenir ensemble en carrosse au château. « Vous me ferez plaisir », souligne-t-il chaque fois. Louis et Françoise s'installent dans des habitudes de vieux couple, lorsque les partenaires se connaissent bien, lorsqu'ils aiment à être ensemble, à la fois capables de vaquer à leur occupations chacun de leur côté, mais savourant toutes les minutes prises en commun.

Une faveur approuvée ?

Françoise, aimant la compagnie, lorsqu'elle n'est pas entourée de princesses, choisit des fillettes pour vivre auprès d'elle. Ainsi, vers la fin de sa vie, elle s'occupe particulièrement de Mesdemoiselles de Montchevreuil et du Fayet de la Tour. Celle-ci, « sa petite favorite », issue d'une famille auvergnate de vingt et un enfants, semble trop chétive pour suivre la classe lorsqu'elle arrive à Saint-Cyr à sept ans[1]. Après sa formation, elle devient religieuse dans l'établissement, tandis que ses sœurs sont dotées. Françoise s'attache à la jolie petite fille qui, espiègle, un jour lui demande : « Maman, je sais que tu es reine. – Qui vous a dit cela, mignonne ? » et son air fait voir à l'enfant qu'il n'en faut pas dire davantage[2]. De fait, fort peu de personnes sont dans la confidence de son mariage : le père de La Chaise, confesseur du roi, l'archevêque de Paris, les Montchevreuil, ainsi que quelques sommités religieuses.

Le pape Alexandre VIII la sait reine. Ne lui écrit-il pas, le 18 février 1690, que ses belles qualités lui ont acquis avec justice « une faveur qui est approuvée de tout le monde[3] » ? Elle vient de solliciter auprès de lui la permission de rentrer dans n'importe quel monastère, privilège réservé aux seules souveraines, pour qui la clôture s'ouvre sans autorisation préalable. La plus haute autorité dans l'Église approuve cette faveur d'un nouveau type, vertueuse et légale, puisque appuyée sur le sacrement de mariage. La belle-sœur du Roi-Soleil, Madame, laisse entendre que la liaison entre les amants est énigmatique. On ne sait si c'est concubinage ou mariage, précise-t-elle.

1. « Les demoiselles du Fayet de la Tour à Saint-Cyr », *Livre généalogique de la famille du Fayet de la Tour*, p. 150-162 (archives privées).

2. Théophile Lavallée, *Madame de Maintenon et la Maison royale de Saint-Cyr*, Paris, Plon, 1864, p. 281.

3. Pierre Clément, *op. cit.*, t. III, p. 261.

En avril 1688 encore, elle explique à la duchesse de Hanovre n'avoir pas « pu savoir si le roi a oui ou non épousé la Maintenon. Il y en a beaucoup qui assurent qu'elle est sa femme, et que l'archevêque de Paris les a unis en présence du confesseur du roi et du frère de la Maintenon ; mais d'autres disent que ce n'est pas vrai, et il est impossible de savoir ce qu'il en est. En tout cas, ce qu'il y a de certain, c'est que le roi n'a jamais eu pour aucune maîtresse la passion qu'il a pour celle-ci[1] ».

L'ambassadeur du Brandebourg, Ézéchiel Spanheim, est plus affirmatif lorsqu'il signale en 1690 que leur commerce paraît « si grand » que le bruit sourd se répand que le roi l'a épousée secrètement. Pour ce sévère diplomate calviniste, seule la dévotion que l'on constate désormais chez le roi peut expliquer cet étrange mariage, puisque la belle est vieille et de rang très inférieur. Mais pour les ecclésiastiques, y compris les plus sévères sur le plan de la morale, cette union est exemplaire. Louis révèle une humilité chrétienne édifiante par le choix de son épouse et par celui de ne pas déclarer publiquement qu'il est marié. Le théologien Antoine Arnauld loue cette union contractée « selon les règles de l'Église. Il n'est humiliant qu'aux yeux des faibles, qui regardent comme une bassesse de s'être pu résoudre à épouser une femme plus âgée que lui, et si fort au-dessous de son rang ; au lieu qu'il a fait une action agréable à Dieu, qu'il n'a regardé cette union que comme un remède à sa faiblesse qui l'empêchait de faire des chutes criminelles[2] ». La chose

1. *Lettres de la princesse Palatine*, *op. cit.*, p. 80.
2. Lettre à M. du Vaucel cité par François Bluche, *Louis XIV*, Paris, Fayard, 1986, p. 710.

est entendue. La logique impose de croire qu'elle est sa femme légitime. Mais la volonté de Louis est de tenir, coûte que coûte, le secret. En public, Françoise n'est jamais présente aux côtés du roi mais, en privé, elle reste assise dans son fauteuil pour recevoir le défilé de la famille royale et des courtisans, comme une « reine dans le particulier », selon le duc de Saint-Simon.

Françoise s'accommode de son statut de femme de l'ombre. Elle n'est pas aimée des courtisans ? Elle est l'objet de la curiosité du public qui aimerait en savoir plus sur elle ? Elle est considérée comme la vieille maîtresse du roi ? Qu'importe, puisqu'elle remplit scrupuleusement son devoir et l'engagement qu'elle a pris vis-à-vis de Louis le jour de ses noces. Elle sait que sa place fait jaser, ainsi que son ambition. Pour être arrivée là où elle se trouve, il faut une « profonde habileté », reconnaît-elle[1]. Elle sait à quoi s'en tenir et ne fait bientôt plus d'effort pour se défendre. Que son mariage soit proclamé ne changerait rien aux médisances qui se concentrent surtout sur sa bigoterie et son avidité. Quelques pamphlets, des chansons et des épitaphes, principalement écrits par des protestants en colère après la Révocation de l'édit de Nantes ou par des jansénistes, se moquent avec virulence des amours du roi. Ils s'en prennent à la folie des grandeurs de Françoise :

La Maintenon dit un jour à son frère :
Le croirois-tu ? Le trône, la grandeur,
Dont j'ai jadis tant brigué la chimère
Ne laissent plus que vide dans mon cœur.

1. *Ibid.*, p. 383.

La mort peut seule en ma triste misère
Me rendre heureuse, ah ! dit l'autre en fureur,
Vous comptez donc épouser Dieu le Père[1] *!*

La princesse Palatine considère que les histoires sentimentales de son beau-frère sont lamentables. Ce qui lui a toujours manqué, c'est l'amour. Louis s'est fourvoyé avec les femmes parce qu'il a inlassablement cherché le sentiment au-delà du plaisir. Ce qui est une erreur lorsqu'on est souverain. Madame relie toutes ces aventures les unes aux autres dans une explication magistrale, écrivant le 5 mars 1719, que « la Montespan est cause que le roi s'est épris de la vieille guenipe d'abord, afin de l'avoir auprès de ses enfants, elle a caché au roi que cette bête avait mené une vie fort désordonnée ; elle a recommandé à tous ceux qui approchaient du roi de louer cette femme et de vanter sa vertu et sa piété[2] ». Le roi les a crus. Pourquoi Athénaïs a-t-elle poussé autant la gouvernante de ses enfants ? C'est parce qu'elle s'ennuyait d'être seule avec un homme qu'elle n'aimait pas. Lui aurait préféré mener une vie paisible et retirée auprès d'elle, plutôt que d'être toujours en représentation et entouré de monde. Il n'était pas entièrement sa dupe. Il reprochait souvent à sa maîtresse « de ne pas l'aimer assez » et se lassait de leurs querelles incessantes. « Alors paraissait Madame de Maintenon » qui consolait le pauvre roi. Il écoutait d'autant plus volontiers ses sermons qu'il croyait qu'elle ferait

1. Claude-Sixte Sautrau de Marsy, *Pièces satiriques du règne de Louis XIV*, Paris, Buisson, 1793, t. IV, p. 74.

2. *Correspondance complète de Madame, duchesse d'Orléans, née princesse Palatine*, éd. M.G. Brunet, Paris, Charpentier, 1904, 2 vol., p. 74.

de lui un saint. Comme elle s'est refusée à lui, tout en lui faisant comprendre qu'elle l'aimait passionnément, il conçut une plus grande admiration encore pour elle, qui le plaignait et l'exhortait à mieux vivre avec la reine. Pleine de reconnaissance, Marie-Thérèse la fit nommer auprès de sa bru, en sorte que, n'ayant plus rien à voir avec Madame de Montespan, leurs chemins se séparèrent définitivement. Pour la princesse Palatine, une cascade de conséquences négatives coule comme l'eau débordante des fontaines des bosquets de Versailles depuis un principe commun qui n'est autre qu'Athénaïs. Madame avoue ainsi sa détestation de Madame de Montespan qu'elle ne supporte pas, non parce qu'elle lui est antipathique ou parce qu'elle réprouve son comportement immoral. Non, elle la déteste parce qu'elle a lancé Madame de Maintenon, qui n'est rien d'autre que « sa créature ». Pour un peu, elle regretterait qu'Athénaïs n'ait pas su rester à la première place dans le cœur du roi. Mais la favorite n'a pas eu la patience suffisante pour supporter les infidélités et l'égoïsme de Louis. À la fin, elle s'est lassée. Elle est trop indépendante pour être soumise aux caprices d'un homme. Déterminée à n'être sous la coupe de personne, elle reste fermement attachée à ce principe d'autonomie personnelle, que son rang et son statut social lui permettent de suivre de manière éclatante et magnifique. Françoise, elle, accepte le sacrifice de sa liberté… pendant trente-deux ans.

13

ENFIN DÉLIVRÉES

En mai 1707, la marquise de Montespan part à Bourbon-l'Archambault en compagnie de la fille de la maréchale de Noailles, Marie-Félicité, maréchale de Cœuvres, dame du palais de la duchesse de Bourgogne. Elle ne place que peu d'espoir dans sa cure pour rétablir sa santé chancelante depuis plusieurs mois. Elle pressent que sa fin est proche. Elle se trouve subitement mal. Elle s'évanouit. Alors elle quitte la scène de la façon dont elle y est entrée : avec superbe. Elle, qui est terrifiée par la mort, n'en n'a plus peur. Sa fin chrétienne est exemplaire. Elle se confesse, reçoit l'extrême-onction avec ferveur, ferme les yeux et se laisse tomber en syncope. Le vendredi 27 mai, à 3 heures du matin, elle rend son dernier soupir. Elle a soixante-six ans. Aussitôt qu'il apprend la nouvelle de la maladie, son fils, le duc d'Antin, qui séjourne et chasse dans la forêt de Livry, non loin de Fontainebleau, avec le Dauphin, entreprend de se rendre à son chevet. Il arrive la veille de son trépas et se souvient avec émotion : « Je fus le triste témoin de la mort la plus ferme et la plus chrétienne que l'on puisse voir, et le mérite des bonnes œuvres et d'une sincère pénitence n'ont jamais tant éclaté qu'en sa faveur. Je ressentis toute la douleur que l'amitié la plus tendre et la plus sincère peuvent faire ressentir en pareille occasion, et je repars sur l'heure pour me retirer quelque temps chez moi à Bellegarde[1] », château situé dans la province du Gâtinais, qu'il a acheté en 1692. Son fils légitimé, le comte de Toulouse, se précipite après avoir obtenu l'autorisation du roi de s'absenter. Mais, apprenant la mort de sa mère à la hauteur de Montargis, il n'a pas le courage de voir son cadavre, rebrousse chemin et va pleurer son chagrin à Rambouillet.

Athénaïs est inhumée en l'église des Cordeliers de Poitiers à côté de sa mère, Diane de Grandseigne. Elle est ensevelie le 3 août, de nuit à la lueur des flambeaux, dans le tombeau des Mortemart érigé à la fin du XVIe siècle, taillé dans le marbre et coulé dans le bronze. Ses enfants légitimés ne prennent pas son deuil ; toutefois, ils s'abstiennent de participer à aucun divertissement pendant plusieurs mois. Le bruit court qu'elle a rédigé un testament, resté introuvable. Comme plusieurs de ses femmes ont vu le duc d'Antin arracher au cou de sa mère morte une petite clé qu'elle suspendait à un cordon, tout le monde en conclut que le testament a été détruit par ses soins. Trouble à la Cour. Dispute des enfants. Mais « à la fin tout se sécha, passa, et disparut », affirme le duc de Saint-Simon qui ajoute : « Ainsi va le cours du monde[2]. »

Madame de Maintenon qui, quoique son aînée, a encore dix ans à vivre, s'avoue fort sensible à cette mort,

---

1. « Mémoires du duc d'Antin, ou Réflexion sur l'homme et en particulier sur soi-même, commencée en 1707, dans différents temps de ma vie », *Mélanges*, publiés par la Société des bibliophiles français, Paris, Firmin Didot, 1822, p. 62.
2. Saint-Simon, *op. cit.*, t. II, p. 982.

car « cette personne-là n'a pu m'être indifférente en aucun temps de ma vie[1] ». C'est peu dire. La nouvelle de la disparition de son ancienne amie lui cause un terrible choc. En un instant les remords l'assaillent et les larmes la gagnent. Elle défaille. Pour la première fois, elle ne parvient pas à se maîtriser. Elle ne trouve pas d'autre asile que d'aller se réfugier sur sa chaise percée. La duchesse de Bourgogne, qui la poursuit et rapporte l'événement, en reste sans voix d'étonnement[2]. Son malaise passé, elle est soulagée de la perte de sa rivale, comme si l'ombre d'Athénaïs l'avait menacée jusqu'au bout. À son habitude, le roi semble indifférent. On lui annonce le décès de sa maîtresse le samedi 28 mai, à Marly, avant son départ pour la chasse. Il court le cerf comme si de rien n'était. Mais, à son retour, il se promène dans les jardins jusqu'à la nuit. Seul. Il ne prononce jamais plus le nom de sa favorite.

La campagne autour de Bourbon-l'Archambault est verte et riante. Le printemps est fleuri, promesse d'abondance. Le soleil revenu enfin met du baume au cœur des hommes. Le paysage est de toute beauté, comme l'était aussi Athénaïs qui vient de rendre son âme à Dieu. Le roi pense-t-il à elle, huit ans plus tard, en ces jours du début de septembre où il entre en agonie ? Depuis sa mort, personne à la Cour ne l'évoque plus. Françoise, elle-même, se tait.

Silence.

« Insensiblement, tout s'efface », écrit Madame de Caylus[3], jusqu'au souvenir d'une amitié tournée en haine.

---

1. Lettre des 19 et 26 juin 1707 à Madame des Ursins.
2. Saint-Simon, *op. cit.*, t. II, p. 976.
3. *Souvenirs de Madame de Caylus…*, *op. cit.*, p. 89.

SOURCES

Manuscrits

Archives départementales (registres paroissiaux)
Deux-Sèvres, Niort, paroisse Notre-Dame, 1635.
Maine-et-Loire, Fontevraud-l'Abbaye, 1704.
Vienne, Lussac-les-Châteaux, 1638-1667.

Bibliothèque nationale

Ms. fr. 7854 – État récapitulatif des maisons des rois et reines de France d'Henri II à Louis XIV (1661).

Ms. fr. 7856 – État des maisons royales aux XVIIe et XVIIIe siècles.

Ms. fr. 16633 – Cérémonies du règne de Louis XIV.

Ms. fr. 22566 – Recueil de chansons, épigrammes, satires, épitaphes sur les presonnages et sur les événements des règnes de Louis XIV et Louis XV.

Ms. Clairambault 814 – État des officiers dans les maisons des rois Louis XIII, Louis XIV et Louis XV, des maisons de la reine (1638-1725).

Ms. Clairambault 837 – Officiers des maisons des rois, reines, Enfants de France et de quelques princes du sang, depuis le règne d'Henri IV jusqu'au règne de Louis XIV.

Ms. Clairambault 12695 – Recueil de chansons satiriques.

Imprimés

Galerie de l'ancienne Cour. Mémoires anecdotes pour servir à l'histoire des règnes de Louis XIV et Louis XV, s. l., 1786.

La Gazette de France, Paris.

L'Office de la Vierge pour la communauté des filles de Saint-Joseph par ordre de Madame de Montespan, s. l., 1744.

Le Divorce royal ou Guerre civile dans la famille du grand Alexandre, Cologne, Pierre Marteau, 1692.

Le Passe-Temps royal ou les amours secrètes de Madame de Maintenon, Cologne, s. l., 1695.

Le Tombeau des Amours de Louis le Grand et ses dernières galanteries, Cologne, Pierre Marteau, 1695.

Mémoires et anecdotes sercrètes, galantes, historiques et inédites sur Mesdames de La Vallière, de Montespan, de Fontanges, de Maintenon, etc., Paris, Léopold Colin, 1807.

Mademoiselle de La Vallière et les Favorites des trois âges de Louis XIV, Paris, Amyot, 1859.

Les Amours de Louis le Grand et de Mademoiselle du Tron, s. l., 1696.

Notices sur Mesdames de La Vallière, de Montespan, de Fontanges et de Maintenon, Paris, s. l., 1818.

Pièces satiriques du règne de Louis XIV, Paris, Buisson, 1793.

Recueil Clairambault-Maurepas, Chansonnier historique, Paris, E. Raunie éd., 1879.

Scarron apparu à Madame de Maintenon et les reproches qu'il lui fait sur ses amours avec Louis le Grand, Cologne, s. l., 1694.

Antin Louis-Antoine de Pardaillan de Gondrin de Montespan, duc d', « Mémoires du duc d'Antin, ou Réflexion sur l'homme et en particulier sur soi-même, commencée en 1707, dans différents temps de ma vie », *Mélanges, publiés par la Société des bibliographes français*, Paris, Firmin Didot, 1822.

AUMALE Marie-Jeanne d', *Souvenirs sur Madame de Maintenon*, Paris, Calmann-Lévy, 1902.

BUSSY-RABUTIN Roger de, *Histoire amoureuse des Gaules, suivie de La France galante*, Paris, Garnier, 1930.

–, *Les Amours secrètes de Madame de Maintenon*, Paris, Garnier, 1868.

–, *Correspondance avec sa famille et ses amis, annotée par Lalanne*, Paris, Charpentier, 6 vol., 1859.

–, *Mémoires*, Paris, Jean-Claude Lattès, 1987.

CAYLUS, *Souvenirs de Madame de Caylus*, Paris, Mercure de France, « Le Temps retrouvé », 1986.

CHOISY François Timoléon, abbé de, *Mémoires*, Mémoires relatifs à l'histoire de France, Paris, 1828.

DANGEAU Philippe de Courcillon, marquis de, *Journal du marquis de Dangeau, dans Addidions inédites du duc de Saint-Simon, publiées par Félix-Sébastien Feuillet de Conches*, Paris, Fimin Didot, 19 vol., 1854-1860.

FEUILLET DE CONCHES, *Causerie d'un curieux*, Paris, Plon, 1862.

LA FARE Charles Auguste, marquis de, *Mémoires et réflexions sur les principaux événements du règne de Louis XIV*, Paris, Nouvelle collection de mémoires pour servir à l'histoire de France par Michaud et Poujoulat, 3e série, t. VIII, 1838.

LA FAYETTE Madame, *Histoire d'Henriette d'Angleterre*, Paris, Hachette, 1854.

LAFONT D'AUSONNE Gaspard Louis, *Mémoires de la marquise de Montespan*, Paris, 1829.

LAGUILLE Louis, « Fragments de mémoires sur la vie de Madame de Maintenon », *Variétés historiques et littéraires*, t. VIII, Paris, 1737.

LANGUET DE GERGY Jean-Joseph, *Mémoires sur Madame de Maintenon, annotés par Lavallée*, Paris, Plon, 1863.

LAVALÉE Théophile, *La Famille d'Aubigné et l'enfance de Madame de Maintenon, suivies des Mémoires inédits de Languet de Gergy*, Paris, Plon, 1963.

LEVANTAL Christophe, *Louis XIV. Chronologie d'un règne*, Gollion, Infolio, 2 vol., 2009.

LORET, *La Muse historique ou recueil des lettres en vers contenant les nouvelles du temps (1650-1665)*, Paris, Jaunet, 4 vol., 1857-1878.

LOUIS XIV, *Mémoires*, éd. Jean Longnon, Paris, Tallandier, 1978.

MADAME PALATINE, *Lettres de la princesse Palatine*, Paris, Mercure de France, 1985.

MAINTENON Françoise d'Aubigné, *Correspondance générale de Madame de Maintenon, publiée pour la première fois sur les autographes et les manuscrits authentiques avec des notes et des commentaires par Théophile Lavallée*, Paris, Charpentier, 4 vol., 1865-1866.

–, *Lettres de Madame de Maintenon, édition intégrale et critique par Hans Bots et Eugénie Bots-Estourgie*, vol. I, 1650-1689 et vol. II, 1690-1697, Paris, Honoré Champion, 2010.

–, *Comment la sagesse vient aux filles, propos d'éducation, annotés par Pierre-E. Leroy et Marcel Loyau*, Paris, Bartillat, 1998.

–, *Recueil des instructions que Madame de Maintenon a données aux demoiselles de Saint-Cyr*, Paris, J. Dumoulin, 1908.

MAINTENON Mme, CAYLUS Mme et DANGEAU Mme, *L'Estime et la tendresse. Correspondances intimes réunies et présentées par Pierre-E. Leroy et Marcel Loyau*, Paris, Albin Michel, 1998.

MONTPENSIER Mlle de, *Mémoires*, Nouvelle collection de mémoires pour servir à l'histoire de France par Michaud et Poujoulat, 3e série, t. IV, 1838.

MONTAULT DE BÉNAC Philippe, *Mémoires du duc de Navailles et de La Valette*, Paris, 1702.

NOAILLES Paul, duc de, *Histoire de Madame de Maintenon et des principaux événements du règne de Louis XIV*, Paris, Comptoir des Imprimeurs unis, 4 vol., 1824.

PRIMI VISCONTI, Jean-Baptiste-Primi-Félicien Visconti Fassola de Rasa, comte de Saint-Mayol, dit, *Mémoires sur la Cour de Louis XIV, traduits de l'italien et édités par Jean Lemoine*, Paris, Calmann-Lévy, 1910.

RAVAISSON-MOLLIEN, *Archives de la Bastille*, Paris, Durand et Pédone, 19 vol., 1866-1904.

SAINT-MAURICE marquis de, *Lettres sur la Cour de Louis XIV*, Paris, Calmann-Lévy, 1897.

SAINT-EDME, *Amours et galanteries des rois de France*, Paris, Amable Costes, t. II, 1830.

SANDRAS DE COURTILZ, *Les Intrigues amoureuses de la Cour de France*, Cologne, 1865.

SCARRON Paul, *Œuvres complètes*, Paris, J.-F. Bastien, 7 vol. 1786.

–, *La Gazette burlesque et l'École des filles*, Paris, Jean-Claude Lattès, 1979.

SAINT-SIMON Louis de Rouvroy, duc de, *Mémoires, édition établie par Yves Coirault*, Paris, La Pléiade, 1988.

SEGRAIS, *Segraisiana, Mélanges d'Histoire et de Littérature recueillis par A. Galland des entretiens de Monsieur Segrais*, Paris, La Compagnie des Libraires, 1721.

SÉVIGNÉ Marie de Rabutin-Chantal, marquise de, *Correspondance, éditée par Roger Duchêne*, Paris, Gallimard, 3 vol., 1972-1978.

SOURCHES Louis-François Du Bouchet, marquis de, *Mémoires du marquis de Sourches, édités par Jules de Cosnac et Édouard Pontal*, Paris, Hachette, 14 vol., 1882-1812.

SPANHEIM Ézéchiel, *Relation de la Cour de France en 1690, éditée par Émile Bourgeois*, Paris, Mercure de France, 1973.

VILLETTE-MURSAY Philippe de, *Mes campagnes de mer sous Louis XIV*, Paris, Michel Vergé-Francesci éd., 1991.

VALLOT Antoine, AQUIN Antoine d', FAGON Guy Crescent, *Journal de santé du roi Louis XIV de l'année 1647 à l'année 1711*, éd. Joseph-Adrien Le Roi, Paris, Auguste Durand, 1862.

VOLTAIRE, *Le Siècle de Louis XIV*, Paris, Werdée et Lequen, 1826.

BIBLIOGRAPHIE

Autour de Françoise d'Aubigné, marquise de Maintenon, t. II, *Actes des Journées de Niort, 23-25 mai 1996*, Albineana 10-11, Niort, 1999, Cahiers d'Aubigné.

BARATON Alain, *Vice et Versailles. Crimes, trahisons et autres empoissonnements au palais du Roi-Soleil*, Grasset, 2011.

BAUMAL Francis, *Le Féminisme au temps de Molière*, Paris, La Renaissance du livre, 1923.

BÉLY Lucien, *Les Secrets de Louis XIV*, Paris, Tallandier, 2013.

BERTIÈRE Simone, *Les Femmes du Roi-Soleil*, Paris, Éditions de Fallois, 1988.

BERTRAND Louis, *Louis XIV intime*, Paris, Flammarion, 1924.

BLUCHE François, *Louis XIV*, Paris, Fayard, 1986.

BOISLISLE A. de, « Paul Scarron et Françoise d'Aubigné », *Revue des questions historiques*, Paris, juillet-octobre 1893.

BOTS Hans et LEROY Pierre, « De l'acceptation de la foi au refus des dogmes. Le doute des libertins au XVIIe siècle », *XVIIe siècle*, 57, n° 4, 2005, p. 731-745.

CABANES Augustin, *Mgr le duc du Maine et Madame de Maintenon aux eaux de Barèges 1675-1677-1781*, s. l., 1917.

–, « La maladie du duc du Maine et ses trois séjours à Barèges », *La Chronique médicale. Revue bi-mensuelle de médecine historique, littéraire et anecdotique*, n° 24, s. l., 1917.

CASTRO Ève de, *Les Bâtards du Soleil*, Paris, Orban, 1988.

CHALINE Olivier, *Le Règne de Louis XIV*, Paris, Flammarion, 2005.

CHANDERNAGOR Françoise, *L'Allée du roi*, Paris, Julliard, 1981.

–, (avec Georges POISSON) *Maintenon*, Paris, Norma éditions, 2002.

CHARPENTIER L., « Du rang de Madame de Maintenon à la Cour de France », *Revue des questions historiques*, Paris, mars 1906.

CLÉMENT Pierre, *Madame de Montespan et Louis XIV*, Paris, Didier, 1868.

CLOUZOT Henri, *Voyages de Madame de Maintenon en Poitou et Saintonge*, Niort, imprimerie Saint-Denis, 1938.

CORDELIER Jean, *Madame de Maintenon*, Paris, Le Seuil, 1955.

COUTON Georges, *La Chair et l'Âme. Louis XIV entre ses maîtresses et Bossuet*, Grenoble, Presses universitaires de Grenoble, 1995.

DA VINHA Mathieu, *Les Amours de Louis XIV face à l'opinion, 1675-1685*. Mémoire de maîtrise d'histoire moderne, sous la direction d'Yves-Marie Bercé, Université Paris IV-Sorbonne, Centre de recherches Roland-Mousnier, 1998, mémoire dactylographié, 175 p.

–, *Les Valets de chambre de Louis XIV*, Paris, Perrin, 2004.

DECKER Michel de, *Madame de Montespan, la Grande Sultane*, Paris, Perrin, 1985.

DECOURS Catherine, *Aimée du roi. Mémoires de Françoise de Rochechouart de Mortemart, marquise de Montespan*, Paris, Plon, 2001.

Demoiselles de Saint-Cyr. Maison royale d'éducation (Les), Paris, Somogy, 1999.

DESPRAT Jean-Paul, *Madame de Maintenon*, Paris, Perrin, 2003.

FRASER Antonia, *Les Femmes dans la vie de Louis XIV*, Paris, Flammarion, 2007.

FUNCK-BRENTANO F., *Le Drame des Poisons*, Paris, Hachette, 1902.

GELIN H., « Madame de Maintenon convertisseuse », *Bulletin de la SHPF*, 1900.

GEERAERT Anaïs, *Louis XIV et les Reines de cœur*, s. l., 2000.

GIRARD G., *Madame de Maintenon, celle qui n'a jamais aimé*, Paris, Albin Michel, 1936.

HILTON Lisa, *Athénaïs de Montespan*, Alvik éditions, 2004.

HOUSSAYE Arsène, *Mademoiselle de La Vallière et Madame de Montespan*, Paris, Plon, 1960.

LANGLOIS Marcel, *Madame de Maintenon*, Paris, Plon, 1932.

LAVALLÉE Théophile, *La Famille d'Aubigné et l'enfance de Madame de Maintenon*, Paris, Plon, 1863.

–, *Madame de Maintenon et la Maison royale de Saint-Cyr*, Paris, Plon, 1864.

LEMOINE J., *Madame de Montespan et la légende des Poisons*, Paris, H. Leclerc, 1908.

–, « Madame de Montespan à Saint-Jospeh », *Revue de Paris*, 15 décembre 1909, p. 823-841.

LE ROY LADURIE Emmanuel, *Histoire du climat depuis l'an mil*, Paris, Flammarion, 1967.

MAGNE Émile, *Femmes galantes du XVIIe siècle*, Paris, Mercure de France, 1910.

MARAL Alexandre, *Madame de Maintenon*, Paris, Belin, 2011.

–, *Le Roi, la Cour et Versailles*, Paris, Perrin, 2013.

MARTIN Georges, *Histoire et généalogie de la Maison de Rochechouart*, Lyon, chez l'auteur, 2010.

MEYRAX Albert, *Louis XIV, sa cour, ses maîtresses*, Paris, Albin Michel, 2 vol., 1911.

MERLE Louis, *Constant d'Aubigné (1585-1647). L'étrange beau-père de Louis XIV. Le père de Madame de Maintenon*, Paris, Beauchesne, 1971.

MONGRÉDIEN Georges, *La Vie privée de Louis XIV*, Paris, Hachette, 1938.

–, *Madame de Montespan et l'affaire des Poisons*, Paris, Hachette, 1953.

QUÉTEL Claude, *Une ombre sur le Roi-Soleil. L'affaire des Poisons*, Paris, Larousse, 2007.

PETITFILS Jean-Christian, *Madame de Montespan*, Paris, Fayard, 1988.

PRAVIEL A., *Madame de Montespan empoisonneuse*, Paris, Félix Alcan, 1934.

RAINGUET Pierre-Damien, *Biographie saintongeaise ou Dictionnaire historique*, Saintes, Biographie saintongeaise, 1851.

SAINT-RENÉ-TAILLANDIER Madame, *Madame de Maintenon. L'énigme de sa vie auprès du Grand Roi*, Paris, Hachette, 1923.

WEIGERT Roger-Armand, *La Retraite de Madame de Montespan*, Paris, Bulletin de la société d'études du XVIIe siècle, 1948-1951.

INDEX DES NOMS DE PERSONNES

A

ALBRET, César Phœbus, maréchal-duc d', 21, 71, 76-77, 87-88, 94, 99, 105, 123, 126, 128, 130, 184, 188, 206

ALBRET, Élisabeth de Pons, comtesse de Miossens, d', 94

ALBRET, François Amorieu, comte de Miossens, d', 94

ALBRET, François-Alexandre, comte de Marennes, d', 77

ALBRET, Henri, baron de Pons et de Miossens, d', 76, 87

ALBRET, Jeanne d', reine de Navarre, 43

ALBRET, Madeleine de Guénégaud, maréchale d', 21, 77, 87-88, 123, 176, 206

ALEXANDRE VIII, pape, 322

ALLUYRE, marquis d', 234

ANJOU, Philippe d', roi d'Espagne, 320

ANNE D'AUTRICHE, Régente, reine-mère, 24, 59, 71, 75, 94, 96, 98, 249

ANTIN, Henri de Pardaillan, marquis d', 83

ANTIN, Julie-Françoise de Crussol d'Uzès, duchesse d', 280, 283

ANTIN, Louis-Antoine de Pardaillan de Gondrin, duc d', 84, 151, 219, 280-281, 283, 292, 327-328

ARMAGNAC, Louis de Lorraine, comte de, 295

ARNAULD, Antoine, 323

ARPAJON, Catherine Henriette d'Harcourt-Beuvron, duchesse d', 229

AUBIGNÉ, Charles, comte d', frère de Mme de Maintenon, 16, 40, 51, 53, 58, 128-129, 192, 201, 206-207, 272, 319, 324

AUBIGNÉ, Constant d', frère de Mme de Maintenon, 40, 51, 58

AUBIGNÉ, Constant d', père de Mme de Maintenon, 40-48, 51-52, 54, 56, 67, 69

AUBIGNÉ, Geneviève Piètre, comtesse d', 207

AUBIGNÉ, Jeanne de Cardilhac d', 40-42, 47-48, 51, 53-55, 58, 62

AUBIGNÉ, Louise-Artémise d', marquise de Villette, voir VILLETTE

AUBIGNÉ, Marie de Caumont d', 49

AUBIGNÉ, Savary d', 189

AUBIGNÉ, Suzanne de Lezay d', 49

AUBIGNÉ, Théodore-Agrippa d', 43-46, 49, 52, 75, 77, 123, 129, 175, 183, 315

AUMALE, Marie-Jeanne d', 229-230
AYEN, Adrien-Maurice, comte d', puis duc et maréchal de Noailles, voir NOAILLES
AYEN, Françoise Charlotte Amable d'Aubigné, comtesse d', puis duchesse de Noailles, voir NOAILLES

B

BALBIEN, Nanon, 101, 183, 277
BASVILLE, Nicolas de Lamoignon de, 75
BAUDÉAN, Bérénice de, 62
BESSOLA, 230, 232
BÉTHUNE, Anne Marie de Beauvilliers, comtesse de, 134
BÉTHUNE, François-Gaston, marquis de, 125
BÉTHUNE, Louise-Marie de la Grange d'Arquien, marquise de, 125
BEUVRON, François d'Harcourt, marquis de, 71, 229, 249
BLOIS, Françoise-Marie de Bourbon, dite la seconde Mademoiselle de, duchesse d'Orléans, 160, 201, 203, 272, 283-284, 289, 292, 294-297
BLOIS, Marie-Anne de Bourbon, dite la première Mademoiselle de, princesse de Conti, 115
BOILEAU, 273
BOSSUET, Jacques-Bénigne, évêque de Meaux, 91, 171-174, 177, 288, 301
BOURDALOUE, abbé Louis, 176, 195
BOURGOGNE, Louis, duc de, 91, 264, 320
BOURGOGNE, Marie-Adélaïde de Savoie, duchesse de, 91, 198, 256, 319-320, 327, 329
BOYER, Antoine, seigneur de Villemoisson, 80
BRIENNE, Louis-Henri de Loménie, comte de, 31
BRINON, Madame de, 252, 318
BUSSY-RABUTIN, Roger de, 34-35, 38, 135, 153, 176-177, 217, 219, 233-234, 300

C

CABART DE VILLERMONT, Esprit, 54, 63-64, 69
CARDILHAC, Pierre de Lalanne de, 46
CAUMONT D'ADDE, Josué, 49
CAYLUS, Jean-Anne de Grimoard, marquis de, 14, 318
CAYLUS, Marthe-Marguerite de Villette, marquise de, 13-14, 18, 34, 78, 104, 111, 119, 142, 168, 254-256, 258, 266, 270, 274, 283, 318, 329
CÉLESTE, sœur, 60, 188
CHALAIS, Blaise de Talleyrand, prince de, 82-83
CHARLES Ier, roi d'Angleterre, 37
CHARLES QUINT, roi d'Espagne, 313
CHATELAILLON, Anne Marchand, baronne de, 45
CHAULNES, Charlotte d'Albert de, 28
CHÉMERAULT, Mademoiselle de, 98
CHEVREUSE, Jeanne Marie Colbert, duchesse de, 151, 263, 275
CHOISY, François Timoléon, abbé de, 209, 300
CLÉMENT, accoucheur, 118
CLOTAIRE Ier, roi des Francs, 24
COËTLOGON, Mademoiselle de, 151
COISLIN, Pierre du Cambout, cardinal de, archevêque d'Orléans, 298
COLBERT, Jean-Baptiste, 88, 119, 127, 129, 135, 149, 151, 174, 201, 234, 271
COLBERT, Marie Charron, 115
CONDÉ, Henri-Jules de Bourbon, duc d'Enghien, prince de, 100
CONDÉ, Louis duc de Bourbon et d'Enghien, dit le Grand Condé, dit Monsieur le Prince, 37, 69, 87, 100, 194, 278, 280, 295, 297

CONDÉ, Louis, duc de Bourbon et d'Enghien puis prince de, 279, 295, 297
CONDÉ, Louise-Françoise de Bourbon, voir NANTES
CONTI, Anne-Marie Martinozzi, princesse de, 36
CONTI, Armand de Bourbon, prince de, 36, 87
CONTI, Louis-Armand de Bourbon, prince de, 115
COULANGES, Marie-Angélique Dugué, Madame de, 104, 130, 147

D

DAMPIERRE, Mademoiselle de, comtesse de Moreuil, 152
DANGEAU, Philippe de Courcillon, marquis de, 272, 275, 289
DAUPHIN, Louis de Bourbon, dit le Grand, 160, 162, 172-173, 225, 228, 244, 281, 301, 318, 321, 327
DAUPHINE, Marie-Anne de Bavière, 225, 228, 230-232, 239, 251, 257, 264, 270, 274, 320
DELORME, Charles, médecin, 193
DES MARAIS, abbé Paul Godet, évêque de Chartres, 17, 318
DORÉ, Mademoiselle, 239, 246
DUQUESNE, amiral, 194

E

ÉTANG, Marie Delpech de l', 286

F

FAGON, Guy-Cressent, médecin, 203, 229, 269
FÉNELON, François de Salignac de, archevêque de Cambrai, 316
FONTANGES, Marie-Angélique de Scorailles de Roussille, duchesse de, 215-216, 218, 225-227, 232-233, 237-238, 244
FONTMORT, Aymée de Villette, Madame de, 50, 253-255
FOUQUET, Nicolas, 70, 139
FRANÇOIS Ier, 23
FRETTE, Gaston Gruel, marquis de la, 82-83
FURETIÈRE, Antoine, 12

G

GIFFART, Pierre, 313
GOBELIN, abbé, 16, 77, 99, 104, 157-159, 163, 170, 175, 191, 215, 226, 246, 253, 271, 316, 318
GRANDE MADEMOISELLE, Anne-Marie-Louise d'Orléans, duchesse de Montpensier, dite la, 30, 41, 108-109, 122, 134-135, 137-139, 141, 148, 259-260, 270, 275-276, 278, 286, 299, 317
GUÉNÉGAUD, Henri de, 88
GUICHE, Antoine de Gramont, comte de, 71
GUTTÈRE, médecin, 188, 204

H

HARCOURT, Marie-Françoise de Blancas, princesse d', 151, 176
HENRI III, 23, 296
HENRI IV, 23, 35, 43, 49, 75, 80, 86, 193, 276, 279, 315
HENRIETTE D'ANGLETERRE, voir MADAME, 37, 85, 98, 134, 198, 233
HEUDICOURT, Bonne de Pons, marquise d', 94-95, 98, 109, 120, 122, 125-126, 131, 153
HEUDICOURT, Louise Sublet d', de Montgon, 125-126, 153, 317
HEUDICOURT, Michel Sublet, marquis d', 94
HUET, Daniel, évêque d'Avranches, 301-302

L

La Beaumelle, Laurent Angliviel de, 17-18, 40
La Bruyère, 317
La Chaise, père François d'Aix de, 231, 322
La Fare, Charles-Auguste, marquis de, 139, 250
La Fayette, Madame de, 34, 37-38, 130
La Ferté, Henri, maréchal de, 152
La Ferté, Madeleine d'Angennes, maréchale de, 152
La Filastre, 236
La Marck, Mademoiselle de, comtesse de Lanion, 151
La Meilleraye, Armand Charles, duc de, 141
La Mothe-Houdancourt, Mademoiselle de, 151
La Reynie, Gabriel Nicolas de, 219, 234, 236-237
La Rochefoucauld, François d'Estissac, neveu de La Rochefoucauld, 48
La Rochefoucauld, François, mémorialiste, duc de, 48, 153, 176, 227
La Rochefoucauld, François, prince de Marcillac puis duc de, 48, 153, 176, 227, 248, 270
La Tour, Mademoiselle du Fayet de, 322
La Tour, Pierre-François de, 303, 309
La Vallière, Louise-Françoise de La Baume Le Blanc, duchesse de, 85, 96-98, 100-101, 106, 108, 112-115, 118-119, 133-134, 150-151, 172, 178, 198, 213, 217, 278, 314-315
La Voisin, 236
Languet de Gergy, Jean-Joseph, archevêque de Sens, 91, 121-122, 157, 176, 221
Lauzun, Antonin Nompar de Caumont, marquis de Puyguilhem puis duc de, 118, 122, 131, 135-140, 227, 259, 278
Le Nôtre, André, 174, 191, 292
Le Ragois, Monsieur, 159, 203-204, 206
Lécuyer, abbé, 171
Lenclos, Ninon de, 102-103, 248
Longueville, Anne-Geneviève de Bourbon-Condé, duchesse de, 152
Longueville, Charles-Louis d'Orléans, chevalier de, 152
Longueville, Charles-Paris d'Orléans, comte de Saint-Pol puis duc de, 152
Longueville, Henri d'Orléans, duc de, 88
Lorges, Guy Aldonce de Durfort, duc et maréchal de, 224
Lorraine, chevalier de, 295
Louis XIII, 23, 26, 31, 41, 193
Louis XV, 15
Louvois, François-Michel Le Tellier, marquis de, 118, 127-130, 136, 144, 146, 164, 186, 189, 192, 237
Lude, Henri de Daillon, duc de, 71
Ludres, Marie-Élisabeth de, 151, 199-200, 202, 298
Lulli, 85, 273
Luxembourg, François-Henri de Montmorency-Bouteville, duc de, 234, 237

M

Madame, Élisabeth-Charlotte de Bavière, princesse Palatine, dite, 18, 34, 96, 101, 199, 216, 221, 238, 247, 266-267, 273-275, 295-298, 310, 322-323, 325-326
Madame, Henriette d'Angleterre, duchesse d'Orléans, dite, 37, 85, 98, 117, 134, 198-199, 233

MAILLY, Marie-Anne de Sainte-Hermine, comtesse de, 43, 256
MAINE, Louis-Auguste de Bourbon, duc du, 79, 122-125, 127, 138, 144-147, 152-153, 158-162, 166, 182-189, 201-207, 210, 212, 225, 229, 238, 248, 259, 265, 272, 275, 278, 284-285, 289, 292, 294, 297-298, 304-305, 321
MAINE, Louise-Bénédicte de Bourbon-Condé, dite Mademoiselle de Charolais, duchesse du, 297-298
MAINTENON, François d'Angennes, marquis de, 167
MANCINI, Hortence, duchesse de la Meilleraye et de Mazarin, 15, 57, 141, 162
MANCINI, Marie, 140, 198
MANCINI, Marie-Anne, duchesse de Bouillon, 235
MANCINI, Olympe, comtesse de Soissons, 219, 234
MANSART, Jules-Hardouin, 174, 210, 317
MARCILLAC, François, duc de la Rochefoucauld, voir LA ROCHEFOUCAULD
MARIE-THÉRÈSE, reine de France, 21, 85, 93, 97-100, 105, 107-110, 112, 117, 134-135, 138, 148, 173, 178-179, 199, 208-209, 216, 239-240, 243, 266, 269, 271, 274, 313, 320, 326
MARILLAC, Louise de, 24, 26, 30
MAZARIN, cardinal, 30, 36, 68-69, 87, 93, 98, 128, 136, 141, 162, 193, 223
MÉRÉ, Antoine Gombaud, chevalier de, 61, 63, 66-67, 89
MIGNARD, Pierre, 261
MIRAMION, Marie Bonneau de Rubelles de, 209, 299-300
MOLIÈRE, Jean-Baptiste Poquelin, dit, 98, 112, 223
MONSEIGNEUR, Louis, dauphin de France, dit, 275
MONSIEUR, Gaston, duc d'Orléans, frère de Louis XIII, dit, 41, 69, 79, 98, 193, 259, 278
MONSIEUR, Philippe, duc d'Orléans, dit, 28, 30, 37, 71, 82, 95, 97, 117, 134, 138, 199, 202, 225, 246, 250, 266, 270, 274-275, 295-299, 303
MONTAUSIER, Julie d'Angennes, duchesse de, 75, 87, 94, 105, 108-109, 113-114, 130, 151, 281
MONTCHEVREUIL, Henry de Mornay, marquis de, 78-79, 102, 167, 238, 249, 252, 258, 260, 272, 320, 322
MONTCHEVREUIL, Marguerite Boucher d'Orsay, marquise de, 78-79, 101, 120, 229, 249, 252, 257, 283, 288, 292, 305, 318, 322
MONTESPAN, Hector-Roger de Pardaillan de Gondrin, marquis de, 84
MONTESPAN, Louis-Henri de Pardaillan de Gondrin, marquis de, 12, 21, 83, 85, 87, 95, 113-115, 144, 281, 303, 308, 320
MONTESPAN, Marie-Chrétienne de Zamet, marquise de, 84
MONTESPAN, Marie-Christine de, 85
MORTEMART, Diane de Grandseigne, duchesse de, 21, 24, 27, 29, 31, 81, 96, 287, 293, 328
MORTEMART, Gabrielle de Rochechouart de, voir THIANGES
MORTEMART, Gabriel de Rochechouart, duc de, 21-23, 25, 27, 30, 80-81, 96
MORTEMART, Gaspar de, 23
MORTEMART, Louis-Victor de, voir VIVONNE
MORTEMART, Madeleine de, abbesse de Fontevrault, 25, 28, 31, 36-37, 82, 189, 194, 289, 292-294, 301, 303, 306-307

MORTEMART, Marie-Christine de, 25, 33, 82
MORTEMART, René de, 23

N

NANTES, Louise-Françoise de Bourbon, Mademoiselle de, princesse de Condé, 127, 148, 152-153, 160, 162, 208, 239, 261, 272, 275, 278, 280, 282-283, 295, 298
NAVAILLES, Philippe de Montaut-Bénac, duc de, 62, 69, 93
NAVAILLES, Suzanne de Baudéan de Neuillan, duchesse de, 48, 59, 62-63, 69, 75, 93-94
NEUILLAN, Alexandre de Baudéan de, 45
NEUILLAN, Angélique, comtesse de Froulay, 62, 94
NEUILLAN, Charles de Baudéan, comte de, 47-48, 58
NEUILLAN, Louise Tiraqueau, comtesse de Baudéan de, 59-60, 62, 64, 68, 75
NEUILLAN, Suzanne de, voir NAVAILLES
NOAILLES, Adrien-Maurice, comte et duc d'Ayen puis maréchal-duc de, 217, 319-320
NOAILLES, Anne-Jules, duc et maréchal de, 210, 217, 248, 320
NOAILLES, Françoise Charlotte Amable d'Aubigné, duchesse d'Ayen, de, 217, 319
NOAILLES, Marie-Félicité de, maréchale de Cœuvres, 327
NOAILLES, Marie-Françoise de Bournonville, duchesse de, 217, 304, 327
NOAILLES, Marie-Victoire de, marquise de Gondrin puis comtesse de Toulouse, 81, 319
NOIRMOUTIERS, Louis-Alexandre de la Trémoille, marquis de, 82

O

ŒILLETS, Mademoiselle des, 114, 118-119, 123, 236
ORLÉANS, Françoise-Marie, duchesse de Chartres puis d', voir BLOIS
ORLÉANS, Gaston duc d', frère de Louis XIII, voir MONSIEUR, 41, 69, 79, 98, 193, 259, 278
ORLÉANS, Marie de Bourbon-Montpensier, duchesse d'Orléans, 41
ORLÉANS, Philippe d', frère de Louis XIV, voir MONSIEUR
ORLÉANS, Philippe, duc de Chartres puis d', 295-297

P

PALATINE, Élisabeth-Charlotte de Bavière, princesse, voir MADAME
PARABÈRE, Henri de, 58
PARDAILLAN, Anne de Gondrin de, 87
PARDAILLAN, Louis-Henri de, évêque de Sens, 83-84
PIENNES, Olympe de, duchesse d'Aumont, 246
POLIGNAC, vicomtesse de, 234
POMPADOUR, Madame de, 15
PONS, Bonne de, voir HEUDICOURT
PONS, Élisabeth de, voir ALBRET
PORTUGAL, Marie-Élisabeth-Françoise de Savoie, reine du, 104
PRIMI VISCONTI, Jean-Baptiste, 220, 246-247

Q

QUESNEL, Pasquier, 309

R

RACINE, Jean, 17, 98, 205, 273, 317
RADOUAY, Madame de, 17

RAMBOUILLET, Catherine de Vivonne, marquise de, 87, 223
RIANS, Odet de, 167
RICHELIEU, Anne Poussart de Fors de Vigean, duchesse de, 77, 94, 123, 130, 151, 165-166, 176, 178, 189, 228, 230, 232
RICHELIEU, Armand-Jean de Vignerot du Plessis, duc de, 77, 99, 123, 188, 229
RICHELIEU, cardinal de, 40, 48, 51, 71, 77, 193
ROCHECHOUART, Aimery d'Ostefranc, vicomte de, 24
ROCHEFORT, Henri-Louis d'Aloigny, maréchal de, 125, 176
ROCHEFORT, Madeleine de Montmorency-Laval, maréchale de, 151, 176, 228, 230-231
ROHAN, Armand Gaston Maximilien de, évêque de Strasbourg, 198
RUYTER, amiral, 194

S

SAINT-AIGNAN, Pierre de Beauvilliers, chevalier de, 83
SAINTE-HERMINE, Henri-Louis de, 254
SAINTE-HERMINE, Madeleine de Villette, Madame de, 50, 253
SAINT-ÉVREMONT, Charles de, 250
SAINT-HERMAN, Marie-Marguerite Tiraqueau de, 63, 65-68
SAINT-HERMAN, Pierre Tiraqueau de, 63
SAINT-MAURICE, marquis de, 133
SAINT-PIERRE, Madame de, 252
SAINT-SIMON, Claude de Rouvroy, duc de, 184
SAINT-SIMON, Louis de Rouvroy, duc de, 15, 24, 32, 34-35, 56, 77-79, 91, 101, 114, 125, 128, 184, 224, 249, 282, 285, 289, 299, 324, 328
SANDRAS, Gatien Courtilz de, 240
SANGUIN, médecin, 162
SAVOIE, Charles-Emmanuel II, duc de, 133
SCARRON, Paul, 7, 11-12, 21, 63-64, 67-70, 72, 74-75, 79, 87, 89, 101, 126, 168, 170, 175, 193, 228-229, 241, 244, 248, 251
SCUDÉRY, Madeleine de, 74, 105, 176
SEGRAIS, Jean Regnault de, 70, 139
SEIGNELAY, Jean-Baptiste Colbert, marquis de, 174, 234, 271
SÉVIGNÉ, marquise de, 34, 38, 57, 85, 104, 126, 130, 133, 140, 143-147, 150, 153-154, 175, 179, 181, 189, 196-197, 202, 218, 223, 227, 230-231, 238, 244, 249, 258
SOUBISE, Anne de Rohan-Chabot, princesse de, 151, 197-198
SOUBISE, François de Rohan, prince de, 197
SOURCHES, Louis-François de Bouchet, marquis de, 265, 279
SOURDIS, François, cardinal de, archevêque de Bordeaux, 286
SPANHEIM, Ézéchiel, 323
SUBLET DES NOYERS, François, 94

T

TALBOT, médecin, 162
TAMBONNEAU, Jean, président, 80
TAMBONNEAU, Marie Boyer, présidente, 80, 96
TESTU, Jacques, abbé, 36
THIANGES, Adélaïde, duchesse de Sforza, 30, 238
THIANGES, Claude-Léonor de Damas, marquis de, 30
THIANGES, Diane-Gabrielle de, duchesse de Nevers, 194, 238-239
THIANGES, Gabrielle de Rochechouart de Mortemart, marquise de, 25, 29-30, 35-36, 81,

153, 155, 189, 202, 237-238, 262, 275, 284, 292
TIRAQUEAU, Adam, 59
TOULOUSE, Louis-Alexandre de Bourbon, comte de, 81, 209, 211, 217, 272, 278, 284-285, 288-289, 294, 319, 328
TOURS, Louise-Marie-Anne de Bourbon, dite Mademoiselle de, 127, 225, 260-261, 282
TURENNE, Henri de la Tour d'Auvergne, maréchal de, 173

V

VALINCOURT, Henri du Trousset de, 278
VENDÔME, duc de, 35
VERMANDOIS, Louis de Bourbon, comte de, 115, 134, 278
VEXIN, Louis-César de Bourbon, comte de, 127, 146, 152-153, 160, 162, 190, 201, 203, 262-264, 282, 285
VILLARCEAUX, Denise de La Fontaine, comtesse de, 102-103, 105
VILLARCEAUX, Louis de Mornay, comte de, 102-103, 218, 227, 248-250, 320
VILLARS, Louis-François de Brancas, duc de, 165, 249
VILLARS, Madeleine Girard de Villetaneuse, duchesse de, 165
VILLEROY, Catherine de, comtesse d'Armagnac, 37
VILLETTE, Aymée de, Madame de Fontmort, 50
VILLETTE, Benjamin Le Valois de, 49-50, 58
VILLETTE, Benjamin de Marmande de, 253, 255
VILLETTE, Louise-Artémise d'Aubigné, marquise de, 46, 49-50, 56, 58, 60-61, 257-258
VILLETTE, Madeleine de, marquise de Sainte-Hermine, 50, 253
VILLETTE, Marie-Anne de Châteauneuf, marquise de, 51, 129, 188, 254
VILLETTE, Marie de Caumont d'Adde, 50, 254
VILLETTE, Philippe, marquis de, 16, 50, 129, 188, 194, 246, 252-254, 256-257
VILLETTE, Philippe de Mursay de, 194, 253, 255
VINCENT DE PAUL, 24, 30, 293
VIVONNE, Antoinette-Louise de Mesmes, duchesse de, 81, 235
VIVONNE, Louis-Victor de Rochechouart, duc de Mortemart, duc et maréchal de, 25, 30, 32, 35, 71, 81, 86, 96, 153, 195, 236, 292, 304
VOLTAIRE, 16, 18, 102, 191

Réalisation : Nord Compo à Villeneuve-d'Ascq
Achevé d'imprimer en mars 2019
par Normandie Roto Impression s.a.s. à Lonrai
N° d'imprimeur : 1900555
Dépôt légal : avril 2019
ISBN : 979-10-210-3807-3
Numéro d'édition : 4254
Imprimé en France